Les éditions H&O reçoivent le soutien
de la Région Languedoc-Roussillon

Pour être tenu régulièrement informé de nos publications,
il suffit de nous faire parvenir vos nom et adresse à :
H&O éditions - CS 00001 - 34270 Le Triadou
ou de consulter notre site web : www.ho-editions.com

Le crépuscule des Bourbons

Du même auteur

Paysages suspendus
nouvelles, Commode éditions, 1993

Mémoire de Faune
nouvelles, Commode éditions, 1994

Ichor
roman, éditions Thé glacé, 2000

dans la série *Les mémoires d'un bardache*

Le sceau de Kropotkine
roman, H&O, 2008

L'élixir d'oubli
roman, H&O, 2008

Le gentilhomme assassin
roman, H&O, 2009

ISBN 978-2-84547-207-5

Philippe Gimet

Le crépuscule des Bourbons

roman

H&O

Pro Olivier Tourtois & Henri Dhellemmes
Cur Quærendo Invenietis

I

Pour beaucoup, l'année 1774 fut celle de l'avènement du jeune Louis XVI ; Gluck triomphait à Paris cependant que Louis XV s'éteignait à Versailles, pourri par la petite vérole, dans une indifférence quasi-générale.

Cette année-là marqua pour moi la fin de l'innocence. J'allais avoir quatorze ans, un léger duvet commençait à ombrer mes lèvres, mes doigts ne savaient pas encore calmer l'impétueux serpent qui parfois importunait mon entrecuisse, et je n'avais d'yeux, à la Cour, que pour les mâles, fasciné par leur arrogante prestance. Fils cadet du duc Henry-Philippe de Mondétour, pair de France et prince du Saint-Empire, j'avais grandi sous les ors, les cristaux et les marbres sans presque rien connaître du monde extérieur fors ce qu'en disaient les livres.

Mon frère, le prince Henry-François — par apanage marquis de Morienval ainsi qu'il était de tradition pour l'aîné de notre maison — me vouait à vingt ans la haine tenace d'une vieille bréhaigne après que notre père, inquiet que je m'engageasse un jour dans les armes, m'avait octroyé la baronnie de Trémainville, au sud de Fontainebleau, acquise par mon grand-père paternel Louis-Henry, décédé en Bavière l'été 1743 à la bataille de Dettingen.

C'était d'ailleurs cette mort et, pendant la guerre de Sept Ans[1], celle de mon grand-oncle Charles de Mondétour, qui avaient décidé notre géniteur, sur le conseil du Roi, à m'éviter la malédiction de l'uniforme ; attention louable, mais que notre marquis, récemment marié avec Marguerite de Boynes — péronnelle sans autre attrait qu'être fille du secrétaire d'État à la marine — avait ressentie comme une atteinte à l'intégrité de son préciput[2], *ergo* de sa noble personne. Il me poursuivait donc de sa vindicte, espérant sans doute qu'à défaut d'y renoncer, je paierais cher ce titre de baron.

Le duc-prince, indifférent au conflit, était entré à la Cour immédiatement après le décès de mon aïeul et la disparition en mer de mon sulfureux arrière-grand-père Henry, dont les proches avaient illusoirement attendu le retour pendant dix interminables années.

Mon père était un dévot, tant à Dieu qu'au Roi ou à ma grand-mère Françoise-Aymone, recluse au couvent de Fontevraud et à qui il rendait visite une fois par an. Pieux homme, certes, mais qui n'entretenait pratiquement aucun rapport avec notre parentèle — de celle de ma mère, née Hortense-Félicité de Mailly, il ne restait personne — et limitait les contacts avec l'entourage de mon arrière-grand-mère Anna, duchesse douairière octogénaire demeurée en notre fief de Mondétour. Nous apercevions néanmoins celle-ci, forme menue vêtue de sombre, chaque dernier dimanche du mois de juin, lors de la cérémonie commémorant, en la chapelle du château, les décès glorieux de Louis-Henry et de Charles.

1. Conflit territorial qui, par le jeu des alliances, a embrasé l'Europe puis ses colonies de 1756 à 1763 et consacré la domination britannique sur le monde. La France y a notamment perdu le Québec.
2. Part privilégiée d'un aîné lui permettant, contrairement au cadet, de tenir un rang équivalent à celui de son père.

On ne nous avait pas exposé les raisons de cette proscription mais nous savions par bribes qu'elle tenait tout à la fois à la naissance obscure de la duchesse, à la personnalité fantasque de son défunt mari et aux caprices de celui-ci, dont le moindre avait été de faire intendant le fils d'un esclave africain qu'il avait affranchi et à qui il avait donné, scandaleuse coutume, notre propre nom.

J'avais compris qu'il était d'autres éléments plus choquants encore, mais sans jamais oser m'en enquérir : ainsi, le nom de *Petites Tuileries,* prononcé à l'occasion de la publication du contrat de mariage de mon frère, m'avait-il valu une réprimande après que j'eus demandé quel était ce domaine inconnu qui pourtant nous appartenait depuis un demi-siècle.

Nos autres possessions, fors celle-ci, les châteaux de Mondétour, Morienval et Trémainville, consistaient en un hôtel dit *de Buridan,* quai des Balcons[3] à Paris, destiné à mon frère aîné, ainsi qu'une maison rue des Marais-Saint-Germain[4] qui devait me revenir — cause supplémentaire de discorde. Il y avait aussi des fermes, des vignes, des vergers et des bois, de riches terres à Champigny-sur-Veude, une chasse à côté de Choisy-le-Roi et, plus curieux, un îlot du Morbihan appelé *Chemendy,* où nul ne s'était jamais rendu et que l'on ne connaissait que par des *vedute* réalisées du temps de mon bisaïeul. Mais il n'était guère de coutume, en ma parentèle comme en d'autres, de vendre un bien, si modeste fût-il, sauf humiliante nécessité. Cela étant, ma famille suivant partout la Cour, nous passions le plus clair de l'année à Versailles, Compiègne ou Fontainebleau, dans les appartements qui nous étaient affectés.

---

3. Actuel quai de Béthune, dans le 4e arrondissement.
4. Actuelle rue Visconti, dans le 6e arrondissement.

La mort du Roi plongea notre père dans un abattement accompagné d'une faiblesse de caractère que mon aîné crut pouvoir exploiter à mon encontre. Je ne pus, en l'espèce, guère compter sur le soutien de mes sœurs — au nombre de quatre, l'une mariée, deux attendant à Fontevraud qu'on leur donnât un époux, la dernière trop jeune pour comprendre mes infortunes — mais je trouvai un secours inattendu en la personne du vieux maréchal-duc de Richelieu, qui était un proche de mes arrière-grands-parents. Le vieillard, toujours assidu à la Cour en dépit de nombreux revers de faveur, appartenait aux *libertins,* terme à l'objet fort étendu dont la société de mes parents n'usait jamais sans un signe de croix.

Je lui rendis pourtant son salut lorsqu'il prit place à mes côtés, sur la banquette d'où je guettais, dans la salle des gardes du château de Compiègne — Versailles nous était interdit par crainte de la contagion — les allées et venues des courtisans.

— Les temps changent, murmura-t-il… Une nouvelle génération accède au pouvoir ; on n'aura bientôt plus besoin de la mienne…

Je hochai la tête sans répondre, concentrant mon attention sur l'entrejambe des gentilshommes et des Suisses dont le pas dévoilait parfois le mystérieux contenu. Mon voisin pencha alors sur moi son opulente perruque.

— L'on contemple, céans, sourit-il, mais on ne goûte point. Il est d'autres endroits où la règle s'inverse, d'autres encore où elle disparaît. Vous plairait-il de les connaître ?

— Monsieur mon père, bredouillai-je en me sentant rougir…

— Monsieur votre père, coupa-t-il, est fort occupé auprès de Leurs Majestés. Quant à Monsieur votre aîné, il fait si peu mystère de votre dispute qu'elle est parvenue jusqu'à mes gothiques oreilles ! Mais nous nous défendrons, n'est-ce pas ? Ne comptons-nous point quelque allié ?

La honte m'empêchant de répondre par la négative, je mentis : je citai ma mère — belle indifférente attachée comme une chatte à la suite de la Dauphine, devenue reine, Marie-Antoinette — et quelques jeunes princes dont je partageais les jeux et l'éducation mais que mes inclinations naissantes, qu'ils percevaient mieux que moi, repoussaient insensiblement. Richelieu sourit de plus belle.

— Nous négligeons ce me semble certains soutiens dont nous pourrions aisément disposer si nous portions nos yeux au-delà de la Cour, objecta-t-il. Monsieur votre frère appuierait d'autant mieux la manœuvre qu'il croirait, pour des motifs que vous ne tarderez point à comprendre, contribuer à la perte de votre réputation. Il se fourvoie, bien sûr, mais peut-être la chose vous semble-t-elle trop complexe ou trop téméraire ?

La remarque me blessa mais ce fut surtout par lâcheté, pour ne point m'opposer à cet étrange interlocuteur, si célèbre, si âgé, si éloigné de moi, que j'agréai l'idée.

— L'affaire est simple, conclut-il : quand vous irez à Mondétour célébrer la gloire de vos ancêtres, obtenez d'y demeurer pour l'été. Je m'occupe du reste.

Le dérisoire péril que constituait cette simple requête me tint en alerte jusqu'au fameux dernier dimanche de juin, quand notre procession — conduite par notre confesseur, Monseigneur de La Roche-Aymon, Grand aumônier de France, et qui comprenait plusieurs maréchaux dont celui de Richelieu — s'ébranla vers le sud.

Nous arrivâmes à Mondétour en fin de matinée. Nous ne vîmes point la maîtresse des lieux avant de pénétrer dans la chapelle, où elle s'installa au premier rang. La messe me parut infinie et les battements de mon cœur augmentèrent tant, à l'approche de l'instant fatidique, qu'il s'en fallut de peu que le souffle me manquât.

Mon père écouta distraitement mes arguments mais ils n'échappèrent nullement au marquis mon frère, lequel y abonda ainsi que l'avait prédit Richelieu : n'avais-je point nécessité, en effet, à m'initier dès le jeune âge à l'administration d'un domaine puisque celui de Trémainville m'était destiné ? L'air vivifiant de la campagne ne renforcerait-il point mon indolente nature ?

Le duc-prince invoqua mollement l'opportunité de me confier aux soins du vieux Jean de Laspasses, notre surintendant, ou de son fils Jean-Baptiste — créatures obséquieuses et quasi invisibles chargées de veiller sur nos biens — mais l'insistance d'Henry-François produisit le résultat espéré.

— Entendez-vous cela, Madame ? lança mon père à son épouse. Monsieur Louis-Marie prétend apprendre céans l'art de gouverner, et soi-même et les siens !

— L'endroit est bien choisi, répondit ma mère ; si vous ne craignez que ce pays et ses gens ne le corrompent.

— Ne se corrompt, Madame, que ce qui est corruptible, insinua Henry-François. — Il se tourna vers le duc-prince : notre bien-aimé baron nous reviendra à l'automne, glissa-t-il ; ce qu'il rapportera ne manquera sans nul doute de nous intéresser.

— Et rappellera à qui l'aurait oublié que nous régnons céans, grogna mon père. — Et à moi, d'un ton badin : dois-je mander vos valets ?

— Les moricauds du cru feront l'affaire ! assura le marquis avec un mauvais sourire.

Convoquer la duchesse douairière eut été outrageant, aussi fut-ce à son majordome, accort mulâtre quadragénaire, que l'on annonça mon séjour. Tout à la joie de cette nouvelle liberté mais très intimidé à l'idée de m'entretenir en privé, pour la première fois de ma vie, avec mon arrière-grand-mère, je ne remarquai pas qu'une voiture était demeurée sur le parvis.

Le majordome, prénommé Martin, indiqua être le cadet de Jean Mondétour, cet intendant fils d'esclave promu par mon arrière-grand-père ; et surtout, au moment de m'introduire auprès de son illustre maîtresse, précisa qu'elle était sourde et muette, ce que l'on ne m'avait jamais révélé et qui me fit perdre le peu de moyens qui me restaient. Le vieux Richelieu, heureusement, se tenait à ses côtés. Ce fut lui qui me présenta, articulant soigneusement afin que notre interlocutrice pût lire sur ses lèvres.

Ma bisaïeule, dont le visage souriant aux yeux gris émergeait à peine de ses dentelles, était assise à côté d'une écritoire. Elle me tendit sa main à baiser et, immédiatement après, une lettre dont Richelieu m'enjoignit incontinent de prendre connaissance.

« Cher enfant, disait le feuillet, je remercie le Ciel qui vous a bien voulu porter céans avant de me rappeler à Lui. Il ne m'appartient de juger ni vos parents, ni pourquoi le bonheur m'a été refusé de vous voir grandir, ainsi que vos frère et sœurs. Mondétour ne vous reviendra certes point après ma mort mais vous me comblerez, entre-temps, en vous y sentant à l'instar de chez vous. J'ai fait préparer la chambre que vous eussiez occupée si votre parentèle avait daigné honorer ces lieux. Monsieur de Richelieu m'ayant par ailleurs fait savoir que vous nous arriveriez sans équipage, j'ai pris la liberté de vous en commander un et vous donner un valet. J'espère de tout cœur que cet ordinaire rustique ne vous importunera point. Si par malheur vous nous souhaitiez quitter, faites-le à votre guise sans crainte de déplaire : Mondétour n'est pas une prison. Rappelez-vous enfin que chacun, céans, a eu un jour votre âge : je ne l'ai, pour ma part, nullement oublié et demeure à jamais votre aimante arrière-grand-mère. »

Les yeux piqués de larmes, je baisai une nouvelle fois les doigts de la duchesse. Apparut alors une mulâtresse d'une quarantaine d'années, qui fit une discrète révérence avant de s'installer sur un coussin disposé aux pieds de ma bisaïeule.

— Mademoiselle Marion — que l'on appelle ici simplement *Mademoiselle* — tient depuis longtemps compagnie à notre chère Anna, prévint Richelieu. Vous apprendrez plus et mieux de sa bouche que de la mienne.

Survint ensuite Joseph, le valet que l'on m'avait affecté : c'était le fils du majordome — le Maréchal indiqua que la famille entière de l'intendant travaillait au domaine. Assez clair de peau quoique très brun de poil, Joseph avait l'âge de mon frère aîné.

Nous montâmes au second étage, où était la petite suite que l'on m'avait apprêtée et qui comprenait un vestibule et une chambre, décorés et meublés dans l'esprit suranné de la Régence mais donnant sur des jardins magnifiques en cette saison.

— La garde-robe de *Votre Altesse* a été composée par Monsieur le Maréchal de Richelieu, annonça cérémonieusement le domestique en ouvrant les rideaux.

— *Monsieur* suffira, répliquai-je distraitement ; ou *Monsieur le baron.* On t'aura dit que seule la branche aînée de notre famille a le droit de porter ce titre de prince du Saint Empire et qu'il est donc ridicule d'en user avec moi.

Mon interlocuteur hocha la tête sans répondre.

M'attendant à retrouver des habits de Cour — ma vêture quotidienne —, je fus brièvement décontenancé de découvrir de simples vêtements de soie unie, mais les troquai volontiers contre mes lourds brocarts. Il me sembla, considérant mon reflet dans l'immense miroir qui surplombait la commode de l'antichambre, apercevoir un nouveau moi-même si différent du précédent que je ne pus réprimer un sourire et, surtout, une érection. Ignorant l'un comme l'autre, Joseph demanda alors si je souhaitais visiter le domaine, ce à quoi j'applaudis avec un empressement qui dessina une moue amusée sur ses lèvres.

Nous commençâmes par le château, dont je ne connaissais que la chapelle et quelques salons du rez-de-chaussée. Joseph montra, à l'étage noble, les appartements de la duchesse et ceux, inoccupés, de son défunt mari, dont les volets intérieurs étaient fermés et les meubles protégés par des draps. Un immense portrait en pied de mon arrière-grand-père occupait l'un des murs : découvrant sa figure — prohibée dans ma parentèle —, je tentai vainement d'y retrouver quelques-uns de mes traits. Henry Ier de Mondétour, malgré son grand manteau noir et sa plaque de chevalier de l'ordre du Saint-Esprit, tenait en effet davantage de la brute que du courtisan. Son énorme poing paraissait écraser le pommeau de son épée ; à son oreille, dépassant discrètement de la perruque, se devinait une sorte de plaque dorée dont Joseph révéla qu'elle masquait une blessure.

Les parois du grand escalier s'ornaient, quant à elles, de motifs guerriers où s'affichaient de troublantes nudités voulues, expliqua mon guide, par un ancien propriétaire des lieux, troisième prince de Conti, disparu durant le Grand Hiver 1709.

— C'est le fils de ce seigneur, ajouta-t-il, qui a offert Mondétour à l'ancêtre de Monsieur le baron.

— Je le sais, mentis-je ; nous devons beaucoup aux deux.

— En effet, approuva Joseph un peu surpris. Son Altesse Sérénissime l'actuel prince de Conti, cinquième du nom, visite souvent Madame.

Le comte de la Marche, unique rejeton de ce prince et notoirement brouillé avec lui, étant ami de mes parents, je commençai à mieux comprendre l'hostilité de ces derniers à l'encontre de mon illustre hôtesse mais, de plus en plus excité à l'idée de me commettre avec elle, je me gardai d'en formuler la réflexion à voix haute.

Croisant le duc de Richelieu sur le perron — il s'apprêtait à remonter en carrosse —, je le remerciai en plaisantant pour ses efforts à *perdre ma réputation.* Il éclata de rire puis glissa mystérieusement à mon oreille :

— Attendez donc de savoir en quoi vraiment cela consiste, mon jeune ami ; vous pourriez être surpris...

Joseph me conduisit ensuite aux jardins, animés de fontaines et de statues, que terminait un nymphée dans le goût antique ; puis nous nous dirigeâmes vers le parc, vaste plaine herbue ponctuée d'arbres, au centre de laquelle, dominant une pièce d'eau, trônait la sculpture incroyablement obscène d'un faune musculeux, cuisses écartées, bouche entrouverte et yeux clos dont j'osai à peine contempler les fabuleux appas.

— C'est, détailla mon cicérone, la copie d'un marbre antique que l'ancêtre de Monsieur le baron a fait placer ici afin de marquer la frontière de son domaine privé. Il est interdit à quiconque, fors Madame et son intendant mon oncle qui en possèdent la clef, d'aller au-delà, où se trouve l'ermitage. Monsieur le baron voudra bien considérer cette défense comme la seule qui lui sera faite céans ; et se garder, s'il lui plaît, d'évoquer la question...

Nous revînmes silencieusement sur nos pas pour gagner les communs. Y habitaient la plupart des domestiques et, dans une belle maison séparée, la famille de l'intendant Jean Mondétour.

À la fois rongé de curiosité et d'appréhension, je fus presque étonné de découvrir un quinquagénaire au teint certes fort mat, mais point ce *moricaud* que le marquis mon frère avait annoncé. Il s'inclina pour m'accueillir, imité par quelques personnes des deux sexes qui se trouvaient là, et me donna son fauteuil. Le salon, très correctement meublé, était notamment orné d'un portrait de ma bisaïeule avec son époux. Voyant que je m'y intéressais, l'intendant évoqua longuement ceux qu'il appelait *maîtres bien-aimés,* d'un ton empreint de respect sinon de dévotion qui m'impressionna presque autant que le propos lui-même.

M'attendant, en effet, à l'énoncé du pire au sujet de mon arrière-grand-père, j'entendis à la place le récit d'une carrière aventureuse rien moins qu'honorable en dépit de certaines allusions encore obscures à mon jeune esprit. Et j'en fus profondément bouleversé. Les yeux aussi brillants que les miens, Jean Mondétour fit ensuite servir une collation avant de me présenter sa femme Marinette, Jean-Henry leur fils, Charlotte, l'épouse de celui-ci, et surtout Pierre, *alias* Pierrot, leur aîné de mon âge.

Le regard appuyé que ce dernier planta dans mes pupilles me consuma toute la nuit.

Car je dormis difficilement après cette rencontre — et un souper partagé seul à seul avec mon hôtesse, dans un mutisme intimidant qu'interrompait à peine le bruit des couverts : ma bisaïeule posait ses questions sur une ardoise, j'y répondais en articulant ainsi que je l'avais vu faire par le maréchal de Richelieu. Au coucher, mon cerveau, assailli par trop de nouveauté, refusa de capituler en dépit de la fatigue. Et comme j'étais habitué à me lever tôt pour suivre les chasses royales ou aller à la messe, il me sembla n'avoir pas sommeillé du tout lorsque Joseph, au matin suivant, repoussa les rideaux.

Il m'aida à passer mes vêtements, puis une servante déposa un plateau chargé de pâtisseries sur la table de l'antichambre.

Absorbé par mes pensées de la veille, je me dirigeai ensuite vers la chapelle, où ma bisaïeule terminait ses dévotions en compagnie d'autres dames et de quelques domestiques, sous le regard pénétré d'un jeune curé.

Je m'installai en fond de nef chuchoter mes matines. M'apercevant au moment de sortir, la duchesse eut un tendre sourire et passa le revers de sa main sur ma joue. L'ecclésiastique attendit pour sa part que j'eusse achevé mes psalmodies, puis il approcha, fit une révérence, se présenta d'un sobre « Briard » et demanda si je souhaitais me confesser.

— À l'âge de Votre Altesse, ajouta-t-il, il arrive que l'on en ait à la fois trop à dire, et pas assez... Mais je ne suis guère de ceux qui traquent le péché ; seule importe la quête de Dieu. Quiconque Le recherche pourra compter sur mon soutien. En êtes-vous, Messire ?

Devant mon incrédulité, il sourit et promit de me donner à lire quelques ouvrages propres, selon ses termes, à *réveiller mon âme*...

Je poursuivis, dans les jours qui suivirent, ma découverte de Mondétour et de ses gens : le domaine, comportant de nombreuses fermes, procurait, selon Jean Mondétour, d'excellents revenus que le duc-prince, à travers le surintendant de Laspasses, reversait presque entièrement à ma bisaïeule, laquelle les redistribuait largement autour d'elle.

— Les avoirs financiers de votre parentèle lui permettraient aisément de se passer de terre, lâcha un soir mon mentor. Votre statut de cadet ne vous laissera cependant pas grand-chose ; parlez-en à Monsieur d'Ystirac.

Ce patronyme m'était surtout connu comme celui de naissance de ma grand-mère Françoise-Aymone : il se pouvait que je l'eusse également entendu au sujet de la gestion de nos biens, mais je n'en étais pas certain. Le soir même, j'interrogeai donc Mademoiselle : elle détourna aussitôt la conversation.

La duchesse, le lendemain, me fit remettre une nouvelle lettre :

« Cher enfant, écrivait-elle, Marion m'a avertie de vos interrogations. Votre jeunesse risque de vous empêcher d'en percevoir tous les tenants mais je tiens, par la présente, à exposer notre version d'une affaire douloureuse. Voici les faits : Dieudonné d'Ystirac, héritier de la branche aînée de cette très antique et très noble lignée, a montré fort tôt une violente intempérance de chair qui a contraint le marquis son père à le mander loin de Paris. Je dois préciser — cela figure d'ailleurs dans notre arbre généalogique — que le marquis Alban d'Ystirac est mon gendre, ayant convolé avec ma fille Louise-Blanche, et qu'il est doublement votre parent, puisque Françoise-Aymone, votre grand-mère paternelle, est sa sœur. Alban et Dieudonné ont toujours eu en charge, avec nos banquiers, la gestion de nos finances, raison pour laquelle Monsieur votre père a conservé avec eux ces liens que j'ai rompus. Le marquis et son épouse n'ont daigné se rendre compte de la précocité de leur rejeton qu'après que celui-ci, alors à peine plus âgé que vous, eût engrossé une servante. Je passe sur la manière honteuse dont la chose fut réglée. Pensionnaire à Pau — les Ystirac sont, comme nous, originaires du Béarn où ils ont conservé des terres, un château et de la famille — Dieudonné n'est revenu en bords de Seine que pour épouser la fille d'un parlementaire dont il importe peu que vous connaissiez le nom. Vous devez en revanche savoir qu'il a succombé de nouveau à ses funestes passions et que l'une de ses victimes s'appelait Marion : *notre* Marion ! La pauvresse demeurait depuis l'enfance en l'hôtel d'Ystirac, loin de ses frères et sœurs qui sont ici, sa mère étant morte en lui donnant le jour. Nous n'avons point trouvé à la marier — qui en eût voulu sinon le couvent ? — et Dieudonné, sur l'injonction de ses parents, n'a point légitimé le fruit de cet épouvantable forfait. J'ai donc recueilli les deux naufragées et rompu tout lien avec ma fille, mon gendre et les leurs. L'enfant, aujourd'hui âgée de dix-huit ans, a été baptisée Pauline. Vous ne la rencontrerez probablement pas lors de votre séjour parmi nous car son âme est tourmentée : nous éprouvons beaucoup de difficultés à lui donner de l'éducation et craignons qu'elle ne demeure sotte en dépit de ses grâces naturelles. Vous comprendrez que ce sujet soit particulièrement douloureux à notre Marion et qu'elle ne le souhaite point aborder. J'admets nonobstant que l'avenir de votre maison vous impose d'entretenir des relations avec les Ystirac et n'y mettrai aucun obstacle. »

La confusion empourpra mon front : ma bisaïeule m'écrivait comme à un adulte alors que j'ignorais encore tout ou presque de la finance, comme d'ailleurs de l'union du mâle et de la femelle : nos précepteurs méprisaient la première et ne soufflaient mot de la seconde, commentant à peine les planches d'anatomie qu'ils glissaient entre nos mains ; quant à mes condisciples, leurs comptes rendus — ou supposés tels, car nous étions, les uns comme les autres, fort niais en la matière — demeuraient aussi violents qu'obscurs, inspirés surtout par le spectacle d'accouplements animaux, ou des bribes de conversation.

Ne pouvant m'ouvrir à quiconque d'un semblable thème, je tentai de l'oublier en me plongeant dans les lectures suggérées par le père Briard : de vieilles traductions de Saint Jean de la Croix et, tout aussi absconses, de Sainte Thérèse d'Avila. Voyant que je perdais pied, le confesseur me donna Descartes, Rousseau — auteurs prohibés chez moi — puis, avec un clin d'œil complice, conseilla *l'Encyclopédie,* cet *ouvrage du démon* dont mon arrière-grand-mère exposait les volumes dans les parties hautes de sa bibliothèque.

J'y plongeai avec délice et découvris enfin, sans vraiment l'avoir cherchée, l'entrée consacrée à la *Génération*: outre des détails physiologiques qui me vaudraient, anticipai-je, l'admiration de mes camarades, j'y lus cette description de l'*orgasme* — terme nouveau — qui me fascina:

« L'animal dans cet état, expliquait l'auteur, ne sent presque plus son existence, que par celle de ce sens voluptueux, qui semble alors devenu le siège de son âme, de toute sa faculté sensitive, à l'exclusion de toute autre partie, c'est-à-dire qui absorbe toute la sensibilité dont il est susceptible, qui en porte l'intensité à un point qui rend cette impression si forte, qu'elle ne peut être soutenue longtemps sans un désordre général dans toute la machine. » Et aussi: « La disposition constante à ce que le membre viril acquière l'état d'érection, qui peut seul le rendre propre à être introduit dans le vagin et à y être mis en mouvement à différentes reprises pour donner lieu au frottement de l'extrémité de ce membre, douée d'un sentiment exquis, contre les plis veloutés des parois de ce canal, resserrées et lubrifiées comme sont dans le vivant celles d'un boyau vide, pour continuer ce frottement jusqu'à ce qu'il excite par communication, dans toutes les parties relatives, une sorte de prurit convulsif d'où s'ensuive l'éjaculation. »

Tout était dit, restait à vérifier *in vivo.* Ayant, sur le conseil de Mademoiselle, déplacé avec moi mes lectures au jardin, je finis par m'aventurer seul jusqu'au bassin au Faune. J'avais, cet après-midi là, emporté les *Contes philosophiques* de Voltaire, littérature pernicieuse rigoureusement proscrite chez mes parents et déconseillée par le père Briard, mais non point par ma bisaïeule qui assurait y trouver matière à délassement.

Survint Pierrot, à qui je montrai le livre.

— Déjà lu ! proclama-t-il.

Avec une familiarité confondante, le troublant importun s'assit à mes côtés. Il était légèrement vêtu, chemise ouverte sur une poitrine mate et rebondie où un discret duvet brun faisait écho à celui qui ourlait ses lèvres. Ses bras et, surtout, ses jambes, couverts de villosités, semblaient déjà ceux d'un homme. Je n'osai regarder son entrecuisse.

— Ça te plairait d'apprendre autre chose ? lança-t-il après un court silence.

Ce tutoiement me fit l'effet d'un soufflet mais, troublé à l'extrême, je demeurai sans réagir, tempes brûlantes et bas-ventre en grand émoi.

— Apprendre quoi ? finis-je par marmotter.

Il se leva et tourna les talons ; je me précipitai à sa poursuite. Comprenant que nous nous dirigions vers l'ermitage, je protestai que l'endroit était interdit ; Pierrot ricana puis disparut derrière un bosquet au-delà duquel la nature semblait à l'abandon, envahie de ronces, de feuilles mortes et de branchages. Ce qui avait dû être un élégant pavillon de marbre rose disparaissait presque sous la marée végétale. Un épais lierre enserrait murs et fenêtres, à l'instar de l'appréhension qui s'était saisie de mon cœur, nouant ma gorge et la desséchant mais n'en faisant pas moins palpiter mon pénis humide contre le tissu de ma culotte.

Pierrot détacha délicatement les rameaux qui protégeaient l'issue de service, dont il crocheta la serrure — manœuvre qu'il maîtrisait visiblement —, puis il attrapa mon poignet pour nous faire pénétrer par l'entrebâillement avant de refermer la porte. L'endroit, plongé dans les ténèbres et les odeurs de vieille cheminée, prit quelques contours lorsque mon compagnon entrouvrit les volets intérieurs : partout, des caisses étaient entassées, certaines très volumineuses, portant l'inquiétante mention *Infernum.*

— Tu veux commencer par quoi ? demanda Pierrot.

Mes yeux tombèrent sur sa braguette, aussi tendue que la mienne.

— Tu veux *le* voir ? chuchota-t-il.

Il ouvrit ses chausses sur un membre épais, très brun, environné d'une couronne de poils crépus que surmontait un gland luisant. L'objet, furieusement arqué, exhalait une odeur sauvagine. N'en ayant jamais contemplé d'autre que le mien, incapable de contenir mon émotion, je me mis à trembler irrépressiblement. Mon acolyte prit ma main pour la poser d'autorité sur sa verge : c'était doux, tiède et vivant. Les soubresauts de mon poing générèrent une protestation amusée.

— Si tu continues, ricana-t-il, je cracherai bientôt !

Il nous installa sur le rebord d'une caisse. Là, il me fit signe de continuer ma caresse et, à l'intense affolement de mes sens, dégrafa mes braies ; ses doigts tirèrent mon épieu gluant de sa cachette.

— Diable, s'étonna-t-il à mi-voix, ce qu'il est gros, et comme il bave !

Je perdis alors tout empire sur moi-même : mes yeux, vaincus par une torpeur suprême, se fermèrent spontanément cependant que mon âme sombrait autant qu'elle exultait au rythme barbare des muscles de mon périnée. Lorsque, le cœur battant à se rompre, soupirant davantage qu'après une course, je rouvris les paupières, mon ventre, et les doigts de Pierrot, étaient maculés de laitance.

— Tu aurais pu prévenir ! gronda-t-il doucement.

La fierté et la joie le disputant au désarroi, je m'activai sans un mot sur le pénis de celui qui, sans le savoir, venait à la fois de me procurer mon premier orgasme et m'en indiquer la méthode. Je guettai, sur son visage, l'arrivée du plaisir et fus assez vite récompensé : il soupira, gémit, puis sa vibrante colonne expulsa trois longs jets de semence qui, volant par-dessus mon poing, allèrent s'écraser sur son torse.

Nous reprîmes haleine au seul bruit de nos respirations, l'atmosphère chargée d'un parfum de sous-bois inédit à mes narines. Pierrot ayant tiré un mouchoir de sa poche pour en essuyer nos débordements, j'en cueillis du bout de l'index, accroché à ses toisons ; étrange substance qui me tira une grimace et me valut de tendres moqueries. Après quoi mon complice se leva et, ôtant complètement ses hardes, gagna un salon attenant d'où il m'appela. J'abandonnai à mon tour mes vêtements pour le rejoindre.

À l'instar de celle que je venais de quitter, la pièce était emplie de boîtes infernales, dont une très haute qui contenait un automate aux cheveux blonds nommé *Andrea* — d'après la plaque fixée à son socle —, lequel, malgré sa vaste robe à paniers, était pourvu d'attributs masculins et d'un anus dont Pierrot assura que l'on en pouvait commander le fonctionnement. Il passa un bras sous les brocarts : après de bizarres cliquetis, la machine s'anima, réagissant différemment selon que l'on appuyait sur telle ou telle partie, et dardant autour d'elle des regards équivoques.

Mon complice introduisit son vit entre les lèvres d'Andrea, qui aussitôt se déformèrent en succion ; je risquai ma main dans l'entrecuisse du pantin : son pénis se dressa, puis le bassin entier pivota, de sorte que son fondement devint accessible. Pierrot, toujours affairé au-dessus, m'enjoignit de pénétrer l'orifice. Je m'exécutai, mais le cuir sec que j'y trouvai n'avait rien à voir avec *les plis veloutés des parois resserrées et lubrifiées comme sont dans le vivant celles d'un boyau vide* annoncées par Monsieur Diderot. Je me retirai donc et aventurai un doigt entre les fesses de mon compère ; il se dégagea vivement.

— Tu aimes quoi, alors ? protestai-je.

Pour toute réponse, mon compagnon se retourna et appuya son bel arc brun à ma joue. Je gobai sans autre réflexion, la salive naissant comme par enchantement au fil des agapes. Pierrot, très échauffé, s'allongea sur le sol afin de poursuivre tête-bêche. Il engloutit mon outil avec autant de fièvre que moi le sien et, à l'instant de jouir, introduisit ses pouces dans mon anus : la volupté m'en sembla augmentée au point que je hurlai de plaisir. Mon partenaire, dont le sperme avait jailli presque concomitamment, parut surpris.

— Ça, murmura-t-il en se redressant, on devine ce que, *toi,* tu aimes !

Il ne me laissa guère le temps de méditer sur cette réflexion car, prétextant que nous ne pouvions demeurer trop longtemps dans l'ermitage au péril d'être découverts, il hâta notre départ. Je me retrouvai seul, désorienté, devant le bassin au Faune.

Je pleurai un peu, autant de joie que de solitude. Ces larmes me soulagèrent ; elles me rendirent également quelques esprits et remirent notamment en ma mémoire le fait que j'avais oublié les *Contes* de Voltaire sur l'une des caisses de l'ermitage. Une onde de terreur hérissa brièvement ma peau, vite calmée par le souvenir des instants que je venais de connaître.

Je regagnai le château l'esprit exalté, tentant au mieux d'atténuer le sourire béat qui s'affichait sur mes lèvres.

Je ne revis Pierrot ni le lendemain ni les jours suivants ; n'osant m'en inquiéter auprès de quiconque, mon excitation lubrique — que je savais désormais calmer — et ma hantise concernant le livre égaré augmentèrent jusqu'à me faire perdre le sommeil. J'attendis maintes fois, en vain, aux abords de l'ermitage, dont il m'était impensable de forcer l'entrée.

Ignorant mes tourments, le maréchal de Richelieu revint entre-temps de Versailles, accompagné par deux étranges vieillards : le premier était baron de Roccaze, le second, simple aubergiste et n'en faisant point mystère, avait pour nom Henry Durelais ; c'était un mulâtre mais sa parentèle différait de celle de l'intendant. L'un et l'autre, avec une faconde toute méridionale, se présentèrent comme Béarnais, amis de mon bisaïeul et assidus à Paris, où ils se rendaient tous les étés depuis près d'un demi-siècle.

Le clin d'œil obscène que me décocha le baron me rebuta mais, surpris d'apprendre notre lointain cousinage, je l'écoutai avec avidité évoquer ses enfants et petits-enfants, ainsi que la branche cadette des Ystirac avec qui il entretenait des liens étroits, l'une de ses petites-filles ayant épousé un héritier de cette famille. Il fut de nouveau question de mon arrière-grand-père, notamment au sujet des fameuses Petites Tuileries.

— Ce bordel, lança Roccaze tout de go, a longtemps fait le bonheur de votre ancêtre et de ses amis avant que le Régent puis le feu Roi ne le réservassent à la haute noblesse, condamnant les pauvres diables que nous sommes à des plaisirs moins raffinés. C'est le tripot le plus luxueux du royaume : on s'y divertit beaucoup, bien que l'on y perde, dit-on, infiniment plus que l'on y gagne, pour la plus grande fortune de Messire votre père…

Richelieu lui pinça le bras ; un silence gêné s'établit et je me sentis blêmir. Roccaze, pour butor, n'en avait pas moins dessillé mes yeux sur l'indigne hypocrisie de mes parents. Le Maréchal fit apporter un godet de marc que je vidai sans réfléchir. Un second me rendit des couleurs, un troisième la parole, mais si embrouillée que l'on m'allongea sur un canapé. Mon aïeule, arrivée sur ces entrefaites, ne masqua point son mécontentement et congédia les fâcheux.

Les heures suivantes furent consacrées aux Petites Tuileries, dont mon hôtesse et Mademoiselle détaillèrent l'histoire, tragique avant d'être grivoise — on prétendait que leur premier propriétaire, seigneur de la maison de Condé sauvagement assassiné pendant la Régence, hantait encore les lieux —, et la qualité des clients. Mon indélicat trio de gérontes, revenu à pas de loup, vint opportunément compléter le tableau, révélant au passage que le duc-prince mon père y avait, comme d'autres jeunes seigneurs, perdu son pucelage.

— Nul doute, ajouta Richelieu, que votre pieux géniteur eût volontiers revendu l'affaire si le feu Roi ne l'en avait empêché. Notre actuel souverain ne s'en soucie guère mais ses frères, Messeigneurs de Provence et d'Artois, ainsi que nombre de leurs cousins, fréquentent souvent l'adresse, qui est fort discrète et ceinte de murs si hauts que l'on croirait une geôle. La dévotion, en *ce pays-ci*[5], s'accommode fort bien de la luxure…

Je ne m'attendais nullement à vérifier cette assertion aussi tôt que le lendemain matin, après la messe, lorsque le père Briard, ayant attendu que nous fussions seuls, déposa sur mon prie-Dieu le volume oublié dans l'ermitage. Ma stupeur lui tira un sourire narquois.

— Je savais Monsieur de Voltaire dangereux, glissa-t-il, mais pas à ce point… Que faisiez-vous donc au milieu de ces boîtes ?

— Mais vous-même, mon père ? bafouillai-je.

— N'inversez pas la question.

— Souhaitez-vous m'entendre en confession ?

— Pas ici. Vous me viendrez voir tantôt au presbytère.

— Me dénoncerez-vous à Madame ?

5. Ainsi, alors, surnommait-on la Cour de France.

Il ne répondit rien et m'abandonna à mes angoisses.

Ignorant où se trouvait l'église du village — le bourg de Mondétour ne jouxtait pas son château éponyme — je dus demander à Joseph de m'accompagner. Celui-ci prit les rênes d'un cabriolet et nous roulâmes sans échanger de parole. Parvenus à destination, le visage de mon cocher prit toutefois une expression inquiète :

— Monsieur le baron sait-il vraiment ce qu'il va faire ?

— Dame ! m'exclamai-je interloqué ; non seulement je le sais mais je ne sache point que cela te regarde !

— C'est que le père Briard a parfois d'étranges coutumes, bredouilla Joseph en détournant le regard. Il ne faudrait pas que Monsieur…

Je me rendis compte, rougissant soudain, de ce que je venais de comprendre l'allusion.

La voiture s'immobilisa devant le seuil d'une petite maison contiguë à l'église.

— J'attendrai Monsieur, appuya mon ange gardien.

Les mains moites, je grattai à la porte. Une servante ouvrit et me fit patienter dans un salon modestement meublé. Le curé apparut, revêtu de ses ornements sacerdotaux, et me fit m'agenouiller. Après les formules d'usage, je confessai benoîtement le *crime* commis à l'ermitage, ajoutant m'en sentir d'autant plus coupable que j'y avais pris un intense plaisir. Briard ne posa aucune question et, à ma grande surprise, me donna l'absolution sans pénitence. Puis il m'invita à le suivre jusqu'à la sacristie attenante, où je l'aidai à ôter sa parure. Je ne pus alors m'empêcher de repenser à l'avertissement de Joseph et me préparai mentalement à quelque embarrassant événement, mais nous allâmes simplement prier côte à côte dans l'église.

Revenus au salon, mon hôte fit apporter du vin.

— Le jeune Pierre a-t-il, devant vous, ouvert toutes les caisses ? demanda-t-il abruptement.

— Non, balbutiai-je ; ainsi que je vous l'ai confessé…

— C'est à Dieu, Messire, que vous l'avez fait, point à moi. — Il baissa le ton : savez-vous ce qu'elles contiennent ?

Il sortit brièvement, me laissant à peine le temps de réfléchir à l'incongruité de la situation, et revint avec un minuscule ouvrage relié aux armes de notre famille. Les gravures que j'y découvris, furieusement impudiques, enflammèrent mon front autant que ma culotte.

— Qu'en pensez-vous ? s'enquit le curé à mi-voix.

Je rougis sans répondre.

— Je vais le dire à votre place, reprit-il : cela vous attire plus irrépressiblement qu'un pot de miel et vous sentez, du fond de votre âme, que rien, jamais, ne vous en pourra distraire. Ce qui ne s'est manifestement point encore fait jour, en revanche, ce sont les dangers dans lesquels pareille inclination vous précipite ; et je sais, Monsieur, de quoi je parle…

S'en suivit une longue diatribe contre les *bardaches, gitons* et autres *bougres*, et cet aveu stupéfiant de ce que mon interlocuteur avait embrassé la Religion dans l'espoir de moins étreindre ses semblables — qui étaient les miens — et d'œuvrer à leur salut.

— Raison pour laquelle, conclut-il, j'ai demandé au jeune Pierre Mondétour de cesser de vous suborner.

— Je veux le revoir ! protestai-je.

— La chose vous nuirait à tous deux, martela-t-il. Avez-vous songé aux risques auxquels vous vous exposiez ?

— Est-ce à vous, mon père, d'en juger ?

— Le destin de Pierrot est tout tracé, Messire ; ainsi que le vôtre.

— Vous n'en savez rien !

Je me levai pour sortir, des larmes de rage perlant à mes paupières. Le curé me retint par la manche.

— C'est Pierrot lui-même qui a tout avoué! tonna-t-il. Nous sommes retournés ensemble à l'ermitage et le peu de ce que j'ai vu m'a épouvanté. Madame m'avait certes informé de ces caisses conservées en mémoire de son défunt mari, mais sans en détailler le contenu. Il y a plus grave: votre complice ne s'y est point rendu qu'en votre seule compagnie, ayant convié là-bas d'autres âmes égarées pour s'y livrer à la débauche. Nous avons conclu un pacte: votre salut contre le sien. Revoyez-le et je promets de veiller personnellement à ce qu'on le mande pour longtemps loin d'ici.

Mon sang se glaça; ivre de colère, je menaçai alors mon interlocuteur de le dénoncer comme *sodomite* — terme découvert dans l'*Encyclopédie* — s'il exécutait sa menace. Sans lui donner l'opportunité de répliquer, je dégageai mon bras et m'enfuis en claquant la porte.

J'attendis à peine que notre cabriolet eût franchi l'angle de la place pour éclater en pleurs contre l'épaule de Joseph, bramant vouloir retrouver mon compagnon. Joseph indiqua que Pierrot avait suivi son père à Paris pour une affaire touchant à l'administration du domaine.

— Quoi qu'ait fait Monsieur le baron, insista-t-il, et quoi que Monsieur le curé lui ait dit, Monsieur n'a rien à craindre, car personne, et surtout pas le père Briard, n'a intérêt à ce que *certaines situations* se démêlent au su de tous...

Préoccupé par mon air sombre, le maréchal de Richelieu gratta le soir même à la porte de ma chambre. Il venait de s'entretenir avec Joseph.

— Vous auriez grand besoin d'un confident de votre âge et d'un protecteur moins menacé par la camarde que je ne le suis, assura-t-il. Sachez, quelles que s'avèrent vos inclinations, que votre haute naissance vous protégera toujours de leurs possibles conséquences, mais en vous faisant loi d'honorer vos ascendants ; ainsi ont-ils eux-mêmes procédé. Si la chose vous agrée et que le secret ne vous semble point trop pesant, je vous ferai admettre aux Petites Tuileries afin que vous y puissiez librement apprendre et décider...

La nuit ne suffit pas à mûrir ma décision : ce fut l'air patelin du père Briard, le lendemain matin, qui l'emporta. Joseph m'ayant par ailleurs averti du retour de *mon* Pierrot, je m'en fus, dès après la messe, jusqu'à la maison de l'intendant.

Nous nous rattrapâmes, mon amant et moi-même, en contrebas du parc. Un regard entendu et quelques enjambées plus tard, nous nous tenions enlacés dans l'ermitage, verge contre verge et bouches enamourées ; ainsi reçus-je mon premier baiser : la langue de Pierrot était aussi savoureuse que sa verge et je mangeai les deux alternativement, sans égard pour mon propre épieu qui battait la cadence.

Mon compagnon en recueillit le miel sur ses phalanges pour en badigeonner mon anus, dans lequel il introduisit un, puis jusqu'à cinq doigts sans que j'éprouvasse autre chose que le désir souverain qu'il me pénétrât. Je l'en suppliai à voix basse ; me faisant arc-bouter contre une caisse, il s'exécuta.

La manœuvre ne devait point lui être si familière car il tremblait sur ses jambes et manqua plusieurs fois sa cible. Le plaisir nous embrasa néanmoins concomitamment, consumant nos souffles en quelques instants.

Après avoir, enfin défloré et brûlant de bonheur, ressenti en moi les pulsations de la verge de mon fouteur, je me mis à rire nerveusement. Il m'imita sans comprendre et me donna un nouveau baiser.

— Il faut me pardonner, murmura-t-il gravement; je t'ai caché des choses…

À ma stupéfaction, il détailla comment le père Briard, abusant de la candeur de ma bisaïeule, connaissait l'ermitage depuis de nombreuses années et en avait le premier indiqué le chemin à ses jeunes victimes, incitant celles-ci à forniquer entre elles ou avec d'autres garçons plus âgés, parfois en présence d'adultes dont il obtenait aisément un silence absolu.

— C'est affreux! m'indignai-je. Tu devrais le dénoncer!

— Et faire du scandale, salir un nom qui est aussi le tien? rétorqua Pierrot. Il y a bien davantage à perdre qu'à gagner, crois-moi! Et puis ça me déplaît pas, moi, de m'amuser…

Il évoqua ses partenaires de jeu du village et m'offrit de les connaître en me faisant passer pour un ami de province. J'acceptai et, en retour, mentionnai l'invitation de Richelieu aux Petites Tuileries. Pierrot, qui avait ouï son grand-père en retracer une histoire expurgée des détails les plus scabreux, objecta que si la noblesse ordinaire n'y était point admise, il était inutile à un descendant d'esclave d'en songer franchir le seuil.

— La haute noblesse, rétorquai-je, se déplace rarement sans laquais…

II

Je fis donc mon entrée aux Petites Tuileries. Richelieu avait raconté à ma bisaïeule — qui avait bien voulu le croire — souhaiter me montrer Paris, et j'avais obtenu de Jean-Henry Mondétour qu'il autorisât Pierrot à nous suivre en livrée domestique, détail qui avait déplu aux siens, confia-t-il, car on nourrissait pour lui d'autres ambitions que la servitude.

Nous partîmes de bon matin en carrosse. Le Maréchal exhiba les sauf-conduits qu'il avait extorqués à l'un de ses amis et sur lesquels, par cachet de mon propre père, était ordonné aux gardes de laisser passer les porteurs du document et leur suite. Nous chevauchâmes trois heures. Arrivés en vue des portes, Richelieu me tendit un loup et en noua un autour de ses tempes.

— Nous quittons ici le monde ordinaire, annonça-t-il mystérieusement...

Le cocher montra nos patentes aux factionnaires, lesquels ouvrirent aussitôt les lourds battants de fer pour les refermer derrière la voiture, en un fracas qui me fit frissonner.

Alors que se rapprochait le château, forme blanche au bout d'une longue allée de chênes bordant des jardins peuplés de statues et de jeux d'eau, mon guide adopta le tutoiement pour préciser les us de l'endroit : outre l'anonymat et la familiarité de rigueur, on s'appliquait notamment à répondre toujours positivement à un autre masque — ceux qui n'en portaient pas étaient considérés comme simples valets, à la libre disposition de tous — et, s'il y avait déplaisir ou conflit, à l'éteindre courtoisement sous peine d'être démasqué et à jamais exclu de cet étrange Éden.

— Quant à moi, conclut le Maréchal, c'est à Paris que, dès ce soir, mon grand âge m'oblige à retourner. Je veillerai néanmoins à ce qu'une calèche attende céans que tu te sois lassé des orgies et des jeux : tâche, entre-temps, de perdre plus de foutre que d'or !

Et il glissa une bourse dans ma poche.

Un Africain entre deux âges, richement vêtu et de belle stature, discutait sur le perron avec un jeune inconnu aussi robuste et bien mis que lui mais dont le visage était caché par un loup grenat. Richelieu, sans me nommer, me recommanda au premier, dont il prononça le prénom : *Moïse.* Apercevant Pierrot à mes côtés, celui-ci eut un rire carnassier.

— La chasse sera bonne, prophétisa-t-il avec un clin d'œil grivois. Nos habitués n'aiment rien tant qu'un visage nouveau...

L'inconnu saisit alors mon bras et me tira vers l'intérieur. Tétanisé mais soucieux d'obéir à la règle, j'abandonnai craintivement mes hôtes. Nous traversâmes un vestibule de marbre noir aux murs couverts de miroirs.

— Tu es venu perdre ton pucelage ? demanda l'inconnu.

— C'est déjà fait, bredouillai-je intimidé.

— Sous les deux espèces ? — Mon hésitation le fit sourire : Tu n'es pas forcé de répondre, glissa-t-il. Dis-moi au moins ton surnom.

— Je n'en ai point.

— Il faut absolument t'en trouver un !

Nous prîmes place autour d'un guéridon, dans un salon dont les lambris gris de lin s'ornaient de tableaux érotiques mettant en scène des animaux. Seules deux ou trois tables étaient occupées sur la douzaine que comptait la salle ; certains convives, à l'exception du loup, étaient entièrement nus.

M'ayant détaillé des pieds à la tête, entrouvert ma chemise et plongé une main rapide dans ma culotte, mon commensal décida que mes lèvres constituaient la partie la plus attirante de ma personne.

— Tu as des lèvres d'or, annonça-t-il ; on pourrait te baptiser *Chrysostome* mais je préfère *Labrador*...

Il éclata de rire avant de proclamer sa trouvaille à la cantonade, qui applaudit. Quelque peu humilié de m'entendre qualifier d'un lointain territoire perdu, je demandai alors à mon compagnon de dévoiler son sobriquet ; ce fut un voisin qui répondit :

— On l'appelle *Stan.*

— À quoi vous reconnaissez-vous ? bredouillai-je.

— La voix, sourit Stan, certains détails physiques, et aussi l'habitude. N'es-tu point de *ce pays-ci* ?

— En effet, murmurai-je incrédule. Mais alors, à quoi servent ces pseudonymes, ces masques ?

— À marquer la différence, assura Stan ; entre cet endroit et l'extérieur, entre nous et les autres... Tu devrais savoir tout cela !

— Monsieur de Richelieu n'a pas eu le temps... — Je m'interrompis en rougissant.

— Ce n'est pas grave ! s'esclaffa Stan. *Alcibiade* — puisqu'ainsi appelle-t-on céans notre vieux maréchal — est l'un des plus anciens fidèles des Petites Tuileries, dont il connaissait intimement les premiers propriétaires. Nous lui devons non seulement la perpétuation de ce qui fait le sel de l'endroit, mais également d'y avoir suborné trois générations. Quel dommage que le feu Roi en ait autant restreint l'accès!

La conversation prit une couleur soudain plus politique, autour des espoirs que chacun fondait ou non sur le nouveau monarque. La liberté de ton me confondit mais je n'y saisis pas grand-chose. Ce que voyant, Stan reprit ma main pour nous conduire dans une autre partie du château où un petit théâtre était aménagé, sur le plateau duquel des comédiens exécutaient en musique une obscène pantomime.

— Si l'une d'entre elles — ou l'un d'entre eux — te plaît, chuchota mon guide, tu peux l'avoir pour toi seul.

— Et à toi, m'enhardis-je, qu'est-ce qui te plaît?

— Toi.

Il posa ma main sur sa braguette, qui était fort dure; je ne retirai pas mes doigts. Une loge vide accueillit notre étreinte. Elle fut brève et obscure mais nous combla assez pour que mon amant me suppliât d'accepter de reprendre des forces en sa compagnie.

Nous nous fîmes servir un rafraîchissement dans une aile où de luxueux bains d'albâtre avaient été installés et où nous nous aspergeâmes d'eau tiède. Le corps de Stan était couvert de villosités blondes; alors que je m'en émerveillais, un intrus du même âge vint ajouter à nos ébats ses boucles sombres et son épieu veiné, puis une fade quinquagénaire empestant le néroli, dont l'immixtion me fit rapidement débander. Je me retirai donc, non sans contrariété, pour laisser mes compères achever leur partie.

Je retrouvai Richelieu, seul devant une table de jeu. Pierrot n'était pas avec lui.

— Moïse a tenu à lui servir de cicérone, expliqua le Maréchal. Connaissant le maraud, je doute qu'il lâche prise avant ce soir...

J'évoquai Stan ; le visage du vieillard s'éclaira :

— Voilà enfin le protecteur qu'il te fallait ! Cultive bien sa compagnie : je ne te décèlerai point qui il est mais je jure que tu béniras bientôt le hasard qui t'a fait le rencontrer !

Nous perdîmes quelques écus à l'hombre[6], nombre d'autres à la cavagnole[7], puis, le soir venu, Richelieu prit congé. Ce qui restait d'enfant en moi aurait voulu le suivre mais la tentation fut trop forte de prolonger l'exploration : j'aidai le vieil homme à monter dans son carrosse, repérai celui qu'il m'avait destiné et retournai me damner.

Stan m'attendait dans le vestibule, vêtu seulement d'une robe d'intérieur masquant à peine ses bonnes dispositions. Nous gagnâmes, à l'étage, l'une des multiples chambres qui se succédaient de part et d'autre d'un couloir aveugle faiblement éclairé sur lequel flottait une odeur de parfum suri mêlé de tabac. Le lit était déjà occupé par un couple, mâle et femelle, nu et sans masque, qui s'y livrait à quelques agaceries en nous attendant.

Aussitôt que nous entrâmes, le mâle — Hercule à la peau mate et au poil bouclé dont le membre viril, très épais, remontait haut sur le nombril — prit position face à nous, cuisses écartées, couvrant le visage de la femelle afin de s'en faire gamahucher. Mon compagnon et moi-même nous débarrassâmes rapidement de nos hardes et je me précipitai sur cet appareil en gober l'alléchante extrémité, de laquelle, entoisonnées de noir, appendaient d'énormes génitoires. Je parvins sans encombre à jouir du festin mais la disposition particulière de notre congrès m'amena à effleurer la femelle, ce qui, je le compris vite, était l'effet recherché. Subjugué autant qu'échauffé par les appas du

6. Jeu de levées à enchères, ancêtre du bridge.

7. Ou *biribi*. Loterie à choix multiples, ancêtre du *bingo*.

mâle, je laissai Stan diriger mon épieu là où l'exigeait Monsieur Diderot. Le coquin, ensuite, inséra le sien dans mon fondement. L'intense fruition que j'en retirai n'eut d'égale que la multitude de ses sources : il me sembla n'être plus que jouissance, expérimentant alors — mais l'esprit trop extasié pour y songer — cette *perte d'existence ne pouvant être soutenue longtemps sans un désordre général dans toute la machine.*

Quand chacun eut éprouvé la chose à sa façon, nous demeurâmes longtemps affalés les uns contre les autres, jusqu'à ce que nos *machines* respectives reprissent fonction. La femelle, séparée de ses entours mâles, me sembla moins appétissante : nous la congédiâmes mais je me promis *in petto* de renouveler ces agapes.

Nous dînâmes dans la chambre, puis Stan commanda trois *valets de cul* pour compléter celui qui était resté. Laissant le premier à notre amphitryon, je reformai un quatuor avec les trois autres, prenant cette fois la place allongée afin de me mieux délecter.

La fièvre, puis le sommeil me saisirent si bien, ensuite, que je ne me rendis compte de la disparition de Stan que le lendemain matin, lorsque Pierrot vint me tirer du lit.

Le soleil était déjà haut. Je m'habillai à la hâte, rajustai mon masque et suivis mon jeune complice jusque dans un salon du rez-de-chaussée où Moïse tenait table ouverte. La manière dont celui-ci le fit asseoir sur ses genoux, leurs gestes, leurs rires, me firent inférer qu'ils avaient beaucoup partagé ; j'en ressentis une pointe de jalousie.

— Est-il exact que le feu roi soit venu céans ? lançai-je en feignant l'indifférence.

— Oui, soupira Moïse ; avant la disparition du premier marquis de Morienval, pour qui il concevait, dit-on, des sentiments fort tendres...

La mention de mon grand-père paternel, héros de Dettingen, en pareil décor me sembla du dernier incongru mais je dissimulai ma surprise pour mieux ouïr ma voisine s'enquérir de mon aïeul, et Moïse lui répondre : le portrait qu'il brossa — pour ce qu'il en savait, étant, avoua-t-il, à peine sorti de l'adolescence au moment des faits — me renforça, s'il était encore besoin, dans l'idée que la vie des adultes et des grands de ce monde n'était pas aussi claire qu'ils le voulaient faire accroire, et qu'il fallait être bien sot pour obéir aveuglément à leurs préceptes : y croyaient-ils eux-mêmes ?

— S'il en est, soutint Moïse, ce n'est point à la Cour qu'il les faut rechercher.

Les autres convives ricanèrent ; pour ma part, je ressentis de nouveau cette rage mêlée de désarroi qui m'avait saisie devant le père Briard. Et je voulus m'enfuir. Pierrot, qui savait lire en mon regard, et Moïse, qui ne pouvait ignorer ma véritable identité, changèrent aussitôt de sujet mais je désertai la place.

Ils me rejoignirent sur le perron au moment où je hélais notre calèche, dont Moïse ouvrit obséquieusement la portière.

— Je supplie Votre Seigneurie de pardonner à un vieil idiot, murmura-t-il. La liberté qui règne céans est parfois délétère.

J'approuvai silencieusement et gravis le marchepied. Pierrot suivit.

— Où allons-nous ? demanda le cocher.

— À Paris, m'exclamai-je, chez le maréchal de Richelieu !

Nous roulâmes jusqu'à la porte de Saint-Denis, ivres autant qu'effarés par notre propre audace. Après avoir traversé la moitié de la ville, nous parvînmes, quai des Balcons, au porche de l'imposant hôtel où vivait Richelieu. Mon patronyme n'ayant pas impressionné les gardes, il fallut attendre que l'un d'entre eux s'enquît auprès d'un majordome, lequel finit par autoriser notre calèche à pénétrer dans la cour.

L'air soupçonneux du domestique se mua en révérence lorsque le vieux maréchal nous salua depuis une fenêtre avant de nous accueillir au premier étage, dans une belle galerie donnant sur la Seine.

— Il se trouve, glissa notre hôte, que les dépendances de l'hôtel de Buridan, à quelques toises d'ici, ont été hier le théâtre d'un incendie probablement causé par l'intrusion de voleurs. Les portes en sont demeurées béantes, de sorte qu'il nous serait loisible d'y aller en pèlerinage. J'ai, voyez-vous, laissé là-bas d'excellents souvenirs qu'il me plairait de raviver…

Bien que sans appétence particulière pour ce qui ne m'était pas destiné, j'acceptai l'aventure.

L'hôtel de ma famille, plus petit que celui du Maréchal, était à l'abandon, vidé de son contenu par ma bisaïeule après la disparition de son mari, et négligé ensuite par mon père qui, depuis deux ou trois ans, y annonçait des travaux sans cesse repoussés. Seules les écuries étaient louées, et une partie des communs, où le feu avait pris et dont la façade noircie témoignait encore du sinistre.

Deux formes vêtues de sombre avancèrent vers nous dans la cour, firent la révérence et se présentèrent : je n'avais pas reconnu le surintendant de Laspasses et son fils, venus se rendre compte des dégâts.

— Nous souhaitons visiter le logis, annonçai-je.

Laspasses aîné courba la tête et, tirant un trousseau de clefs de son portefeuille, le tendit à son rejeton.

— Mon fils Jean-Baptiste vous ouvrira, sourit-il ; j'ai encore affaire céans.

Nous pénétrâmes directement dans le grand salon du rez-de-chaussée, dont un côté était occupé par une immense cheminée au-dessus de laquelle subsistait la trace d'un cadre.

— Je crois, murmura le Maréchal, qu'il y avait là un portrait en pied de votre ancêtre…

Laspasses le jeune acquiesça et, devinant que nous souhaitions poursuivre sans lui, me tendit le trousseau, fit une révérence et nous laissa seuls.

Nous gagnâmes l'étage par le degré principal ; les pièces que nous découvrîmes étaient tout aussi sépulcrales que le grand salon : lambris et tapisseries fanés aux cadres fantômes, ombres similaires des tapis sur les parquets, les seuls objets restés en place, fors deux ou trois sièges fatigués, étaient les rayonnages, niches et consoles sur lesquels, soupira notre vieux cicérone, Henry Ier de Mondétour exposait ses collections infernales.

Richelieu, très ému et oubliant notre présence, arpenta longuement les enfilades en se lamentant à mi-voix contre le temps qui passe et les amis qui disparaissent. Nous menâmes notre propre exploration — infiniment moins gratifiante à nos jeunes esprits que celle de l'ermitage — et retrouvâmes le vieillard en pleurs au bas de l'escalier.

— Hélas, gémit-il, les bons moments se sont enfuis ! Seuls demeurent la peine et le regret ! La nostalgie est un affreux privilège de l'âge !

Nous ressortîmes dans la cour, un peu ébranlés, Richelieu tâchant de masquer ses larmes derrière un immense mouchoir. Un carrosse aux armes de Morienval venait de s'arrêter devant le perron. En descendirent mon frère et sa femme, manifestement enceinte, que ma présence et ma mise surprirent autant qu'elles les amusèrent.

— Comme vous voilà rembruni ! s'exclama Henry-François après un simple salut du menton au Maréchal éploré. En ce qui nous concerne Madame et moi-même, vous saurez que le duc-prince a saisi le prétexte d'un prochain événement qui n'aura point échappé à votre observation, ainsi que de cet incendie pour engager enfin les travaux nécessaires. Nous prendrons entre-temps nos quartiers en l'hôtel de Boynes. L'entourage de Sa Majesté est devenu irrespirable pour Monsieur mon beau-père depuis qu'on lui a osé préférer Turgot, ce libertin… — La marquise approuva par une grimace qui me fit sourire. — Ne faites pas l'insolent, gronda mon frère, car nous pourrions également souffrir d'aléas de faveur s'il advenait que notre parentèle échouât à se faire admettre chez Leurs Majestés. Notre père a souhaité vous revoir à Versailles avant peu : votre présence céans est d'une heureuse fortuité. Vous rentrerez avec nous dès ce soir.

Dépité par la brutalité de la requête, j'eus beau arguer de la nécessité de prendre d'abord congé de notre arrière-grand-mère, Henry-François ne démordit pas et se fit menaçant. Découvrant Pierrot timidement en retrait, il lui ordonna d'aller sur-le-champ avertir *ceux de Mondétour* ; mon malheureux complice partit au bras de Richelieu, dont le silence et la peine me furent une contrariété supplémentaire.

Je retrouvai donc les ors, les cristaux et les marbres plus vite que je ne l'escomptais. Mes lectures de l'*Encyclopédie* et la partie dicible de mes récentes expériences n'eurent point, auprès de mes nobles camarades, autant d'effet qu'espéré car nombre d'entre eux avaient également mis à profit la migration estivale pour mener leur propre apprentissage, certains plus âgés s'étant même entendus parler noces. Cette évolution de nos humeurs n'échappa ni à nos gens, ni évidemment à Monseigneur mon auguste confesseur, bien qu'il continuât à se satisfaire de menus mensonges. Seuls le duc-prince et son épouse, attelés à défendre leur rang, parurent ignorer la transformation.

Ma noble mère était certes parvenue à faire oublier à la nouvelle reine qu'elle descendait d'une maîtresse du feu Roi — Louis XV avait, en sus de ma grand-mère maternelle avant son mariage, aimé trois de mes grand-tantes — mais mon père peinait à se frayer un chemin auprès d'un monarque à l'esprit réservé, né la même année que notre marquis de Morienval et n'ayant cependant rien en commun avec lui sinon la passion pour la chasse.

Sa Majesté était en effet d'un naturel modeste, studieux et fort peu enclin à l'accointance, même avec les plus fidèles courtisans, voire, murmurait-on, avec la Reine. Ce timide déjà vilipendé, dont le sacre était annoncé pour l'année suivante, passait le plus clair de son temps dans ses petits appartements et se pliait de mauvaise grâce au rituel fastueux instauré par Louis XIV.

Le duc-prince me fit comprendre qu'il comptait sur moi pour l'aider à gagner les grâces de Louis XVI.

— Vous avez en partage la dissimulation, asséna-t-il d'une voix sombre. Je ne veux point connaître vos *sales petits secrets* mais je vous saurai gré de mettre *ce que vous êtes* au service de nos intérêts.

Je ravalai mon humiliation, fis une révérence et pris congé sans répondre.

Je ne m'en présentai pas moins quelques jours plus tard au Petit lever, cérémonie à laquelle j'avais jusque-là échappé et où, faute d'admission, je ne fus autorisé à assister que depuis l'antichambre à l'Œil-de-bœuf. Mon père la traversa pour le Grand lever, affectant ne point me voir. Je n'aperçus pas le maréchal de Richelieu mais je surpris, dans la bouche de certains courtisans, des commentaires à peine voilés sur la nature prétendue faible et *bourgeoise* de notre souverain. Bien que cela me scandalisât, je me contentai de suivre silencieusement le flot jusque dans la chambre royale. Ignorant moi-même ce que j'y faisais sinon complaire au duc-prince, j'attendis sagement dans l'embrasure d'une fenêtre.

Lorsque l'huissier annonça, après le service du bouillon, que l'on se retirait, je laissai la troupe hypocrite vider les lieux à reculons, et sortis le dernier. Je ne vis point le monarque, masqué par les grands seigneurs de son immédiat entourage, mais l'un au moins d'entre eux se rendit compte de ma présence ; je n'avais guère fait plus de trois pas dans l'antichambre qu'une exclamation retentissait derrière moi :

— Labrador !

C'était la voix de Stan. Je me retournai, écarlate, et découvris avec effarement Monsieur, comte de Provence, frère puîné de Sa Majesté, héritier du trône, me faire signe de revenir dans la chambre ! J'avais certes encore en tête la réflexion du vieux Maréchal au sujet de ce protecteur dont je devais cultiver la compagnie mais, ne fréquentant que protocolairement et d'assez loin la famille royale, l'idée ne me serait jamais venue de le chercher si haut.

Mes jambes se dérobèrent presque lorsque mon amant des Petites Tuileries, sourire aux lèvres, fendit ses pairs et prit ma main pour m'introduire auprès du souverain.

— Et c'est encore moi, soupira celui-ci, que l'on va accuser d'attenter à l'étiquette…

— Sire, annonça mon compagnon, puis-je vous présenter…

— Louis-Marie de Mondétour, baron de Trémainville, récitai-je au bord de défaillir.

— Je vous connais, déclara aimablement le Roi ; votre père était un fidèle du nôtre. Il y a tant eu de bouleversements à la Cour que je ne crois point l'avoir revu.

— Il y paraît pourtant, Sire, bredouillai-je ; et même, il se trouvait céans il y a quelques instants.

— Je ferai attention demain, assura mon éminent interlocuteur.

Le vieux duc d'Aumont, premier gentilhomme de la chambre, s'avança respectueusement :

— Sire, intervint-il…

— Je sais, coupa le Roi. Monseigneur de La Roche-Aymon nous rappelle souvent que Dieu n'attend point…

Il franchit la balustrade ; nous nous inclinâmes à son passage et formâmes la procession qui devait nous conduire, avec le cortège de la Reine, à travers la galerie des Glaces et les Grands appartements, jusqu'à la chapelle. Ma présence incongrue si près des Petits-fils de France me valut maints regards acérés des courtisans qui attendaient de part et d'autre, mais mon cœur se souleva de fierté lorsque je croisai ceux, ébaubis, de mes parents.

Parvenus au vestibule haut, le comte de Provence profita d'un arrêt pour me demander de le retrouver dans ses appartements après la messe.

La famille royale s'installa à la tribune et la Cour descendit au rez-de-chaussée afin d'assister au culte divin, dos à l'autel et face au Roi comme il était d'usage. J'eus alors une bonne heure pour songer à mon étrange sort et guetter furtivement, sur le visage impassible des Bourbons, quelque signe à moi seul destiné.

Mon père, après l'office, eut à répondre en ma présence à d'amères questions concernant le privilège inouï dont je venais de bénéficier. Les noms de Mesdames Adélaïde et Victoire — filles du feu Roi, restées célibataires et devenues les prêtresses implacables de l'institution monarchique — revinrent dans la dispute comme autant de menaces. J'entendis clairement, avant de quitter les lieux, une baronne chenue se souvenir entre ses dents des modestes débuts de mes ancêtres et gloser sur la parentèle de ma mère.

Abandonnant mon géniteur à ses harpies, je me rendis dans l'aile des princes. Le comte de Provence me présenta au petit cercle d'intimes qui lui tenait compagnie, parmi lesquels le comte de Damas, gentilhomme d'honneur, et le comte d'Avaray, qui avait épousé l'une de mes parentes du côté maternel. Témoins de l'esclandre que ma faveur du jour avait engendré, ils s'en moquèrent.

— Tu n'as point à te soucier de la vieille Cour, pouffa Stan : ses manies surannées agacent autant le Roi que nous-mêmes. Mesdames nos tantes auront beau fulminer, l'époque n'est plus aux simagrées. S'il n'en tenait qu'à moi… — Il me fit un clin d'œil : Adonc, s'exclama-t-il en changeant de sujet, tu es le fils du *taulier* ! Bénis soient et ton père, et notre Alcibiade, et le hasard !

Je rougis de plus belle. Charles de Damas, que je connaissais déjà — il était mon aîné de deux ans et avait partagé nos études et nos jeux avant que ses parents ne décidassent de le vouer aux armes — vint à mon secours.

— À toute bonne maison le sien, lança-t-il, et le titre de duc-prince n'est assurément point le plus élevé en la matière !

On acclama le trait. Puis Stan commanda à boire et la conversation glissa sur le sujet des femmes. Charles de Damas et moi-même nous vîmes envier notre célibat.

— Ces minois-là, qui n'ont point encore connu le rasoir, glissa Stan en caressant ma joue, paieront bientôt d'avoir obéi à leur père en se laissant affubler d'une épouse. Que ne demeure-t-on à jamais adolescent ?

Il déposa un baiser dans mon cou et sa main glissa vers ma culotte. Il ne m'aurait pas déplu que mon illustre amant me partageât avec nos commensaux mais il préféra abriter notre furtif assaut dans une alcôve soigneusement refermée.

Les mois suivants s'écoulèrent tel un songe doré : favori de Monsieur, fait à mon tour Gentilhomme d'honneur, je demeurais en sa compagnie aussitôt accomplies mes obligations auprès de nos maîtres. L'honneur et la discrétion prévalurent assez — je continuais à dormir chez les miens et évitais de paraître aux côtés de mon protecteur lors des cérémonies officielles — pour que chacun s'en satisfît : on ne reparla plus de l'esclandre, vite remplacé par d'autres tout aussi minuscules dans les conversations de Cour, et la famille royale, Mesdames Adélaïde et Victoire comprises, finit par me réintégrer, avec mes tartufes parents, dans le décor de son ordinaire.

Quant à ma noble belle-sœur, réfugiée avec son mari dans un hôtel de Buridan encore en travaux, elle donna naissance, en fin d'année, à une enfant prénommée Marie-Henriette : on attendait un héritier, on masqua donc sa déception.

Devenu mon confident alors même qu'il eût pu voir en moi un rival, Charles de Damas partagea quelques-unes de mes orgies avec Monsieur — rares, car Stan s'avérait exclusif dans ses étreintes. Habitué à la proximité et aux us du comte de Provence, il m'enseigna l'art de cultiver une apparence juvénile en usant, par exemple, d'une pince épilatoire, en soignant ma chevelure ou en adoucissant, par des poudres et des postures galantes, la musculature prometteuse que je tenais de mes ancêtres béarnais. Lui-même, avoua-t-il, éprouvait de plus en plus de difficultés à exciter l'appétit de notre protecteur.

— À seize ans, prévint-il, ton étoile risque fort de pâlir à l'instar de la mienne. Le courtisan, alors, devra suppléer l'Adonis…

Le vieux maréchal de Richelieu, parfois croisé aux Petites Tuileries où j'avais désormais libre accès, joua, à deux ou trois reprises, les messagers de *ceux de Mondétour* : il avait en effet, depuis le retour en grâce du comte de Maurepas son ennemi, renoncé à occuper la moindre charge auprès du Roi et passait ses journées parmi les survivants de sa génération, dont ma bisaïeule.

Ainsi appris-je d'une oreille distraite qu'une vague d'émeutes avait agité le royaume après un renchérissement des farines consécutif aux mauvaises récoltes et à la politique libérale de Monsieur Turgot qui avait encouragé la spéculation — termes abscons. Cette tempête avait heureusement peu touché le domaine de mes aïeux, où l'on veillait assez, semblait-il, au bien-être des gens et où, par ailleurs, l'on ne tarissait pas d'éloges sur l'impression favorable que j'avais produite.

— Vous manquez à tout le monde, grands et humbles, répéta maintes fois le vieillard. Puissiez-vous ne point oublier ceux-là qui vous aiment !

Je fus amené à m'en souvenir avec plus d'acuité au début de juin 1775, lorsque les préparatifs du sacre accaparèrent tant mon protecteur, la Cour et mes parents que je me retrouvai seul en la triste compagnie d'autres cadets de famille comme moi interdits de Reims. Favori ou pas, je ne pus que regarder s'ébranler les carrosses et sourire leurs occupants. Mon père, éperdu de fierté à l'idée de tenir entre ses mains la couronne de Charlemagne au-dessus de la tête du Roi avec les autres pairs du royaume, m'autorisa à gagner Mondétour avec une désinvolture qui me blessa. Charles de Damas obtint tout aussi aisément de se joindre au voyage.

Je retrouvai le domaine dans l'état où je l'avais quitté près d'un an auparavant. Heureuse de mon retour, mon arrière-grand-mère fit bon accueil à Charles, ce qui ne fut pas immédiatement le cas de Pierrot, manifestement jaloux. Nous scellâmes notre réconciliation à l'ermitage : le corps de mon rustique amant s'était affermi et ses duvets abondaient en boucles noires, ourlant son épieu comme celui d'un homme fait. Charles et lui, la paix cimentée, se relayèrent à me donner du plaisir, parvenant même à glisser simultanément leur membre dans mon fondement, délicieuse brûlure…

Il fut évidemment question du père Briard — qui avait, en quelque sorte, changé de monture en jetant son dévolu sur un nouveau clergeon de treize ans mais n'en continuait pas moins d'assurer son service, tant au village qu'au château — et, plus surprenant, des récentes émeutes : Charles en avait ouï parler dans son régiment, dont quelques éléments étaient intervenus en Brie, et Pierrot, que sa curiosité avait poussé dans les rangs des pillards brièvement passés par le village, rapporta la violence inouïe de leur vindicte à l'encontre des *accapareurs* mais également du Roi ; les grandes familles comme la mienne n'étaient pas épargnées. Cette jacquerie avait beau n'être ni la première ni, hélas probablement, la dernière, je sentis sourdre chez mes compagnons une inquiétude qui me contamina.

L'anxiété, chacun la perçut sans doute mais ce fut le vieux prince de Conti, de passage un soir au château, qui m'amena à l'exprimer : son récit trop historié du sacre de Louis XVI et son entêtement à vouloir que mes airs sombres ne fussent motivés que par les secrets de mon âge finirent par avoir raison de ma patience.

— Attendrons-nous, tonnai-je soudain, que la populace affamée se serve dans nos assiettes ?

Le silence gêné qui s'ensuivit fut vite couvert par les affirmations et dénégations des uns et des autres : le baron de Roccaze, qui avait fait le voyage de Reims avec son complice Durelais, jura que la révolte n'était que ponctuelle, n'ayant pas embrasé les provinces méridionales, mais qu'il était d'autant plus aisé aux séditieux d'échauffer les âmes simples que la probité faisait défaut à ceux-là mêmes qui la prêchaient. On fit le procès de Maurepas, de Turgot et des *physiocrates,* espèce inconnue apparemment seule responsable de nos maux.

Ma bisaïeule, qui n'avait pu saisir l'entité de la dispute, imposa ensuite que l'on changeât de sujet.

Je m'attendais à le retrouver, quelque temps plus tard, dans la bouche des membres de la procession annuelle venue rendre hommage aux glorieux Louis-Henry et Charles de Mondétour, mais tel ne fut point le cas : on reparla du sacre, on persifla sur les manières du souverain et son incapacité à engrosser la Reine, puis l'on fit mille commentaires sur Monsieur de Beaumarchais, ci-devant favori du feu Roi mais toujours bien en Cour, qui se piquait de littérature et dont la dernière œuvre intitulée *La Précaution inutile* tournait la noblesse en ridicule.

— L'impertinence eût jadis conduit ce coquin en Bastille, regretta l'un des participants. On lui fait aujourd'hui un triomphe !

Mon frère aîné, présent avec sa femme de nouveau enceinte, me tira par la manche avant de remonter dans son carrosse.

— Gardez-vous surtout, souffla-t-il d'un ton méprisant, de penser que mon absence à la Cour signifie votre victoire. Ce qui est vrai pour Monsieur de Beaumarchais l'est également pour vous, à cette différence près que, moi, j'aurai votre tête.

Muet de surprise, je ne tentai d'en apprendre davantage ni auprès de mon interlocuteur, aussitôt reparti, ni de mon père, trop soigneusement affairé ailleurs. Ce fut, une fois encore, du maréchal de Richelieu que vint l'explication : vexé, selon lui, par la tournure — contraire à ses intérêts bien que favorable à notre parentèle — qu'avait pris ma percée chez le comte de Provence, le marquis de Morienval était revenu furieux de Reims après y avoir constaté, sans doute à la faveur de quelque aparté, la primeur que j'occupais dans l'esprit du duc-prince, de notre mère et, surtout, de certains membres de la famille royale.

— J'ai ouï dire à maintes reprises au sujet de Monsieur votre frère, ajouta le Maréchal, qu'il avait fui Versailles d'où vous l'auriez chassé ! La chose n'est-elle point piquante ?

Elle l'était en effet. L'idée de retourner à la Cour le fut moins, mais Richelieu trouva en Charles de Damas un allié persuasif qui sut démontrer le péril qu'il y avait à demeurer trop longtemps loin des princes. Et de resservir le couplet sur les cadets de famille et la nécessité dans laquelle je me trouverais de constituer un patrimoine plus lucratif que Trémainville.

— Profitez donc d'une chasse pour y faire escale, s'exclama le Maréchal, vous y pourrez vérifier nos arguments ! Il vous faut, avant qu'ils ne se lassent, obtenir de vos protecteurs qu'ils vous pourvoient en rentes, charges, domaines ou que sais-je encore qui vous rende indépendant des aléas de fortune.

Mon âme encore adolescente se soucia davantage de ce qu'il adviendrait de *ceux de Mondétour* et je voulus notamment que Pierrot reprît à mes côtés la livrée domestique. Mais son père s'y opposa avec tant de force que je dus renoncer, et suivre le chemin de Versailles en la seule compagnie de Charles.

J'avais manqué à Stan, qui m'en fit le tendre grief et s'enferma avec moi plusieurs nuits d'affilée. Ses viriles tendresses, sa chair opulente et son souci de me donner autant de plaisir qu'il en tirait de nos assauts m'eussent presque amené à l'amour — sentiment nouveau dont je décelais à peine les tenants — n'eut été la différence d'âge et surtout d'état : hors de l'alcôve, il redevenait en effet Altesse Royale, quand je n'étais qu'un petit baron sans grande conversation dont les rares appas, fors ces lèvres bien faites qui avaient tant séduit, résidaient entre les cuisses.

Cette constatation, et l'assentiment proxénète de mes parents, me plongèrent dans une langueur que mon amant trouva fort à son goût, assurant que mes yeux tristes échauffaient sa lubricité, mais dont il s'appliqua néanmoins à me tirer. Il commença par de menus présents puis, voyant que cela ne suffisait pas, organisa pour moi d'extravagantes quoique très secrètes orgies à Paris, au palais du Petit Luxembourg dont il venait de prendre possession. Ainsi liai-je intime connaissance avec un certain nombre de ribauds de tous âges et conditions, dont un en particulier, de ma génération : Jean-Thomas de Sérizy, excellent partenaire en luxure mais également gentilhomme raffiné du plus bel esprit, au charme duquel je ne fus pas long à succomber.

Mais il fallut le quitter pour suivre la Cour à Fontainebleau et je dus m'estimer chanceux de pouvoir conserver Damas auprès de moi car le comte de Provence réclamait de nouveau l'exclusive.

Je passai un bien étrange automne : levé comme un dévot aux cloches de la messe royale, mes matinées étaient celles d'un élève, mes après-midi d'un courtisan et mes soirées d'une sultane. Hormis le dernier point, cet ordinaire m'était familier depuis l'enfance mais je ressentis, pour la première fois de mon existence, un ennui accentué par l'impression d'être prisonnier : Mondétour apparaissait tel un mirage de liberté, ses habitants les sujets d'un royaume inaccessible, et Jean-Thomas de Sérizy, magnifié par l'absence, comme le dieu tutélaire de tous mes rêves ; c'était vers lui que tendaient mes pensées, à lui également, considérant dans le miroir mon image artificielle, poudrée et épilée, que je souffrais de ne point ressembler.

Consumé par ces sentiments, je lui mandai secrètement, grâce à l'entremise de Charles, une lettre enflammée à laquelle, par crainte davantage de sa réaction que d'une possible indiscrétion, je le suppliai de ne point donner suite. Il y devait néanmoins répondre quelque temps plus tard, sous une forme inattendue.

III

Le duc de Penthièvre, Grand veneur de France, annonça un soir qu'un exceptionnel cerf dix-huit cors avait été observé en forêt de Trémainville. Tous les regards se tournèrent vers mon père et vers moi, à qui revenait l'honneur d'organiser la battue. Le château ayant peu servi depuis l'époque de mon aïeul Louis-Henry, je fus chargé d'y précéder la Cour en compagnie de Damas et du vieux duc de La Vallière — moins en sa charge de Grand fauconnier que pour sa connaissance du domaine, où il avait souvent chassé.

Partis à l'aube, nous y parvînmes en début d'après-midi. L'élégant bâtiment de briques, remontant au règne de Louis XIII, était comme ennuagé de feuilles mortes, dont l'épais tapis étouffa le bruit de nos carrosses, puis celui de nos pas. Mon père avait précisé qu'un gardien y veillait ; nous vîmes donc, à notre arrivée, sortir des communs un homme assez jeune, de haute stature, tenant en laisse un molosse. L'appareil de notre suite précipita l'inconnu à genoux. Personne, apparemment, ne l'avait averti.

Nous pénétrâmes dans le château. Une forte odeur d'humidité saisit aussitôt nos narines ; nous commandâmes du feu. Le gardien, rejoint par quelques personnes de son entourage, s'affaira en silence pendant que nous inspections l'endroit. Le décor, figé depuis plus de trente ans, comprenait de nombreux trophées, scènes de vénerie et portraits de chiens ainsi que des tableaux figurant notamment une Diane au bain reprenant, selon La Vallière, les formes de ma grand-mère Françoise-Aymone, et un Louis-Henry de Mondétour souriant dans son costume de cavalier. Le duc, presque aussi ému que le vieux Richelieu en l'hôtel de Buridan, expliqua que les feus Roi et Dauphin avaient maintes fois, sous ces lambris, pris des collations et dormi dans les appartements de parade.

Nous convînmes de ce que trois à quatre jours seraient nécessaires pour compléter les préparatifs. Le duc annonça qu'il ferait halte au village de Trémainville, distant d'environ une demi-lieue, afin de vérifier la rumeur concernant le dix-huit cors, réquisitionner les maisons susceptibles d'accueillir la suite royale et recruter quelques domestiques, avant de regagner Fontainebleau.

— Voudrez-vous bien, me pria-t-il, demeurer céans afin de vous assurer que tout soit digne de recevoir Sa Majesté ? Le duc-prince votre père l'accompagnera et vous présentera comme hôte ès qualités de baron de Trémainville.

— Sa Majesté me connaît déjà, objectai-je.

— Certes, sourit le vieil homme, mais ni formellement devant la Cour, ni en cet apanage. Vous comprendrez votre gloire.

— Et si le cerf se révélait invisible ?

— Le domaine, paraît-il, abonde en gibier : cela, croyez-m'en, suffira à contenter Sa Majesté !

Je demeurai seul avec Charles ; lequel, sitôt disparu le carrosse de La Vallière, m'enjoignit, avec un clin d'œil, de prendre des forces avant le soir. Pensant benoîtement qu'il parlait de nous, je repérai à l'étage la chambre qui m'était destinée et y fis préparer un repas et un bain.

Faute de valets, ce fut le gardien qui vint me servir après que j'eus repoussé sa femme et sa fille. Bien que trouvant fort à mon goût la vigueur et le poil roux de ce domestique de fortune, je n'osai en faire la conquête, me contentant d'observer les muscles de ses avant-bras saillir sous les villosités alors qu'il me savonnait, guetter, par l'ouverture de sa chemise, d'autres touffes et d'autres rondeurs, humer ses effluves poivrés…

Je ne pus m'empêcher de bander, ce qui l'embarrassa : sans un mot, il disposa le plateau de victuailles en travers de la baignoire, emplit mon verre puis se tint prudemment à distance.

— Quel est ton nom ? m'enquis-je.

— Antoine, Messire, murmura-t-il ; Antoine Descolas.

— Connais-tu bien notre famille ?

— Son Altesse le père de Votre Seigneurie n'a guère paru céans, Messire, mais…

— Braconnes-tu sur nous ? — Le gardien rosit. Approche, repris-je ; nous avons tous nos *sales petits secrets*…

La tentation me piqua de nouveau d'abuser de l'instant mais une sotte prévenance m'en empêcha. À la place, j'interrogeai mon interlocuteur sur le domaine : ainsi inférai-je, à ses mots couverts, que mon grand-père Louis-Henry entretenait avec le feu Roi des liens si particulièrement étroits que les deux hommes partageaient sans doute bien plus que leurs chasses, leurs soirées ou leurs maîtresses.

— Monsieur de Laspasses a souvent affirmé que Mesdames douairières de Mondétour et de Morienval en savaient long, ajouta Descolas. Toujours est-il que feue Sa Majesté a cessé de courre le gibier à Trémainville dès après le décès de Monsieur le premier marquis de Morienval. Ceux qui espéraient que Son Altesse le père de Votre Seigneurie vendrait le domaine ont été bien déçus…

À peine avait-il achevé sa phrase que la porte de la chambre s'ouvrait théâtralement sur Charles, suivi d'une forme connue et souriante : Jean-Thomas de Sérizy !

— Qui est déçu ? s'enquit celui-ci avant de se précipiter vers moi. « Reste ! » ordonna-t-il au gardien qui, déjà, s'apprêtait à se retirer ; et à Charles : « Verrouille la porte ! » Puis il se pencha sur la baignoire pour m'embrasser, main agrippée à mon épieu aussitôt redressé. « Exige qu'il nous déshabille ! » glissa-t-il à mon oreille en désignant Antoine, écarlate.

J'approuvai du menton. Descolas s'exécuta, la mine contrite, évitant d'effleurer, fût-ce du regard, les érections qu'il dévoilait, se hâtant ensuite d'ôter le plateau et de me tendre un linge afin que je sortisse du bain. Oubliant à la fois vergogne et pitié, je me plantai face à lui et délaçai sa chemise. Mes complices s'agenouillèrent afin de procéder de même sur ses chausses. Son unique résistance, outre un immense frémissement, fut de clore les paupières.

La prenante odeur musquée dont je n'avais, sur sa peau, surpris que les reliefs se développa dans la pièce. Son corps musclé, couvert d'éphélides et de fines soies fauves, s'ornait de génitoires aussi harmonieusement proportionnées que celles du Faune de mon bisaïeul. Trop anéanti pour bander en dépit de nos soins, il se laissa conduire à la couche à l'instar d'un taureau sacrificiel, où nous lui fîmes partager notre étreinte sans rien exiger d'autre qu'il se laissât caresser et lécher. Jean-Thomas, dans l'ivresse du stupre, voulut maintes fois imposer son membre aux lèvres et à l'anus du malheureux, que je protégeai opiniâtrement. Cela ne m'empêcha nullement de jouir, bouche rivée à sa verge qu'animait une naissante turgescence. Ce que voyant, Jean-Thomas détourna l'objet pour le presser contre le sien au moment d'expulser sa semence.

Antoine bandait enfin mais pleurait tout autant, de discrètes larmes sans soupir. Je le pris par la main et lui enjoignis de se laisser laver ; mes acolytes ajoutèrent leurs efforts aux miens. Je saisis délicatement, pour la branler, sa verge devenue très épaisse. Il referma les yeux. Nous gobâmes à tour de rôle le balane brûlant, nous disputant la primeur de sa décharge, qui tarda à venir mais fut abondante. Nous aidâmes ensuite notre martyr, un peu hagard, à se rhabiller et le congédiâmes avec une pièce d'or.

Alors seulement Jean-Thomas dévoila comment, renseigné par Charles, il avait soudoyé l'aubergiste du bourg de Trémainville afin que l'on répandît le bruit qu'un cerf magnifique hantait le domaine.

— J'ai pris une chambre, gloussa-t-il, et attendu que les gens du Roi vinssent à l'auberge. J'ai été servi au-delà des espérances !

Séduit plus que jamais par la mâle noblesse de ses manières, ses traits réguliers, ses regards vifs et la liberté apparente avec laquelle il conduisait sa vie, j'admirai son audace mais, attendant de lui d'autres sentiments, sa désinvolture m'égratigna : nulle mention de ma lettre, aucune vraie tendresse, même lorsque nous nous retrouvâmes seuls ; juste la connivence des consorts en débauche. Aimer sans l'être en retour, songer qu'il pouvait y avoir de l'intérêt dans les sentiments d'autrui — n'y en avait-il point, après tout, dans ceux que je vouais au comte de Provence ? — s'avérèrent d'autant plus lourds à porter que je veillai soigneusement à ce que Jean-Thomas ne découvrît pas mes tourments.

Les trois jours qui suivirent furent, pour ainsi dire, parés de cette fausseté courtoise et licencieuse qu'accentuaient les préparatifs de la chasse royale. Désespérant gagner le cœur de mon trop bel amant, redoutant qu'il se détournât de moi mais détestant tout autant ce que je croyais savoir de ses motifs et de mes propres faiblesses, je finis par m'en ouvrir à Charles. Il eut un regard désolé.

— Apprends à aimer en secret, conseilla-t-il ; ces passions-là ne sont point de mode en dehors des romans et des salles de théâtre…

Il avoua avoir lui-même éprouvé de vifs sentiments pour Sérizy avant que la raison ne reprît le dessus. L'arrivée de la chasse royale et le départ concomitant de Jean-Thomas ne me laissèrent guère l'opportunité de méditer sur la justesse du propos.

Sa Majesté et sa suite poursuivirent leur proie — un cerf de belle ramure mais non, et pour cause, le dix-huit cors annoncé — jusque devant le château, où résonna l'hallali. Les sourires entendus des ducs de Penthièvre et de La Vallière me rassurèrent. Le Roi, au moment de la curée, descendit de cheval et, prenant la main de mon père, avança vers moi pour la présentation ; les autres membres de la Cour formèrent un demi-cercle. Ainsi m'entendis-je officiellement introduire comme baron de Mondétour-Trémainville.

— Vos forêts sont bien riches, sourit le monarque ; nous y reviendrons de bon cœur !

— Sire, intervint mon père, nos bois sont ceux de Votre Majesté, et l'honneur…

— Point ne voudrais-je, coupa le souverain avec un clin d'œil, risquer le courroux de Monsieur votre aîné : on le dit fort jaloux de son héritage…

On rit, mon père aussi, et j'imitai l'assemblée en redoutant *in petto* les conséquences du trait royal lorsque les vipères qui hantaient la Cour le rapporteraient à mon frère. Ignorant volontairement ou non la chose, Sa Majesté annonça ensuite qu'elle passerait la nuit au château, souhaitant consacrer le lendemain à une nouvelle battue.

Le duc-prince vint me trouver dans ma chambre après le Petit coucher.

— Je sais que vous n'y êtes pour rien, grinça-t-il, mais nos belles-familles goûtent peu les faveurs dont vous êtes l'objet. Votre frère vous haïra plus encore lorsqu'il apprendra comment Sa Majesté elle-même se gausse de lui. Craignez que je ne vous puisse préserver longtemps de ses ressentiments quand Son Altesse Royale vous trouvera moins... intéressant.

De fait, la pique royale poussa surtout notre marquis de Morienval à revenir en Cour supplier le souverain d'honorer *son héritage,* grâce que celui-ci lui accorda à quelques reprises. Mais cela ne suffit point à éteindre le conflit et je ne fus pas davantage invité à visiter la marquise lorsqu'elle accoucha d'une seconde fille dans le froid mordant de la fin d'année.

Le comte de Provence, qui avait acquis le petit château de Brunoy[8] en forêt de Sénart, y organisa maintes fêtes où de plus en plus de femmes étaient conviées, au premier rang desquelles la Reine en personne, fuyant l'étiquette et les cabales. Trop vert pour intéresser ces dames, je me rendis compte, à l'inverse, de ce que mes formes naissantes échauffaient moins Stan, qui acceptait désormais de les partager avec autrui, signe avant-coureur de mon déclin.

Malgré les préventions de mon ami Damas, je m'amourachai derechef, et au grand jour, de Jean-Thomas de Sérizy. Lequel parvint sans encombre à m'attirer en son antre : faute d'entrées à la Cour, il était un familier des cénacles parisiens

8. Dans l'actuel département de l'Essonne. Détruit après la Révolution.

et disposait, grâce à ses accointances avec la maison d'Orléans, d'une petite suite d'appartement au Palais Royal[9] où il s'initiait au droit notarial quand il ne recevait pas d'autres ribauds de ses amis afin de s'y livrer à la dispute, au stupre ou au jeu.

L'un d'entre eux, bègue mais de charmante figure, s'appelait Camille Desmoulins. Fils d'un seigneur picard, il étudiait assidûment au collège de Louis-le-Grand[10], était pauvre, indifférent aux garçons, mais sa conversation brillait autant que son regard. Je ne fus pas long à deviner que Jean-Thomas en était secrètement épris et qu'il souffrait autant que moi de n'être point aimé en retour. Desmoulins ayant mon âge et me ressemblant assez au physique, je me mis en tête d'abandonner poudres, pinces et postures dans l'espoir d'attiser la passion de notre hôte.

Je ne parvins qu'à intéresser les dames du Palais Royal, puis celles de la Cour, et se détourner le comte de Provence, qui me plaça insensiblement, à l'instar de Damas, parmi les pièces inusitées de sa collection d'amants et le décor ordinaire de ses courtisans.

À la mi-mai 1776, alors que les réformes extraordinaires voulues par Monsieur Turgot entraînaient sa chute — pour la plus grande satisfaction des nôtres — ma sœur Amable-Félicité profita des noces de sa cadette avec un fils du Capitaine des gardes du corps du Roi pour annoncer son intention de prendre le voile au couvent de Fontevraud, aux côtés de sa parente Élisabeth-Henriette d'Ystirac, en remplacement de notre grand-mère Françoise-Aymone récemment décédée. Nous fîmes tous

9. Dans l'actuel 1er arrondissement. Abrite désormais plusieurs institutions dont le Conseil d'État.

10 Établissement fameux de l'actuel 6e arrondissement, ainsi nommé à l'époque mais comprenant également un lycée et l'équivalent d'une faculté.

le voyage, sauf ma bisaïeule, occasion de vérifier l'hostilité persistante de mon frère et connaître enfin le *clan* Ystirac.

Dignes sexagénaires, modestes en leurs manières, Alban et Louise-Blanche d'Ystirac répandaient autour d'eux une douceur peu conforme aux termes acérés de mon arrière-grand-mère ; quant au *mal nommé* Dieudonné, grand garçon un peu gauche qui venait de célébrer son quarantième anniversaire, il s'entretint principalement avec mon père et mon frère, mais sans pour autant dédaigner les autres invités, dont moi-même. Je me gardai évidemment d'évoquer son adultère avec Marion Mondétour mais je m'ouvris sur le sujet des cadets de famille et leur périlleuse carrière.

— Je crois savoir, glissa-t-il, que certaines personnes y ont songé avant vous. Bien que n'en pouvant déceler le nom, je vous puis rassurer sur la question, ce qui ne vous doit point empêcher d'y travailler de votre côté : il n'est pas déshonorant de s'enrichir.

Cette réflexion compta beaucoup — mais pas uniquement, car je souhaitais plus que jamais me rapprocher de Jean-Thomas de Sérizy — dans la requête que je formulai au duc-prince sur le chemin du retour, soit quitter les miens pour Paris et le collège de Louis-le-Grand : « Où dormirez-vous ? » fut son unique souci. J'évoquai le Petit Luxembourg, où le comte de Provence m'avait d'ores et déjà octroyé une chambre, et cette maison de la rue des Marais-Saint-Germain qui m'était promise. Ce dernier endroit, peu fréquenté par mon grand-père paternel et délaissé ensuite par sa femme devenue religieuse, nécessitait, semblait-il, moins de ravalement que l'hôtel de Buridan : à ma grande satisfaction, on me le promit pour l'automne.

Je passai l'été à Mondétour, où mes projets furent autant complimentés que les changements survenus dans mes façons. Pierrot, superbement éclos à la virilité, n'en organisa pas moins force congrès à l'ermitage, au cours desquels nous pûmes confronter nos muscles, nos toisons et nos armes à ceux de quelques coquins du voisinage. Dans ce cercle-là aussi, il fut question de femelles, chacun prétendant en avoir possédé au moins une. Je crus néanmoins Pierrot lorsqu'il affirma régulièrement partager la couche d'une cuisinière du château.

— Son gâte-sauce de mari n'y voit point malice, ajouta-t-il, et même il participe !

Fortement excité par ce que j'imaginais de la scène, je voulus en être. Pierrot nous conduisit donc jusque dans une partie des communs où je ne m'étais jamais rendu, petit corps de bâtiment indépendant marquant la limite du potager, où logeaient le cuisinier et sa famille.

Alors que j'attendais devant la porte un signal de mon complice parti vérifier que l'on consentait à ce que le trio devînt quatuor, j'aperçus, à quelques pas, occupée à ramasser des fleurs, une forme féminine en robe flottante ; son capuchon tomba lorsqu'elle se redressa, dévoilant un visage très rond aux yeux amandins et une chevelure aussi opulente et soignée dans ses frisures que celle d'une infante. Il me sembla que son regard me transperçait, comme si elle contemplait un objet situé au-delà de moi-même. Au geste que je fis dans sa direction, elle s'enfuit. Je l'eusse volontiers poursuivie si Pierrot, prétendant ne pas la connaître, ne m'eût rappelé au but premier de notre visite.

Le cuisinier et son épouse avaient tiré les volets. La femme, assez jeune et potelée, était déjà allongée nue sur le lit. L'homme, dans la trentaine, râblé et dru de poil, n'avait conservé que sa culotte. Il nous tendit une gourde de vin puis posa ses grosses mains sur mes épaules afin de m'agenouiller contre sa braguette ; elle était dure et sentait l'urine. J'extirpai son épieu, court mais très épais, et dégageai, pour le gober, le gland de son prépuce : une saveur légèrement acide envahit mon palais. Le cuisinier eut un soupir satisfait et, poings sur les hanches, me laissa libérer ses reins, tirer sur ses lourdes bourses et enfouir mon visage jusqu'à la garde dans ses broussailles.

Pierrot, pendant ce temps, s'était dévêtu afin d'entreprendre la ribaude, dont les petits cris marquaient la mesure. Le fricasseur nous fit rapprocher du lit, de sorte qu'il pût glisser une main, puis la langue, au contact de la saillie cependant que je continuais à le sucer. Ayant aventuré un doigt dans la moiteur de son anus, je fus encouragé à poursuivre. Exalté de stupre, le cuisinier se mit à râler, suppliant qu'on l'enculât. Pierrot quitta alors sa position, laissant notre hôte monter à son tour la ribaude, et me plaça d'autorité cuisses écartées au-dessus de celle-ci afin qu'elle me gamahuchât ; puis il donna suite aux implorations du gâte-sauce, qui put également savourer mes appas, étant disposé comme je l'avais été jadis — et à maintes autres reprises depuis — aux Petites Tuileries.

— Votre foutre ! ordonna notre victime transpirante.

Nous la contentâmes en un même cri dominé par l'aigu de la cuisinière. Son époux engloutit avidement mes saccades, demeurant abouché jusqu'à la dernière goûte, puis il laissa à sa femme le soin de nettoyer les reliefs de nos trois verges encore grosses. En conclusion de quoi nous finîmes la gourde de vin.

Je trouvai, au coucher, un délicat bouquet de mouron glissé sous mes draps. Je songeai aussitôt à la belle infante et, plutôt que de trahir ce charmant secret, résolus de découvrir par moi-même qui elle était.

Je ne l'aperçus point de quelques jours mais il était certain qu'elle ne me perdait pas de vue car mon lit, la nuit venue, cachait souvent de ces minuscules et fragiles présents que je conservai comme des reliques.

Un soir enfin, au sortir de l'ermitage, je la vis disparaître en courant ; elle portait un vaporeux domino de mousseline. Abandonnant mes compagnons, je la rattrapai facilement. Elle me laissa saisir son bras mais retira sa main lorsque j'y voulus déposer un baiser. L'expression de ses traits — d'une grâce infinie que soulignaient l'ampleur de sa chevelure, la pâleur de son teint, la noire gravité de ses yeux oblongs et le tendre reproche de ses lèvres presque mauves — me désarma. Personne alentour : je tombai à genoux. Elle eut un rire d'enfant, qui redoubla quand je lui demandai son prénom. Sans répondre, elle recula de quelques pas et, vérifiant que je restais en place, s'éloigna d'abord lentement, puis à toutes jambes. Je demeurai sans bouger, comme pétrifié, *idiot* selon Pierrot lorsqu'il me rejoignit.

— Madame interdit d'en parler, ajouta-t-il, mais notre Pauline attire désormais les garçons. Si toi aussi tu y succombes, il faudra bel et bien l'enfermer !

Et d'expliquer que sa jeune parente, simple d'esprit confiée aux soins d'une gouvernante un peu dépassée, trompait de plus en plus souvent la vigilance de celle-ci mais que personne n'osait dénoncer la chose par crainte que l'on mandât l'adolescente au couvent. L'intendant veillait discrètement à la sécurité de la malheureuse — bienheureuse en son aimable folie — dont Mademoiselle Marion, sa mère, craignait d'être séparée et qu'elle avait cantonnée à la partie éloignée du domaine où je l'avais surprise.

— Sa peau est si claire, soupira mon compagnon. Qui croirait que son grand-père était un galérien d'Afrique ?

Je songeai pour ma part à ses troublantes paupières en amande, plus orientales qu'africaines, à ce regard qui semblait contempler mon âme, aux inflexions puériles de sa voix... Le désir sensuel mis à part, je dus reconnaître, dans la privauté inquiète de mon cœur, avoir succombé à une forme inédite d'amour.

Cela ne m'empêcha nullement de retourner souvent chez le cuisinier et d'improviser, dans les salons ténébreux de l'ermitage, toutes sortes de débauches à l'intention de mes complices. Mais avec, tout aussi souvent, la nette impression d'une présence, témoin muet sinon juge de mes égarements, et qui ravivait mes sentiments par sa persistance à déposer, Dieu savait comment, des fleurs sous mon oreiller.

Ma bisaïeule, occupée par les affaires de sa génération — le duc de Richelieu soutenait un procès ridicule contre l'une de ses anciennes maîtresses, le prince de Conti luttait contre la mort —, ne parut guère se rendre compte de mes tourments, que Mademoiselle, trop prise par les siens, ignora tout autant. Seul Joseph, fidèle à me servir, marqua silencieusement son désaveu en rassemblant ostensiblement dans une boîte les hommages de ma soupirante.

Mon premier soin, à la fin de l'été, de retour au Petit Luxembourg, fut de tout raconter à Charles de Damas, qui leva les yeux au ciel en me prédisant force souffrances. Mais je n'en avais cure : la maison de la rue des Marais-Saint-Germain serait bientôt prête et l'attentionné prince de Conti m'avait, en mourant, légué une forte somme d'argent *pour témoignage de son attachement envers mon bisaïeul.*

En dépit de l'appréhension, mon entrée au collège de Louis-le-Grand se déroula sans heurt, sous la férule bienveillante de

Camille Desmoulins, dans la classe de qui je fus admis. Le sujet du moment était la récente déclaration d'indépendance des colonies anglaises d'Amérique, où chacun voulait voir une occasion de revanche sur le roi George III, vainqueur de la Guerre de sept ans, et au succès de laquelle les plus aguerris rêvaient de s'engager. Le vieux Benjamin Franklin, célèbre depuis son passage en France dix ans auparavant, devait bientôt y revenir. Figurant parmi les rares représentants de la Cour, je fus pressé par mes condisciples d'agir de leur part auprès du Roi ou, tout au moins, de me trouver à ses côtés lorsque le grand homme débarquerait. Je promis, et mon prestige augmenta.

Agacés, les frères Robespierre — l'aîné surtout, Maximilien, qui était en quelque sorte, par la brillance de ses résultats, le prince du lycée — s'employèrent à rabaisser ce qu'ils appelaient *ma morgue aristocratique* en dénonçant l'injuste primeur de la naissance sur le talent, citant Beaumarchais et raillant mes manières de gentilhomme aux mains trop soignées. Camille et la plupart de mes camarades prirent ma défense, mais des camps se formèrent, aux opinions difficilement conciliables.

Ma maison de la rue des Marais-Saint-Germain servit de repaire à mon parti. Jean-Thomas de Sérizy en devint un habitué, que je soupçonnai de n'y venir que pour croiser plus souvent *son* Camille. Mais je confortai ma position et jouai les grands seigneurs. Car je fus courtisé, bien sûr ; d'abord par mes condisciples, puis par leurs familles, qui espéraient obtenir quelque chose par mon truchement. Que n'ai-je, alors, tiré parti de cette position : certains pères, fort à mon goût, eussent probablement donné suite à mes caprices contre la promesse d'une faveur ou d'un placet…

Mais je préférai la victoire plus subtile de recevoir secrètement en mes murs ceux d'entre nos ennemis que leur appartenance aux bardaches et la sévérité morale du clan adverse inclinaient à s'y épancher. On discutait néanmoins davantage que l'on ne forniquait, cette liberté n'allant pas de soi pour qui subissait le poids conjugué de la religion et des convenances. Je me flattais néanmoins de servir d'entremetteur — de rabatteur, parfois, pour Stan — sans en tirer avantage, *le poison d'amour,* comme l'appelait Charles, me détournant des appas de ma génération.

La discrétion de ces conventicules n'empêcha toutefois point que leur existence parvînt à la connaissance de tiers. Ainsi reçus-je, vers la fin de l'année, une lettre du riche marquis de Villette — de noblesse récente, aussi vilipendé pour son amitié avec le grand Voltaire que pour ses amours masculines — par laquelle il m'invitait à le venir rencontrer en son hôtel du quai des Théatins[11]. Un peu intimidé, je m'y rendis avec Damas.

Le marquis, vigoureux quadragénaire retraité de la cavalerie, habitait les derniers étages d'une maison comparable à la mienne, à ces différences près qu'elle donnait sur le fleuve et regorgeait d'œuvres d'art célébrant ouvertement le corps viril — licence interdite chez moi. Ce fut d'ailleurs le premier sujet de conversation, notre hôte ayant appris par Voltaire, qui avait jadis séjourné en l'hôtel de Buridan, l'existence des collections infernales de mon bisaïeul. Je décrivis sommairement ce que j'avais aperçu dans l'ermitage, et notamment l'automate Andrea. Charles appuya mes dires avec une conviction telle que notre interlocuteur me supplia d'arranger pour lui une visite à Mondétour, s'engageant en retour à me présenter ses amis dont certains, assura-t-il, sauraient me plaire.

---

11. Actuel quai Voltaire, dans le 7e arrondissement.

Ayant fait servir à boire, Villette nous interrogea sur nos occupations en dehors de la Cour, ce que nous aimions faire, et avec qui. Ses visées à l'égard de mon compagnon étaient si transparentes que je n'y prêtai aucune garde, répondant avec légèreté aux questions concernant ma parentèle et sa proximité avec la famille royale. J'imaginais tant mes interlocuteurs attendre mon départ pour se jeter dans les bras l'un de l'autre que je fus presque surpris, après le troisième verre, de sentir la main droite du marquis se poser sur ma cuisse ; sa senestre explorait déjà la culotte de Charles. Ayant extirpé nos épieux, il les suça en alternance sans se préoccuper de lui-même, jusqu'à cueillir nos fruitions, qui vinrent vite.

— Il me plaît de constater, sourit-il en pourléchant ses lèvres, que ni l'un ni l'autre n'opposez de ces afféteries dont nombre de nos semblables sont affligés, de ces accortises hypocrites qui leur tiennent lieu de religion. S'il est à la Cour des esprits éclairés à notre mode — on prétend que Monsieur en fait partie — l'avenir s'annonce favorable !

Nous quittâmes le quai des Théatins avec le sentiment que notre hôte attendait davantage de nous qu'il ne le laissait accroire.

Peu avant Noël, le très attendu Benjamin Franklin reparut enfin à la Cour. L'heure était à l'optimisme : on avait remplacé l'impopulaire Turgot par le protestant Necker, et le bouillant marquis de La Fayette excitait, à défaut de leur sympathie, l'imagination des courtisans : l'Angleterre, ruinée par ses guerres et bientôt battue en Amérique grâce à l'appui de nos troupes aux *insurgents,* allait enfin payer le prix des humiliations qu'elle nous avait fait subir !

Témoin passif de cette agitation dont l'objet me semblait lointain sinon dérisoire, je n'en oubliai pas pour autant mes condisciples, à l'attention de qui je me procurai quelques estampes du grand Américain, que je le priai de signer de sa main : le vieil homme s'exécuta de bonne grâce. Ayant appris un peu de sa langue, je formulai mon compliment en anglais, ce qui le fit rire. Nous devisâmes brièvement de son pays, qu'il m'invita à visiter, et des appuis qu'il comptait dans Paris. Je fus assez abasourdi de l'ouïr mentionner le marquis de Villette et doutai à voix haute du soutien sincère de la noblesse française à l'établissement d'une république, se fît-elle outre-mer et aux dépens d'un ennemi. Il me considéra avec bonhomie.

— Ça ira ! dit-il après un court silence.

Cet entretien, pour infime, n'en suscita pas moins force commentaires enthousiastes lorsque je le rapportai, ainsi que les gravures, au collège de Louis-le-Grand. Mon triomphe sur le clan Robespierre excita plus encore le ressentiment de celui-ci, dont les membres — fors ceux que j'avais secrètement subornés — se répandirent en sarcasmes sur ma prétendue ambassade, contrefaisant ma voix ou celle supposée de Franklin pour jeter des « Ça ira ! » à mon passage ou en conclusion de leurs phrases. Cette campagne aussi ridicule qu'agaçante perdit nonobstant en vigueur à partir de la mi-février 1777, lorsqu'une aurore boréale exceptionnellement visible sous nos latitudes détourna l'intérêt de mes contempteurs.

Ce fut à cette époque que le marquis de Villette s'annonça chez moi. Il était accompagné d'un bel et grand mulâtre d'une trentaine d'années que j'avais déjà aperçu à Versailles où il exerçait ses talents à la fois comme gendarme de la garde du Roi et comme musicien, mais que je croyais irrémédiablement voué aux femmes. Il me rappela son nom — Joseph Bologne de Saint-George — d'une voix si posément virile et avec un tel éclat dans les pupilles que je me sentis rougir en balbutiant ma réponse. Voyant mon trouble, le marquis fit facétieusement en sorte que son compagnon prît place à mes côtés. On échangea quelques banalités protocolaires, puis on parla du duc d'Orléans, dans la proximité duquel Monsieur Bologne avait été admis ; le nom de Jean-Thomas de Sérizy fut prononcé.

— Nous savons, plaisanta Villette en me faisant un clin d'œil, combien ce patronyme est cher à Votre Seigneurie...

Je m'empourprai derechef, intérieurement furieux à l'idée que mon ensorcelant voisin en pût déduire que mon cœur était pris, et plus troublé encore à celle, résultant de la première, que l'astre de Jean-Thomas eût si soudainement pâli en mon ciel intérieur.

— Vous tourmentez notre hôte ! lança Bologne au marquis.

Il posa une main sur ma cuisse ; je dus fermer les yeux.

— Qui tourmente qui ? répliqua Villette. J'avais promis à Sa Seigneurie de lui présenter mes amis ; ce n'était certes point pour qu'ils jouassent les ravisseurs !

La paume du mulâtre n'avait pas quitté ma cuisse. Je posai ma main sur la sienne ; il écarta les doigts afin que nos phalanges s'étreignissent.

— De grâce, insista Villette, il serait fâcheux...

— C'est vous, mon ami, qui êtes fâcheux, appuya son interlocuteur sans cesser de sourire.

Le marquis m'interrogea du regard ; je lui fis signe de se retirer. Il leva les yeux au ciel mais s'exécuta. Mon cœur battait à se rompre. Le mulâtre se pencha à mon oreille, qu'il effleura de ses lèvres :

— Que dira Monsieur de Sérizy ? chuchota-t-il.

Je fermai les paupières sans répondre. Nos bouches s'unirent.

Il me sembla n'avoir jamais embrassé auparavant : la langue de mon partenaire, tour à tour caressante et lascive, fluide, turgescente, impérieuse, puis suppliante, baignée de saveurs et de souffles, menait sa propre danse, achevant ma conquête bien mieux que des mots. Bouleversé, totalement abandonné, je laissai mon noir chevalier, toujours attaché à mes lèvres, écarter les pans de ma chemise et y enfouir sa paume brûlante. Ma propre main s'égara sur son entrecuisse, aussi dur que du marbre, qu'elle n'osa dégrafer. Joseph s'en chargea, poussant dans mon poing aveugle une rigidité soyeuse et chaude dont je fis jouer le prépuce cependant que tombaient mes vêtements.

Le mulâtre, resté habillé, pivota ensuite sans interrompre notre baiser afin d'enamourer son épieu au mien. Puis il m'aida à me libérer de ma culotte et me pénétra avec une douceur à ce point inédite que je sentis sourdre à mes yeux des larmes de bonheur. Je l'encourageai à mi-voix, agrippé à sa nuque, sa respiration rythmant la mienne, jusqu'à ce que son corps tout entier m'enseignât qu'il retenait la fruition. J'immobilisai alors ses reins accouplés à mon bassin et, très lentement, renouant la joute de nos langues, l'amenai à s'autoriser la jouissance. Il lâcha une plainte, puis son membre palpitant nourrit mes entrailles. Nous demeurâmes unis durant de longues minutes.

J'expulsai ma semence à l'instant où son mandrin encore lourd quittait mon intimité, prélude à une nouvelle étreinte, plus chaste mais tout autant passionnée.

— Tu es si jeune… finit par murmurer le chevalier.

Il se redressa pour me contempler et je compris à son regard trop tendre que mon amour, une fois de plus, ne serait pas payé de retour. Un spasme étouffa ma gorge.

— Je vous aime ! sanglotai-je.

— Chut, souffla-t-il en caressant ma joue ; la différence…

Je l'interrompis d'un baiser, qu'il me rendit avec fougue avant de saisir mon visage du bout des doigts.

— L'égoïsme seul m'a conduit céans, reprit-il en cherchant mes pupilles. Villette, la réputation de ta famille, ma carrière…

Je le fis taire derechef.

— Écoute, insista-t-il, je veux laver les affronts que l'on m'a faits, mais sans te causer de mal.

Et il expliqua, les yeux enflammés, combien la musique comptait pour lui et avec quel mépris les chanteuses de l'académie royale avaient récemment empêché qu'il en prît la direction au prétexte que *leur honneur et la délicatesse de leur conscience ne leur permettraient jamais d'être soumises aux ordres d'un mulâtre.*

— Les soutiens ne m'ont point failli, grinça-t-il, mais Sa Majesté a finalement donné raison aux imbéciles pour qui la couleur prévaut sur le talent. Plaise à Dieu que je tienne un jour ma vengeance, non sur le Roi mais sur tous les sots de son entourage ! Voilà pourquoi j'ai accepté d'approcher le duc d'Orléans, lequel pourtant m'a ravi mon unique amour ; pourquoi aussi je me suis laissé convaincre par notre ami Villette d'être présenté aux plus influentes de ses connaissances, dont toi-même.

Il guetta une réaction mais, loin de lui en faire grief, je ne pus m'empêcher de sourire à l'idée qu'il se souciait de m'épargner et, surtout, qu'il aimait, lui aussi, un objet apparemment inaccessible, dont je m'enquis.

— Il s'agit de la douce, belle et savante Charlotte de Montesson, soupira-t-il. Voici hélas près de quatre ans qu'elle a préféré Son Altesse Sérénissime...

Ce mariage morganatique — qui avait donné lieu à un conflit homérique entre le duc d'Orléans et son fils aîné le duc de Chartres — n'étant ignoré de personne à la Cour, je ne pus que compatir à sa douleur et, sans plus de détails, lui demander en toute franchise ce qu'il attendait de moi.

— Être recommandé à la Reine, avoua-t-il.

— Je n'ai point l'honneur de compter parmi ses intimes, objectai-je.

— C'est Monsieur, comte de Provence, que je visais à travers toi : il partage les fêtes de Sa Majesté et je crois savoir que notre souveraine lui est d'autant plus proche qu'elle sait ne guère risquer de ses inclinations...

— Mais les vôtres ?

— Elles vont à qui me charme, *joli minois...*

Qui le charmait, il n'en fit point mystère, portait jupon le plus souvent. Je n'en promis pas moins au chevalier de l'aider, et lui d'accéder à ma passion. Ainsi, en toute connaissance de cause, devins-je fidèle à un amant par intérêt que je persistai à voussoyer et dont les ardeurs s'exerçaient principalement au profit des femmes — puis à leur détriment, car il les abandonnait aussitôt conquises.

Jean-Thomas de Sérizy, toujours à son Camille et pensant probablement à une toquade, ne se rendit pas immédiatement compte du changement ; contrairement à Charles de Damas, qui soupira ne pouvoir décider s'il fallait ou non s'en réjouir. Nous revîmes, par ailleurs, le marquis de Villette mais jamais plus mes cuisses ne s'ouvrirent pour lui.

Bien qu'ayant joué les intercesseurs auprès du comte de Provence, Son Altesse Royale ne put immédiatement introduire mon gendarme compositeur auprès de la Reine car l'empereur Joseph II d'Autriche, frère aîné de notre souveraine, la vint visiter *incognito* à Versailles. Enfermé au collège de Louis-le-Grand, je n'ouïs de ce séjour que ce que Charles m'en rapporta, à savoir que l'Empereur s'était piqué de se mêler au peuple et de donner à nos monarques des leçons de gouvernement, voire de vie conjugale, qui avaient fortement déplu. Et comme il semblait s'être également mis en tête de se faire acclamer par tout le royaume, une partie de la famille royale, dont notre protecteur, l'y avait précédé, évitant soigneusement de croiser son périple.

Le mois de juin venu, je me rendis à Mondétour avec Damas, Bologne et Villette, occasion d'honorer la promesse que j'avais faite à ce dernier de lui présenter l'automate Andrea. Mon arrière-grand-mère était souffrante mais elle accueillit mes compagnons avec bonté. En son absence au premier repas, ce fut Mademoiselle Marion qui m'apprit que ma belle-sœur avait, en février précédent, donné naissance à une troisième fille, confirmant *ipso facto* le dédain dans lequel mon frère me tenait, et l'indifférence de mes parents. Je ne m'en offusquai guère, écoutant distraitement notre interlocutrice s'émerveiller ensuite de ce que Joseph II eût apporté son soutien à un certain abbé de l'Épée, protégé de ma bisaïeule, dont l'œuvre accueillait les enfants atteints comme elle de surdité. Je remarquai cependant que mon beau chevalier noir était sous le charme.

Ignorant ses intentions, je le suppliai, quand nous nous retrouvâmes seuls, de ne rien tenter qui nuisît à la position de Mademoiselle auprès de mon arrière-grand-mère. Et je narrai ce que je savais de l'adultère et de ses résultats. Il jura la neutralité mais se montra très curieux de connaître Pauline, et plus encore lorsque je confessai ressentir pour elle cette étrange affection résultant de notre première rencontre.

Ayant abandonné Villette et Damas devant l'ermitage, nous nous rendîmes donc, Bologne et moi-même, chez l'intendant Jean Mondétour. Pierrot parut surpris de me revoir en semblable compagnie. Chaque été me le rendait plus charmant et plus mâle : je lui en fis imprudemment le compliment devant son grand-père. Un silence gêné s'ensuivit, que mon invité crut adoucir en s'enquérant de Pauline.

— Je regrette, grogna alors l'intendant, que Monsieur le baron n'ait point compris le danger qu'il y avait à répandre inconsidérément le prénom de cette malheureuse. Si l'on en veut faire une curiosité, c'est en cage qu'elle finira!

Et il tourna les talons.

— Pauline est devenue femme, chuchota Pierrot en nous reconduisant. Elle est encore plus secrète et étrange que par le passé; on l'a plusieurs fois retrouvée errant devant chez le cuisinier ou espionnant à travers les volets des communs, du côté des garçons de ferme. Et puis, à l'ermitage… — Il s'interrompit pour darder un regard inquiet en direction des profondeurs de la maison, referma soigneusement la porte et me prit par le bras afin de nous éloigner sur le chemin: Je redoutais d'avoir à te le dire, murmura-t-il, mais Pauline s'est immiscée dans nos jeux. Au début je ne voulais pas, et puis les autres… Enfin, rien de trop grave: elle garde au moins sa virginité…

Je ne pus refréner un soufflet, qui renversa Pierrot et précipita Bologne entre nous. Ma victime s'enfuit sans répliquer.

Villette et Damas, enchantés de leur expérience avec Andrea, s'étonnèrent, le soir venu, de ma mine lugubre. Mes deux Joseph — le chevalier et mon valet, qui avaient entre-temps lié amitié, bien que le premier occupât une chambre à part de la mienne — leur expliquèrent en quelques mots de quoi il retournait: aussi incongru que cela pût paraître, j'étais jaloux de Pauline!

— Il n'a qu'à l'épouser, observa plaisamment le marquis. Voltaire lui-même prétend me donner en noces une bergère des Alpes!

On se força à rire mais je demeurai rongé par l'idée que ma singulière idole tombât enceinte, et celle, tout aussi atterrante, que mon père, en pèlerinage à Mondétour sur la tombe de nos héros, ne m'imposât bientôt une femme dont je ne saurais que faire.

Sur le conseil de mes amis et pour ne me point brouiller avec sa parentèle, je présentai des excuses à Pierrot en l'enjoignant de veiller à ce que Pauline ne commît l'irréparable.

Roccaze et son complice Durelais ne parurent point au domaine cet été-là, pas plus que Richelieu, toujours enferré dans son procès. Quant à Pauline, elle demeura invisible, à la grande déception de mon chevalier qui tenta vainement de la surprendre aux abords des bâtiments où elle se cachait.

Bologne prit congé en juillet afin de mieux superviser la création au Théâtre Italien[12] de son premier opéra, pièce larmoyante intitulée *Ernestine,* dont le livret avait été commis par un artilleur de ses amis nommé Laclos. Peut-être eussions-nous dû lui exprimer franchement ce que nous en pensions ; personne n'osa et j'eus même la sottise d'envoyer un placet au comte de Provence afin qu'il conviât la Reine à assister à la première représentation.

Le soir venu, tout le monde était là, y compris dans la loge royale. L'échec fut mémorable : l'œuvre, sifflée du début à la fin en dépit d'une musique fort honnête, disparut de l'affiche dès le lendemain. Mon beau chevalier, effondré de douleur, ne fut pas présenté à Sa Majesté ainsi qu'il l'espérait mais Monsieur, après avoir raccompagné à son carrosse une Marie-Antoinette prise de fou-rire, revint me glisser à l'oreille que le charme du gendarme-compositeur avait néanmoins opéré.

En attendant que notre illustre protecteur tînt ses engagements, j'invitai Bologne à oublier ses tourments sous les frondaisons de Trémainville. Il m'y suivit un peu à contre-cœur,

---

12. Alors installé en l'hôtel de Bourgogne (disparu au XIXe siècle) rue Étienne-Marcel, dans le 2e arrondissement.

nanti de ses partitions, et voulut disposer, comme à Mondétour, d'une chambre séparée. J'accédai à cette demande avec la résignation d'un martyr éperdu d'amour faisant quotidiennement le siège de sa porte.

Il répondit à mes empressements en amant généreux mais ses tendresses se concluaient toujours par un trait, volontaire ou non, sur nos différences d'âge et d'état. Un soir, l'ayant importuné au milieu de son travail, il me fit le reproche de ne voir en lui que l'étalon.

— Et en moi, rétorquai-je blessé, voyez-vous seulement le maquignon ?

— Non, s'emporta-t-il, je vois la débauche et l'oisiveté mâtinées jusqu'à l'obscène !

J'éclatai en larmes sitôt franchi le seuil. Il me rattrapa dans le couloir et me serra dans ses bras en implorant un pardon qu'il savait aisément obtenir.

Escomptant un retour du Roi à Trémainville pour les chasses d'automne, je n'eus guère de difficultés à convaincre mon bel amant d'y demeurer. Damas et Villette séjournèrent quelques jours parmi nous, auxquels se joignirent Sérizy — enfin conscient de sa disgrâce en mon cœur mais qui n'en paraissait guère souffrir — et un Desmoulins très impressionné par le faste, somme toute assez rustique, de l'endroit.

Les nouvelles de Paris concernaient principalement le retour en France de la chevalière d'Éon, personnage quasi fabuleux dont la carrière d'espionne intriguait autant que le sexe, sur lequel on glosait beaucoup, et qui paradait en capitaine des dragons. Comme il se murmurait que Sa Majesté la recevrait à Fontainebleau, je résolus de ne point manquer cette nouvelle opportunité de briller au collège de Louis-le-Grand.

Mon cher gendarme-compositeur nous quitta dès le début du mois de septembre, après que le comte de Provence m'eût informé par lettre de ce que la Reine espérait la présence du *charmant mulâtre* à la consécration d'un temple qu'elle avait fait élever à l'amour dans ses jardins du Petit Trianon. La Dugazon, célèbre cantatrice, devait s'y produire, qui interpréterait, honneur insigne, un air de notre chevalier. Parti bourrelé d'angoisse, celui-ci m'écrivit plus tard un compte rendu enthousiaste conclu par une boursouflure de remerciements et de serments dont le cruel effet n'échappa guère à mes intimes.

Charles nous ayant prévenus de ce que la Cour ne se rendrait à Fontainebleau qu'en novembre, je regagnai Paris à mon tour avec Camille et Jean-Thomas. Quoique mon cercle de la rue des Marais-Saint-Germain ne valût point celui des grands du royaume, j'espérais que mon chevalier m'y viendrait visiter : il le fit en effet, mais après que je me fusse humilié à insister, et en posant sur mes *courtisans* un regard qui me blessa. Ses entrées chez la Reine semblaient l'avoir transformé : sans même s'enquérir de moi, il ne parla que de sa musique et des amateurs prestigieux sur lesquels il comptait désormais.

S'ensuivit une période pénible au cours de laquelle autant Joseph que moi-même nous sentîmes prisonniers, lui de ses engagements envers moi, et moi-même de mon esclave passion. Redoutant par-dessus tout qu'il se détournât — car mon amour fort vif ne l'eût point supporté —, je me jetai dans l'étude et, sur les recommandations de Damas, désertai ma maison au profit de celles du comte de Provence.

Mes rencontres avec mon trop cher amant se firent dès lors plus rares, de même hélas que nos étreintes. Connaissant ses manières envers les femmes, je n'éprouvai aucune jalousie à le savoir entre leurs cuisses mais, bien qu'il m'y eût formellement engagé, ne m'en pus d'autant moins consoler parmi les mignons de mon entourage que ma lubricité semblait défunte. Elle ne fut point la seule: la mort de Monseigneur de La Roche-Aymon, notre confesseur, fut annoncée alors que la Cour s'ébranlait enfin pour Fontainebleau, et une missive de ma bisaïeule m'apprit concomitamment celle d'Henry Durelais, survenue au milieu de l'été — d'où l'absence à Mondétour de son complice Guy de Roccaze.

L'âme grise, je fis atteler vers Fontainebleau, excédé par avance à l'idée de devoir côtoyer ma parentèle.

IV

Le Roi, pour ma fortune et celle de la Cour, rayonnait d'un bonheur presque juvénile auquel il se murmurait que la consommation de son mariage avec la Reine n'était pas étrangère. M'apercevant aux côtés du comte de Provence, il daigna se souvenir à voix haute des gibiers de Trémainville et en appeler aux ducs de Penthièvre et de La Vallière afin qu'ils y organisassent de nouvelles battues. Ma cote remonta aussitôt aux yeux hypocrites de ma famille. Laquelle, dans le vain but de m'attendrir, me fit savoir, par la bouche de ma noble mère, que ma belle-sœur avait récemment fait une fausse-couche et que l'on désespérait de la venue d'un héritier.

— Monsieur votre père risque fort de ne pouvoir compter que sur vous, ajouta la princesse avec une grimace polie où se lisait tout le désagrément que lui inspirait ma position. Nous avons songé à quelques partis que nous vous souhaiterions soumettre.

— Je ne suis pas pressé, répondis-je en prenant aussitôt congé.

Charles de Damas, lorsque je lui fis part de la menace, révéla que ses parents faisaient peser sur sa tête un péril similaire qu'il était temporairement parvenu à écarter en présentant un catalogue abondant dont le tri prendrait plusieurs mois. Mais nous savions tous deux que la *malédiction des noces* finirait par s'abattre et qu'il allait de la sauvegarde de nos inclinations que notre promise en souffrît l'accomplissement. Nous résolûmes en conséquence d'aborder le sujet avec nos prédécesseurs en sodomie qui avaient convolé, à commencer par Monsieur : « Prenez une tribade » fut son unique conseil, et il se proposa d'en toucher quelques mots à son épouse qui faisait partie de la catégorie. La conversation dévia naturellement sur la chevalière d'Éon, dont notre illustre interlocuteur pensait également, eu égard à sa carrière, qu'elle était lesbienne.

Il nous la présenta, avant même qu'elle ne le fût à Leurs Majestés. L'espionne de légende, alors quinquagénaire, avait, sur ordre du Conseil, troqué son uniforme viril contre une tenue plus en concordance avec son sexe. Ses traits et ses manières étaient d'une grande finesse en dépit de l'âge mais le timbre affecté de sa voix me gêna. Apprenant qui j'étais, elle mentionna le feu prince de Conti, qui l'avait jadis recrutée au Secret du Roi, et, à mon grand étonnement, mon bisaïeul Henry dont le nom, assura-t-elle, était cité en exemple au sein de cet étrange conventicule. Ouïr ensuite la confidence de ce que le sieur de Beaumarchais en faisait également partie ne surprit que mes compagnons. Il m'agréa beaucoup moins, en revanche, d'entendre notre visiteuse, à une question concernant le mariage, assurer que mon bien-aimé gendarme-compositeur aurait sa préférence. Voyant que je ne riais pas, Damas rappela prudemment que je n'étais jaloux, en principe, que des garçons sur lesquels mon amant posait les yeux.

La chevalière, très sollicitée, attira sur elles les faveurs de la Cour jusqu'à ce que le Roi la reçût en audience privée. Nul ne sut pourquoi, mais elle en ressortit le visage fermé et Sa Majesté annonça avec quelque humeur qu'elle ne la souhaitait point revoir à son retour de chasse. Le comte de Provence, au moment du départ, révéla que l'espionne disgraciée lui avait fait connaître son intention de loger chez le marquis de Villette où, s'amusa-t-il, elle risquait d'avoir fort affaire avec la toute nouvelle épouse de celui-ci, cette fameuse *bergère des Alpes* offerte par Voltaire et fraîchement débarquée à Paris.

On chassa à Trémainville jusqu'à l'hiver. Louis XVI, émerveillé par la diversité du gibier que l'on y pouvait tirer et souhaitant m'en récompenser, éleva mon domaine en marquisat. Mon frère, qui s'était imposé à la suite royale, eut donc à subir un nouvel affront. Mais il persista à me donner du *baron* avec une telle insistance que je finis par le menacer d'en référer au souverain.

— Osez, siffla Henry-François en serrant les mâchoires, et j'expliquerai à Sa Majesté, ainsi que je l'ai fait à notre père, dans quelle exécrable débauche vous vous commettez !

Nous étions seuls : mon poing vola, et sa perruque. Se redressant, il me rendit la pareille et nous roulâmes à terre. Descolas, le gardien, alerté par nos grognements, s'interposa pour nous séparer. Mon opposant l'écarta vivement, ramassa ses effets et disparut.

Le soir même il quittait Trémainville, laissant perplexe notre géniteur, qui se garda toutefois de m'interroger.

Je regagnai Paris à la mi-décembre. L'effet que je comptais produire au collège grâce à ma rencontre avec la chevalière d'Éon fut escamoté par les décisions royales de reconnaître l'indépendance des colonies anglaises d'Amérique et d'autoriser Voltaire à revenir en France après trente années d'exil. Même les frères Robespierre et leur parti chantaient les louanges du monarque !

L'année, toutefois, s'acheva mornement : mon père, en visite rue des Marais-Saint-Germain pour parler mariage, me fit part de la disparition d'Alban d'Ystirac et de l'avènement de Dieudonné comme chef de lignée.

— Il est désolant que la nouvelle marquise n'ait, à l'instar de la nôtre, engendré que des filles sans s'obstiner à donner le jour à un héritier, observa-t-il d'une voix lasse. Sera-ce la fin de nos maisons ?

Je ressentis pour lui une immense compassion : à seulement quarante-cinq ans, épaules voûtées et pupilles ternes, engoncé dans ses trop riches vêtements, le duc-prince en paraissait quinze de plus. Il me sembla qu'il s'ennuyait tout autant que moi à la Cour mais sans échappatoire. Il vivait par le nouveau Roi aussi dévotement qu'avec l'ancien, suivant ses pas à l'instar d'un pèlerin, aimant pieusement ce qu'il aimait, détestant ce qu'il détestait, craignant Dieu avec simplicité sinon candeur. Je lui eusse fait la confidence de mes infortunes si ne m'étaient alors revenues en mémoire les insultes d'Henry-François.

De celui-ci il ne fut point question, bien que le sujet brûlât sans doute les lèvres de mon visiteur autant que les miennes. Sa seule allusion, à l'instant de prendre congé, fut d'évoquer mon bisaïeul Henry Ier.

— S'il devait advenir que vous dussiez l'imiter en tout, murmura-t-il, faites du moins en sorte que cela inclue le commerce avec une épouse et la perpétuation de votre sang…

Je hochai la tête sans rien promettre mais quelque chose, au fond de moi, en fit confusément le serment.

Le retour de Voltaire à Paris, en février 1778, donna lieu à des réjouissances populaires qui contrastaient fort avec la froideur qu'il était de bon ton, chez les courtisans, d'afficher à son encontre. Il logeait chez le marquis de Villette, aussi ne me fut-il guère difficile de lui être présenté, en compagnie du comte de Provence — sous un *incognito* qui ne trompait personne.

Arouet était un vieillard capricieux mais d'une étincelante vivacité d'esprit et, surtout, d'une licence de paroles prompte à semer l'effroi. La mention de mon patronyme ne suscita d'abord aucune réaction : j'étais trop jeune et trop sot pour intéresser sa cervelle. Mais lorsque le sujet roula sur les vertus supposées de l'hymen et la pertinence qu'il y avait ou non à imposer ce sacrement à qui n'en voulait point, et que je me permis de manifester ma désapprobation, le vieux philosophe recouvra la mémoire : affirmant reconnaître en moi *le digne descendant d'un illustre bardache,* il loua ma liberté de jugement, pour mieux vilipender ensuite les privilèges de ma naissance en des termes qu'eussent applaudi les frères Robespierre.

Mon *incognito* compagnon osa alors lui en faire le reproche, ajoutant gauchement qu'il trouvait malvenu de mordre la main qui vous nourrit, chose, selon lui, qu'avait fort bien comprise Monsieur Rousseau. L'auguste géronte, sourcil fulminant et mâchoires crispées, nous congédia sur-le-champ.

Villette nous rattrapa dans l'escalier.

— La Reine avait bien raison de n'en point vouloir à la Cour ! s'esclaffa le comte de Provence. Et dire que mon auguste frère y était presque disposé... On prétend que le vieux Richelieu, Necker, Franklin, et même cette catin de du Barry s'apprêtent à débarquer céans : cela se peut-il ?

— Si fait Monseigneur, bredouilla Villette, mais nous craignons que la santé de notre hôte...

— Les mauvaises herbes sont résistantes.

— En ce cas, Monseigneur, Voltaire est purgatif.

Ce trait fit, grâce à moi, le tour du collège de Louis-le-Grand et ma popularité s'affirma. Le cadet des Robespierre,

Augustin, tenta alors une ambassade à laquelle il me fut une vanité supplémentaire de donner suite : je le reçus chez moi avec tout le faste possible et m'engageai à introduire les deux frères auprès de Voltaire. Mon bien-aimé Bologne et mes plus proches amis m'ayant fait comprendre qu'ils espéraient une faveur similaire, je mis à profit le Mardi gras pour nous faire annoncer chez Villette, masqués comme il se devait.

Le marquis et son épouse — gentille fille blonde d'une vingtaine d'années — nous ouvrirent, sans barguigner, l'antichambre du glorieux philosophe. N'ayant aucune envie de subir à nouveau ses philippiques, je laissai là mes compagnons et m'enquis de la chevalière d'Éon. Villette, en me conduisant vers ses appartements, insista sur l'admiration que son invitée portait à mon bisaïeul.

— J'ai juré le silence, indiqua-t-il avec embarras, mais il est des questions que vous devriez lui poser…

La chevalière, en habits d'homme, était occupée à classer des papiers. Ma tenue la fit sourire — je portais un domino billebarré et un loup rose remonté sur le front. Faisant signe au marquis de nous laisser seuls, elle me désigna un fauteuil. Après quelques banalités sur les averses qui gâchaient le carnaval, d'Éon s'inquiéta de mon cher gendarme-compositeur. J'omis à escient de lui révéler qu'il m'avait accompagné cet après-midi-là mais ne pus m'empêcher d'en faire un tel éloge que mon interlocutrice soupira comprendre que j'en fusse jaloux. Je voulus alors savoir comment elle avait connu Villette.

— Je redoute ces questions, gémit-elle, car elles m'obligent à masquer une partie de la vérité. C'est que nous avons été amants, voyez-vous…

— Quoi d'extraordinaire ? m'étonnai-je. Le marquis ne dédaigne point les femmes et vient d'ailleurs de le prouver !

— Parlez-moi plutôt de votre bisaïeul.

— C'est vous-même, Madame, qui pourriez m'en entretenir…

Elle brossa alors le portrait terrifiant d'un assassin stipendié du Régent Philippe d'Orléans puis du cardinal de Fleury, Principal ministre du jeune Louis XV, qui exécutait sans discuter, à mains nues, les victimes qu'on lui désignait et avait ainsi abondé l'immense fortune dont jouissait notre famille. Amie des grands comme de la canaille, cette brute qui se glorifiait à la Cour du titre de *duc exterminateur*, n'avait jamais démérité, d'où sa place au panthéon du Cabinet secret.

La marquise de Villette, venue proposer un chocolat, eut une moue interrogative en découvrant l'expression de mon visage.

— Messieurs les amis de Votre Seigneurie s'apprêtent à se retirer, annonça-t-elle. Doit-on les prier d'attendre ?

Je hochai négativement la tête.

— J'envie vos mystères ! lançai-je à la chevalière lorsque nous fûmes de nouveau seuls.

— Croyez-m'en, gémit-elle, certains sont insupportables, qui ne concernent pas forcément le royaume…

— Pourquoi Sa Majesté ne veut-elle plus de vous ? osai-je.

— Cela, je ne le puis trahir. Mais je vous assure que mes talents ne sont point en cause.

— Comptez-vous prendre époux ? m'enhardis-je. On prétend que vous êtes aux femmes…

— Confiez-moi donc votre plus grand secret, je vous payerai par l'un des miens.

J'évoquai Pauline, sans rien omettre de sa naissance, de ma passion ni de mes craintes. Mon interlocutrice eut un pâle sourire.

— Et moi j'envie votre jeunesse, soupira-t-elle… Notre ami commun sait à mon sujet certaines choses que je l'autoriserai à vous dévoiler : cette dissimulation qui m'est vitale m'a fait perdre tant d'amours ! Sachez quoi qu'il en soit, bel et noble compagnon, que je ne me marierai point, ni avec un homme ni avec une femme.

Je retournai rue des Marais-Saint-Germain l'esprit assailli de questions mais, bien que son attirance pour mon noir amant me rebutât, heureux de m'être fait une alliée sinon une amie de la chevalière d'Éon. En attendant que le marquis de Villette, député par elle, vînt faire les confidences promises, je me laissai convaincre par mon cher Damas d'être moins fidèle de corps que je ne l'étais de cœur.

Mon attirance pour les mâles accomplis paraissant durablement établie, Charles mit à profit les bals de l'opéra pour nous rabattre, sous le masque, quelques spécimens que l'ébriété, à défaut d'une naturelle inclination, rendait peu farouches. Les loges étaient fort demandées mais nous parvînmes, grâce à nos accointances, à utiliser celles, garnies de grilles, des princes du sang. Ainsi, à la faveur d'une extraordinaire fortuité, fis-je l'intime connaissance d'Aymery-Henry d'Ystirac-Sombrun.

Dans les vingt-cinq ans, bâti comme un lutteur, pupilles de jais, il portait, sur ses habits de cotonnade, une longue cagoule de pénitent, découpée au niveau du menton, dont les pans étaient serrés au moyen d'une corde. Damas, impressionné par l'aspect rustique de cet inconnu qu'il prenait pour un bourgeois de campagne ou quelque paysan enrichi égaré à Paris, lui avait offert de boire en notre compagnie. L'autre, déjà grisé par le vin, la ville et la société, s'était empressé d'accepter. J'attendais, affalé dans le canapé de fond de loge, vêtu seulement d'un loup et d'une culotte.

Notre visiteur, sans se démonter, me salua d'une voix jeune que teintait plaisamment une pointe d'accent béarnais.

— Les papillons d'ici ne sont guère faciles à capturer ! s'exclama-t-il après un premier verre. On les effleure et ils s'envolent !

— Tout dépend la variété, dis-je en écartant les cuisses.

— De celle-là je goûte peu, gloussa-t-il, mais faute de grive...

Et de poser sur mon genou une grosse main aux poils bouclés dont la seule contemplation me fit bander.

— Il voudrait pas nous laisser seuls, le compère ? lança-t-il à Charles avec un sourire prédateur.

Mon rabatteur obéit sur-le-champ, trop heureux de me savoir enfin rendu au stupre. Aussitôt la porte refermée, le Béarnais se pencha pour m'embrasser, ses doigts libérant nos épieux. Le sien, qu'il présenta d'emblée à mes lèvres, était aussi brun, grand et épais que son propriétaire, mais malléable et de section oblongue, que surmontait un gland à large bord. Extirpant les bourses, je les reçus dans ma paume, qu'elles emplirent ; elles étaient glabres, ce qui contrastait avec les épaisses toisons que laissaient deviner çà et là les ouvertures dans l'étoffe. Je dégustai l'objet en dénouant la culotte, puis la ceinture de mon amant. Lequel, tout soupirant, révéla d'abord des cuisses de débardeur, puis, en retirant sa cagoule, un visage virilement taillé aux pommettes saillantes ; ses cheveux, coupés courts, étaient d'un noir brillant, aussi sombres et chatoyants que les villosités dont j'achevai la découverte et qui couraient en flots généreux sur tout son corps.

Échauffé par l'hommage, cet ardent spécimen, agenouillé à bonne hauteur devant le canapé, déchira presque ma culotte pour glisser son balane dans mon fondement. De face, mes poings rivés à ses fesses, il me besogna tel un verrat sa truie jusqu'à ce que son membre dégorgeât un flot de semence dont j'aspirai les reliefs en jouissant. Nous nous affalâmes l'un contre l'autre, ma tête lovée sur l'épaule de mon compagnon. Lequel, après nous avoir reboutonné, héla Charles à travers la porte afin qu'il apportât une nouvelle bouteille.

À la question de savoir d'où il venait, l'inconnu répondit que son accent lui servait généralement de lettres patentes.

— Je suis d'à côté de Pau, précisa-t-il. À Paris pour tenter de résoudre un conflit familial...

Je ne tentai pas d'en apprendre davantage — cela, alors, ne m'intéressait guère — mais au moment de repartir, souhaitant renouveler la joute, j'invitai mon fouteur rue des Marais-Saint-Germain.

— Voilà qui est étonnant, releva-t-il, car il me semble que c'est également l'adresse de quelqu'un de ma parentèle...

La curiosité eût sans doute prévalu en toute autre circonstance mais, recrus de débauche et de vin, nous en restâmes là.

Moins d'une semaine plus tard, mon majordome annonçait *Aymery-Henry, aîné de Monsieur le comte d'Ystirac-Sombrun.*

Je le reconnus le premier; il rougit violemment.

— Vrai Dieu, bredouilla-t-il, si j'avais su que Votre Altesse...

— Tu n'étais pas si emprunté au bal de l'opéra! m'exclamai-je en lui faisant signe de me rejoindre sur un sofa.

Toujours écarlate, guindé par une perruque et des brocarts qu'il n'avait visiblement pas l'habitude de porter, il attendit que je fisse servir à boire pour répondre à mes sourires. Puis il expliqua, hésitant entre le *tu* et le *vous,* que Dieudonné d'Ystirac, opposé depuis toujours à l'agrément conclu entre son grand-père et le frère puîné de celui-ci — aïeul de mon visiteur —, qui octroyait à la branche cadette l'usufruit des possessions béarnaises, s'attachait désormais à y mettre fin.

— À la mort d'Alban d'Ystirac, grogna-t-il, Dieudonné a pris prétexte de l'achat par mon père du comté de Sombrun pour écouter les vipères qui le poussaient à nous chasser du berceau de notre race, d'un domaine dont les marquis s'étaient désintéressés et qui doit sa conservation à nos efforts. Nous avons tout tenté, y compris ma présente ambassade, pour éviter le procès ; en vain : la partie adverse demeure persuadée que ses prétentions féodales prévaudront sur la justice, le sens commun et la parole donnée, quitte à ce que les terres tombent en friche et le château en ruines !

Il ajouta que Dieudonné l'avait fait chasser de son hôtel parisien où Louise-Blanche, la marquise douairière, s'était néanmoins brièvement entretenue avec lui pour témoigner d'un soutien dont elle déplorait la faiblesse, n'ayant aucune autorité sur son rejeton.

— C'est elle qui a insisté pour que je vienne céans, assura-t-il. Elle a sous-entendu que seules les portes de ta maison et celles de la duchesse douairière ta bisaïeule me seraient ouvertes. J'en ai hélas pu vérifier la cuisante réalité...

— Mais en quoi cela nous concerne-t-il ? glissai-je incrédule.

— Nous sommes parents par alliance ! J'ai eu, de plus, le bonheur d'épouser Aude de Roccaze, qui est petite-fille du regretté baron Guy...

— *Regretté* ?

— Pardon de te l'apprendre ; il n'a pas survécu longtemps à son cher Durelais. Nous n'avons point osé en informer ta bisaïeule, eu égard à son grand âge : j'avais en projet de lui annoncer moi-même la funeste nouvelle.

— Qu'attends-tu de moi ?

— Que tu influes sur Dieudonné : vous êtes en affaires et partagez banquiers et intendants, notamment ces Laspasses qui tiennent une si méchante part dans notre querelle.

— Auriez-vous tant à y perdre ? Vos terres de Sombrun, et d'autres, peut-être, ainsi que vos avoirs fiduciaires, ne suffiraient-ils pas…

— L'honneur ! coupa-t-il. Et le respect de nos gens. Nous savons bien qu'un procès risque de nous être aussi coûteux que défavorable mais nous espérons le faire durer le plus longtemps possible. Disposer à Paris d'un soutien tel que toi…

Je le rassurai d'un baiser, qu'il prolongea avec talent. Comme je m'en émerveillais, il indiqua avoir, en cette matière comme en d'autres, reçu les leçons du clan Durelais, dont la sulfureuse renommée attirait discrètement, depuis plusieurs générations, les jeunes gens avides de découvrir les multiples ressources de leur entrejambe.

— Mes préférences vont aux femmes, conclut-il, mais je ne refuse jamais l'opportunité d'une fornication avec un mâle lorsqu'il me séduit. Mon épouse préfère d'ailleurs me savoir entre leurs cuisses qu'avec des femelles : on a ses jalousies…

Mon charmant parent prit ses quartiers chez moi, dans mon lit, et j'eus d'autant plus de facilité à le faire apprécier de mon cercle de familiers qu'il ne refusa aucune sollicitation fors l'offrande de son velu — et vierge, jura-t-il — postérieur. Seul mon bien-aimé Bologne le jugea *aussi épais d'esprit que de corps*, ce qui ne l'empêcha nullement d'œuvrer à lui trouver un avocat en la personne d'un bouillant Lyonnais fraîchement débarqué à Paris : ce Bergasse — Nicolas en son prénom, fort joli garçon dans les âges de notre plaignant — s'enthousiasma pour l'affaire au point d'y consacrer l'essentiel de son temps, à la grande satisfaction d'Aymery-Henry. Lequel, avant de regagner sa province, m'accompagna à Mondétour afin d'y rencontrer ma bisaïeule.

Ce nouveau visage enchanta la vieille dame, mais annoncer la disparition du baron Guy ne fut point chose facile, qui donna lieu à des larmes, suivies, griffonnée d'une main à la peau rendue transparente par les ans, d'une réponse aussi désespérée que celle, naguère, du Maréchal de Richelieu découvrant les salons vides de l'hôtel de Buridan.

Mademoiselle Marion joignit patiemment ses efforts aux nôtres pour détailler à notre interlocutrice les motifs de la venue du Béarnais : l'absence d'héritier mâle dans la branche aînée ôtait, pour la duchesse douairière, toute raison aux initiateurs de la querelle, sinon celle de nuire à la lignée tout entière — contrairement à Dieudonné, Aymery-Henry avait un fils, qui allait fêter son sixième anniversaire. Elle soutint donc l'idée de faire s'éterniser la procédure et promit d'en référer à Richelieu afin qu'il usât de ses appuis.

Je fis ensuite visiter le domaine à notre hôte et lui présentai la famille de l'intendant Mondétour. Pierrot, ainsi qu'à l'habitude plus avancé que moi en toute chose, annonça fièrement qu'il se marierait dès l'été avec la fille d'un notable du village. Aymery-Henry, par plaisanterie, demanda alors si j'avais l'intention de l'imiter.

— Je n'aurai pas à chercher bien loin, répondis-je sur le même ton, puisque ma fiancée est ici.

— Si c'est de Pauline qu'il s'agit, gronda Pierrot, le badinage est cruel car ce n'est point à toi mais au couvent qu'elle est promise : sa liberté disparaîtra avec Madame ; ainsi en a-t-il été décidé.

Mon cœur saigna mais, craignant de voir se renouveler une scène pénible, je masquai mon désagrément et déviai la conversation.

L'ardent Ystirac-Sombrun y revint le soir même, après que nous nous fûmes offerts l'un à l'autre sans qu'il me permît de déflorer son fondement.

— Je te l'offre, chuchota-t-il, si tu convies cette Pauline à nos jeux.

Bien qu'y répugnant, j'acceptai le marché avec l'imprudente certitude de n'avoir pas à l'honorer.

C'était sans compter sur la jeune femme et sa diabolique capacité à surgir — et disparaître — comme par enchantement : deux nuits à peine après notre pacte, alors que mon amant, crânement posté sur le lit devant mon visage, m'offrait à déguster son turgide appendice tout en branlant le mien, je sentis, sans être en mesure de deviner de quoi il s'agissait — la vaste charpente d'Aymery-Henry masquait la scène — que d'autres doigts se saisissaient de mon épieu pour l'insérer délicatement dans un réduit tiède et humide. Trop échauffé par la posture, je laissai sans réfléchir la chose se faire. Mon maraud, témoin puis complice de la manœuvre, pivota vivement pour me présenter son anus, que je dévorai, aveuglé par la concupiscence, cependant que l'action sur ma verge se faisait plus rapide.

Nez enfoui dans les toisons, langue dardée, bouche étourdie de saveurs — le coquin savait dilater son muscle à l'instar d'un vagin —, je ne tardai guère à m'abandonner à la fruition, qui fut longue et si exceptionnellement intense que les instants qui suivirent échappèrent à mon entendement.

Quand je revins de mon extase, Aymery-Henry achevait de faire dégorger son membre sur ma poitrine et la silhouette vaporeuse de Pauline s'évanouissait dans la nuit de l'antichambre.

La même scène se répéta les soirs suivants avec quelques variantes mais deux constantes : Pauline disparaissait sitôt la semence épandue et, surtout, veillait jalousement à ce que je fusse le seul à la pénétrer.

Aymery-Henry, beau joueur, ne força pas notre silencieuse partenaire et accepta de tenir parole ; ainsi, la veille de son départ, m'offrit-il son anus. La facilité avec laquelle mon estoc disparut dans son fourreau étoilé de poils me fit douter de son pucelage mais il assura que la luxure seule était en cause ; je ne l'en blâmai point car, redressé contre le dos de mon complice, il me fut un plaisir supplémentaire d'agacer d'une main sa poitrine broussailleuse et branler son épieu de l'autre. Nous jouîmes de concert.

Il fit alors une plaisanterie sur la fécondité de ma semence en son ventre et me prophétisa une paternité dont nous rîmes mais qui devait, quelques mois plus tard, rappeler à ma mémoire que l'on fornique rarement en vain.

Rentré à Paris, j'appris par la bouche du marquis de Villette que son épouse avait fait une fausse couche, mais sa visite chez moi avait un autre objet.

— Une connaissance commune m'a autorisé à vous livrer son plus grand secret, murmura-t-il après s'être assuré de ce que nous étions seuls. D'Éon, puisqu'il s'agit de cette personne, n'est point une femme : j'en puis jurer, ayant jadis partagé sa couche ; il a pour prénom Charles-Geneviève et s'étonne chaque jour des succès de son stratagème, duquel d'ailleurs il se trouve prisonnier. Pardonnez à l'audace, mais notre ami souhaite que vous juriez le silence.

J'obéis, surpris principalement par l'intuition qui m'avait fait jalouser D'Éon à l'instar d'un rival quand il était question de mon beau gendarme-compositeur.

Villette ajouta que son ancien amant souffrait, depuis son éviction de la Cour, d'une espèce de folie de la persécution qui le rendait procédurier envers le moindre de ses détracteurs et l'inclinait à porter en permanence un pistolet à la ceinture, ce qui inquiétait tout le monde.

— Notre hôte officiel, le grand Voltaire, soupira-t-il, ne veut plus le voir et souhaite que je le chasse. Les pastilles opiacées que le maréchal de Richelieu fait tenir à notre vieux philosophe n'arrangent rien : Voltaire a beau lui donner du *frère Caïn,* il ne s'en précipite pas moins sur ces *perles de Bomelius* — inventées, dit-on, par le cuisinier de votre bisaïeul — auxquelles le Maréchal assure devoir sa longévité.

Le philosophe passa de vie à trépas dans la nuit du 30 mai ; quant au *chevalier* d'Éon, rencontré de nouveau quai des Théatins, ses sourires entendus, inopportuns en pareille circonstance, me mirent mal à l'aise. Je veillai donc à ne me point séparer des autres visiteurs du marquis, au premier rang desquels mon bien-aimé Bologne. Lequel s'enquit distraitement d'Aymery-Henry — dont je n'avais aucune nouvelle depuis son retour en Béarn — pour mieux m'entretenir de ses soirées musicales chez Madame de Montesson et son illustre époux : le phénomène à la mode, qui avait, dans l'enfance, enchanté les oreilles du feu Roi, était un prodige autrichien nommé Mozart. À seulement vingt-deux ans, il avait déjà composé une trentaine de symphonies — la dernière, en cours d'achèvement, dédiée à notre capitale — quatre opéras et d'innombrables œuvres pour divers instruments. Joseph en semblait à ce point entiché que la jalousie se fit de nouveau jour en mon âme ; y lisant aussi bien que dans une partition, mon bel interlocuteur me convia à l'une de ces fêtes afin, selon ses termes, *que je grandisse un peu.*

En conséquence de quoi nous nous rendîmes quelque temps plus tard au château du Raincy[13], magnifique demeure dont le duc d'Orléans avait fait l'acquisition une dizaine d'années auparavant pour abriter ses amours morganatiques.

13. Dans l'actuelle Seine-Saint-Denis. Détruit au XIXe siècle.

Son Altesse Sérénissime nous reçut avec bonhomie, paraissant ignorer le baiser appuyé que mon compagnon posa sur la main de la marquise de Montesson. Âgée d'une quarantaine d'années, visage rond et souriant, notre hôtesse assura que Joseph lui avait dit grand bien de moi et me pria de la considérer comme une amie, familiarité que je m'efforçai de trouver à mon goût.

Dans le grand salon ovale, le virtuose Autrichien était déjà affairé à tirer des torrents de notes d'un piano-forte installé là à son unique intention. Il ne prit aucunement la peine de s'interrompre pour nous saluer mais serra chaleureusement mon gendarme-compositeur entre ses bras sitôt achevée sa démonstration. Je demeurai en retrait, assez chagrin pour que la Marquise me glissât à l'oreille un « ne soyez point jaloux ! » moqueur qui me renfrogna davantage.

Joseph, heureusement, m'offrit la nuit suivante l'une de ces étreintes enchanteresses dont il conservait le secret, m'en rendant désespérément esclave.

— Sais-tu, chuchota-t-il, que tu es le seul garçon avec qui je fornique ? La réciproque me plairait mais à l'impossible nul n'est tenu : je ne suis pas plus fidèle que toi, ni même avec Charlotte…

Prenant cette confidence comme une déclaration d'amour, j'étreignis longuement mon amant afin qu'il ne perçût point mes larmes de reconnaissance.

Nous demeurâmes au Raincy jusqu'à la mi-juin et mes relations avec ma *rivale* s'améliorèrent. Bien que la question ne fût jamais abordée, il me sembla que Madame de Montesson comprenait, faute d'en connaître tous les arcanes, l'étrange relation qui s'était tissée entre *notre Bologne* — la formule était d'elle — et moi-même. Il m'apparut par ailleurs assez clairement qu'elle ne rendrait guère à Joseph l'amour qu'il lui vouait : trop affairée en trop de passions pour s'arrêter à une seule, plaisantant de tout — y compris de Son Altesse Sérénissime qu'elle appelait *Gros père* sans que celui-ci s'en offusquât —, trop spirituelle, trop cultivée pour s'enchaîner à l'amour.

Mais je découvris grâce à elle un monde détaché des pesanteurs courtisanes, même si elle reconnaissait volontiers combien la blessait l'ostracisme dont elle et son distingué mari étaient victimes de la part de la famille royale. Elle finit d'ailleurs, de retour à Paris pour la création d'un ballet-pantomime de *notre grand Mozart,* par me faire comprendre, dans la pénombre de la loge dont bénéficiait toujours le duc d'Orléans, qu'elle apprécierait l'intercession de Madame ma mère ou du comte de Provence, demande qu'elle renouvela sous la forme d'un placet glissé dans ma poche lors de la première exécution, aux Concerts spirituels, de la symphonie dédiée par le génial Autrichien à notre capitale. Je n'eus point le courage d'expliquer à mon interlocutrice le peu de chances qu'une telle requête avait d'aboutir sous ma responsabilité et chargeai Joseph de le lui faire entendre.

Il fit très chaud, cet été-là. La mode était au blanc : cotons et soies glacées d'argent pour les messieurs, fine percale pour les dames. Ainsi la grossesse de notre souveraine ne passa-t-elle guère inaperçue, même si l'annonce officielle ne s'en fit pas immédiatement ; je l'appris par la bouche de la princesse ma mère en me rendant à Mondétour pour le pèlerinage annuel commémorant nos héros. L'événement éclipsa le décès de l'éminent Rousseau, ennemi de Voltaire et des bardaches, mais la Reine n'en publia pas moins son intention de se recueillir sur la tombe que l'on s'apprêtait à élever au disparu dans le parc du château d'Ermenonville[14]. Ma bisaïeule trouva

14. Dans l'actuel département de l'Oise.

par ailleurs la force, malgré la chaleur qui épuisait ses moyens, d'assister au mariage de Pierrot ; je m'y rendis également, en dépit de l'interdiction du duc-prince.

L'église du village était pleine, contrairement aux stalles sur lesquelles nous prîmes place. Le père Briard fut aussi hypocritement brillant qu'à l'habitude, et le marié me décocha un clin d'œil moqueur en venant présenter ses hommages. L'épousée était une grosse brune, timide, sans autre charme que la richesse de son géniteur, depuis longtemps en affaires avec l'intendant Jean Mondétour. Ce dernier, réfugié en fond de nef, passa le plus clair de la cérémonie à fixer le plafond mais il posa sur moi, à deux ou trois reprises, des pupilles qui me parurent peu amènes.

À son habitude, Pauline demeura invisible, et l'application de sa mère à éviter le sujet fit que je m'en éloignai prudemment. Quelques bouquets de mouron réapparurent pourtant, délicieuse magie…

Je reçus par ailleurs des nouvelles du vaillant Ystirac-Sombrun, qui s'enquérait de notre amante sur le ton de la plaisanterie et se réjouissait, quelques lignes plus loin, des délais obtenus dans le procès familial par l'avocat Bergasse. En conclusion de sa lettre, Aymery-Henry me suppliait, ne pouvant retourner à Paris avant longtemps, de l'aller visiter en Béarn ; il ajoutait que, connaissant peu le royaume, j'en découvrirais ainsi *les multiples trésors*, ce qui excita d'autant plus mon imagination que je n'avais jamais réellement voyagé.

V

Je balançais encore entre l'idée d'apprêter mes malles ou retourner sagement en classe lorsque arriva la fatale missive : la qualité de son porteur — Jean Mondétour en personne — m'en fit à juste titre redouter le contenu.

« Monsieur, écrivait solennellement ma bisaïeule, je vous enjoins par la présente de ne vous point dérober à vos obligations ni laisser se renouveler l'ignominie que nous savons. Revenez-nous avec vos témoins ou ne paraissez plus jamais à nos yeux. »

Voyant mon désarroi, l'intendant posa une main sur mon épaule et, contre toute attente, murmura :

— Nous avons tout fait pour cacher l'inévitable à Madame. Mademoiselle approuvait même l'idée de mander Pauline dans un couvent afin qu'elle y accouchât secrètement et que l'on abandonnât ensuite l'enfant. Vous êtes marquis et fils d'altesse : semblable mésalliance est affreuse. Nous pourrons trouver un mari compatissant...

— Jamais ! m'écriai-je au bord des larmes. Mon arrière-grand-mère...

— Elle est bien vieille, Monsieur... Il y aura sans doute des moments pénibles mais songez à ceux, bien pires, qui vous attendent si vous commettez pareille faute.

— Mais j'aime Pauline !

Mon interlocuteur marqua un long silence puis soupira :

— Que Votre Seigneurie me pardonne mais ses sentiments, que je n'oserais blâmer en d'autres circonstances, sont aussi dérisoires que dangereux. Pauline ne vous aime pas au sens ordinaire. Son corps est celui d'une femme — nous ne le savons hélas que trop ! — mais son âme demeurera pour toujours, au mieux adolescente. Il n'est d'ailleurs pas confirmé qu'on lui accorde de se marier, et plus probable, sinon souhaitable, que l'enfant à naître soit confié aux chanoinesses cependant que sa mère prendra le voile : quel meilleur destin pour elle, après tout ? Si par malheur vous unissiez votre noble et glorieux patronyme au nôtre, soyez certain que votre famille vous renierait et qu'elle tenterait par tous les moyens de casser cette union ; et Monsieur votre frère…

Cette mention d'Henry-François traversa ma poitrine comme un trait d'arbalète.

— Vous avez fait votre devoir, répliquai-je, je ferai le mien. Nous nous reverrons à Mondétour.

Je mandai des placets à Versailles et au Raincy sitôt l'intendant reparti — j'espérais pouvoir compter sur Charles et Joseph — et me fis porter à l'hôtel de Richelieu : étant proche de mon arrière-grand-mère, le Maréchal, songeai-je, serait de bon conseil.

— Notre vieille Anna m'a tout rapporté, gronda-t-il. Elle souhaite ma signature de Pair de France au bas de l'infâme parchemin qui fera marquise une moricaude simple d'esprit et vous vaudra, outre une embarrassante descendance, la malédiction de votre parentèle !

— Vous ne signerez point ? m'enquis-je d'une voix blanche.

— Bien sûr que je signerai, soupira le vieillard. Il n'est rien que je puisse refuser à la veuve d'un ami aussi profondément regretté qu'Henry Ier de Mondétour. Ne l'a-t-il pas épousé, lui, son Anna, cette fille de métayer, ma tendre complice ? Et ne rêvé-je pas moi-même de convoler, en dépit de l'âge et des ragots, avec une jeunesse de cinquante ans ma cadette ? Oui je signerai, cher camarade, et nous tenterons l'impossible pour que cette indignité reste secrète. Je doute qu'elle le demeure éternellement mais vous pourrez entre-temps anticiper les sanctions qui ne manqueront point de s'abattre.

Je serrai le vieil homme entre mes bras ; il se dégagea en bougonnant puis, après que j'eus expliqué attendre les réponses de Charles et de Joseph, assura qu'ils ne me feraient point défaut et suggéra que nous nous rendissions ensemble à Mondétour.

Tout se déroula ainsi que le Maréchal l'avait prédit : mes fidèles témoins se présentèrent à ma porte dès le lendemain sans faire d'objection et nous franchîmes le soir même les grilles du château de ma bisaïeule.

Aussitôt qu'elle nous aperçut, Mademoiselle fondit en larmes avant de nous précéder jusqu'à la chambre de sa maîtresse où devait se dérouler la cérémonie. Le père Briard, rayonnant d'importance, se tenait aux côtés de mon arrière-grand-mère.

On envoya quérir l'intendant, le notaire et ma promise, cependant que le curé descendait à la chapelle afin d'en ramener les truchements nécessaires. Nous attendîmes dans un étrange silence ponctué par les sanglots de ma future belle-mère et les regards réprobateurs de la duchesse douairière.

Quand l'assemblée fut au complet — Pauline arborait, outre un sourire lunaire et une robe de percale, un ventre discrètement prometteur — le père Briard procéda à la bénédiction nuptiale. Mademoiselle présenta les anneaux, que nous nous passâmes symboliquement au doigt avant de les remettre dans leur coffret ainsi qu'il avait été convenu. Nous signâmes ensuite plusieurs documents — même Pauline, d'une belle écriture appliquée qui m'étonna — en vertu desquels, par disposition testamentaire, mon aïeule dotait l'épousée, *via* sa mère, de vingt-quatre mille livres à percevoir après sa mort ; faute d'héritier mâle, mes titres et biens reviendraient à la branche aînée de ma parentèle. Je m'aperçus alors de ce que toutes ces pièces étaient antidatées du mois de mars.

— Pour que l'enfant de Votre Seigneurie n'ait point à souffrir dans le futur, expliqua le notaire.

Enfin, mon arrière-grand-mère fit signe à chacun de se retirer pour nous laisser seuls elle et moi.

« Je n'ai jamais douté de vous, assurait-elle dans le feuillet qu'elle me tendit, mais je crains que ma disparition prochaine n'entraîne un long cortège de calamités. Le danger ne vient point tant de Monsieur votre père que de la faiblesse de son caractère. Nous savons les ambitions du marquis votre frère : on m'a rapporté ses manigances mais aussi les réflexions pestilentielles qu'il s'est permis de faire concernant la *négraille* — ce terme atroce est de sa bouche — qui, selon lui, encombre le domaine. S'il a l'oreille de vos parents, cet indigne personnage s'avérera tôt ou tard un danger. Je vous supplie en conséquence de bien vouloir abriter chez vous, Marion, Pauline et votre enfant dès après ma mort : vous allégerez mon âme. Je ne pense pas que vos ennemis, quand ils découvriront la mésalliance, aient intérêt à publier votre opprobre ni vous spolier par un procès public mais vous vous y devez néanmoins préparer, ainsi qu'à l'ostracisme dont vous serez nécessairement l'objet. Quant au reste de votre belle-famille, il lui faudra peut-être trouver également refuge en vos murs si la déraison et l'aveuglement devaient l'emporter. Vous êtes certes bien jeune pour tant de charges ; je sens néanmoins battre en vous le cœur des vrais Mondétour. Et j'en suis fière. »

Aussi émus l'un que l'autre, nous rejoignîmes le grand salon où un repas de fête avait été dressé. Ma conjointe, réfugiée dans le giron de sa mère, jouait avec le revers de sa robe. À considérer la mine contrite des convives, je compris mieux l'ampleur de ma faute et l'étendue des responsabilités qui en découlaient. Le rouge au front, j'écoutai le curé, au bénédicité, évoquer le secret en demandant la protection divine. Le vin aidant, la compagnie finit néanmoins par s'égayer, que des musiciens réussirent à faire danser, et les langues se délièrent. On me fit plus de compliments que de reproches — le père Briard se tint prudemment en retrait — et la journée s'acheva dans une certaine allégresse.

Nous passâmes la nuit sur place. Pauline, au coucher, eut peur de partager avec moi la chambre, un peu sinistre, d'Henry 1er de Mondétour apprêtée pour l'occasion — insigne autant que redoutable honneur que nous devions à ma bisaïeule. J'y dormis seul, n'ayant pas davantage réussi à y convier mon beau gendarme-compositeur.

Je me retrouvai bientôt rue des Marais-Saint-Germain, nanti d'une épouse mais sans sa compagnie ni celle de mes témoins, retournés respectivement à Versailles et auprès de Madame de Montesson — Joseph mettait la dernière main à son nouvel opéra, intitulé *La Chasse,* pour lequel il espérait, grâce notamment au recrutement d'un nouveau librettiste, un meilleur accueil que les huées d'*Ernestine.*

Je repris, quant à moi, le chemin du collège où j'escomptais me former au droit, matière qu'il me serait indispensable de maîtriser si les prédictions de mon arrière-grand-mère et du maréchal de Richelieu se révélaient exactes. Le clan Robespierre, prompt à vilipender les passe-droits dont jouissait la haute aristocratie, me sut probablement gré de mes bons offices chez le marquis de Villette car nul ne contesta mon accession, en dépit d'une assiduité fort relative, à la classe prestigieuse des futurs robins.

La Chasse, créée au Théâtre Italien, remporta un tel succès que Leurs Majestés en commandèrent une représentation sur la scène provisoire que notre souveraine avait fait élever à Marly[15]. Le duc d'Orléans et sa marquise n'ayant toujours pas obtenu leur réintégration à la Cour, nous célébrâmes au Raincy le triomphe de mon idole ; le prodige autrichien n'était plus des nôtres, ayant dû quitter la France après le décès prématuré de sa mère.

Celui de ma bisaïeule n'était certes pas précoce mais il me surprit, à la fin de l'automne, au milieu de la liesse exaltant la naissance de Madame Royale[16] — en attendant un Dauphin dont on ne doutait plus, désormais, de l'arrivée prochaine. Une missive éplorée de Mademoiselle m'apprit que notre Anna avait succombé durant son sommeil. Je fis incontinent atteler pour Mondétour.

Quelques membres de ma belle-famille accoururent à la vue de mon équipage ; j'étais manifestement le premier arrivé. Une immense tristesse mêlée de désarroi se lisait sur les visages. Nous gravîmes ensemble l'escalier conduisant à la chambre, tendue de crêpe noir, où le corps avait été disposé. L'intendant et Mademoiselle veillaient, prostrés, de part et d'autre du chevet — « Ils sont là depuis deux jours » chuchota une voix derrière moi.

15. Château de plaisance détruit après la Révolution. Dans l'actuel département des Yvelines.

16. Marie Thérèse Charlotte de France, fille aînée de Louis XVI et de Marie-Antoinette.

Notre entrée les tira de l'hébétude : Jean Mondétour se leva et, prenant mon bras, me fit approcher du lit. Mon arrière-grand-mère gisait, presque diaphane sous ses dentelles immaculées, visage impassible, comme l'ombre d'un sourire aux lèvres. Quelqu'un — probablement Pauline — avait glissé un bouquet de mouron entre ses mains. La lueur dansante des quatre gros cierges encadrant la couche, unique source de lumière, conférait à l'ensemble l'aspect réconfortant d'une Nativité de La Tour, aussi, contrairement aux personnes présentes, les pleurs ne vinrent-ils point à mes paupières. J'effleurai le front glacé de la défunte et murmurai assez fort pour que chacun entendît :

— Je jure ici qu'il en sera fait selon vos volontés. — Puis je m'agenouillai aux pieds de ma belle-mère : Tenez-vous prête à me précéder à Paris avec Madame mon épouse, chuchotai-je.

Moins d'une heure plus tard, un carrosse emportait deux femmes inconsolables et leurs malles.

Sans doute, sur la route, croisa-t-il ceux de ma parentèle : de nombreuses voitures s'alignèrent en effet jusqu'au soir sur le parvis du château, d'où descendirent pratiquement tous les membres des clans Mondétour et Ystirac, fors nos religieuses et les collatéraux retenus en province. Cette Cour en miniature conduite par le duc-prince repoussa dédaigneusement l'entourage de ma bisaïeule : même l'intendant et le curé se virent signifier que l'on se passerait d'eux.

Béni par Monseigneur de Rohan, Grand Aumônier successeur du cardinal de la Roche-Aymon, le corps de notre ancêtre fut allongé dans un cercueil de plomb puis descendu dans la chapelle, où une messe fut célébrée. Malgré le froid et la nuit, nos gens et les villageois alentour s'étaient massés en silence sur le chemin et devant l'entrée. Quelques-uns — des femmes et des vieillards, principalement — se prosternèrent à notre passage mais la plupart des hommes demeura nuque raide avec, dans les pupilles, un éclat de douleur haineuse que je fus apparemment le seul à percevoir.

Le maréchal de Richelieu, écrasé de chagrin, arriva après l'*Agnus Dei,* au moment où la bière disparaissait dans la crypte. Chacun, mes parents compris, ayant regagné sa voiture, je demeurai seul avec mon vieux mentor et, pour la première fois, laissai enfin couler mes larmes.

Revenus au château, nous attendîmes l'aube en compagnie de Jean Mondétour et des siens, évoquant notre bien-aimée duchesse en finissant la bouteille de vin de Porto qu'elle avait laissée aux trois-quarts pleine. Et nous mîmes au point, par anticipation, le déménagement éventuel de ma belle-famille au château de Trémainville. L'intendant ne cessait de répéter qu'il refusait d'y croire mais le ton de sa voix disait tout le contraire.

À l'opposé de ce que redoutait ma belle-mère, l'ouverture du testament ne donna lieu à aucune discussion : la fortune de ma bisaïeule était à ce point importante que sa dévolution, qui ne lésait personne, satisfit toutes les parties. Ma mère hérita en outre de bijoux splendides — dont une fameuse parure d'émeraudes offerte par le Régent — et j'eus, pour ma part, l'heureuse surprise de recevoir une rente annuelle de vingt-cinq mille livres. L'installation de Marion et de Pauline rue des Marais-Saint-Germain se révéla, par ailleurs, plus facile que je ne l'escomptais : les deux femmes prirent discrètement leurs quartiers au second étage de la maison avec leurs domestiques. Étant fort bigote, ma belle-mère fréquentait beaucoup l'église de Saint-Germain-des-Prés, toute proche ; mon épouse, quant à elle, mûrissait paisiblement en son sein la rançon de notre erreur.

Nous fîmes venir de Mondétour le précepteur qui s'appliquait depuis plusieurs années, avec un certain succès, à inculquer les humanités à Pauline; je participais souvent à ces leçons, de retour du collège, apprivoisant ainsi mon étrange conjointe.

Sans m'empêcher de poursuivre mes conventicules, cette présence, ainsi que la paix scellée avec le clan Robespierre, les espaça insensiblement. Et je finis par comprendre que les visites de plus en plus fréquentes de mon beau gendarme-compositeur n'avaient pas pour unique raison nos communes extases : Mademoiselle lui plaisait, finit-il par confesser, et il espérait la conquérir. J'appris à m'en accommoder.

Henry-Saül — mon fils, l'héritier de notre race ! — vint au monde le 21 janvier 1779 au matin. Ma belle-mère insista pour qu'il fût incontinent baptisé. La parturiente, vite remise, refusa de confier l'enfant à une nourrice et, attention qui eût enchanté Rousseau mais horrifié ma parentèle, lui donna le sein. Le nourrisson, octavon aussi brun et mat de peau que sa grand-mère, ne tirait de mon côté que l'arrête épaisse du nez mais je ne me refusai ni le plaisir ni la fierté d'en célébrer la naissance en dépit du secret.

Jean Mondétour, venu avec son fils aîné ainsi que Pierrot, ne put contenir son émotion à l'énoncé du prénom de notre jeune comte, qui rendait hommage au galérien d'Afrique dont il descendait : une idée de Mademoiselle à laquelle, par bravade, j'avais immédiatement souscrit.

Richelieu, Damas et Bologne, presque aussi attendris, assurèrent que le Ciel ne pourrait demeurer insensible à cette églogue d'un nouveau genre. Ils se trompaient : avec les beaux jours, mon frère obtint du duc-prince l'autorisation de présider à la destinée du domaine ancestral. Ce fut, une fois encore, Jean Mondétour qui m'en vint apporter l'alarmante nouvelle.

— Tous les domestiques ont été congédiés, grinça-t-il, et je me trouve désormais en charge de ceux de ma famille qui n'ont plus rien pour vivre. Monsieur le marquis de Morienval a en outre annoncé qu'il viderait le château et l'ermitage de leur contenu. Les Laspasses — fils et petit-fils : vous ignorez sans doute que le vieux est décédé en février — publieront des avis de vente mobilière pour le premier, et il paraît que l'on invitera certaines personnes à se partager aux enchères les caisses du second, dont vous savez bien ce qu'elles renferment… Mais il y a plus préoccupant : Laspasses le jeune s'est présenté à ma porte avec un sourire mauvais et la promesse de ce que Son Altesse signerait bientôt mon congé au profit de son fils Richard, qui a votre âge.

Je rappelai à mon visiteur nos accords de l'hiver précédent mais n'en décidai pas moins de me rendre au plus vite à Versailles y rencontrer mon père.

Il me reçut la mine sombre : ma belle-sœur, indiqua-t-il, venait de faire une nouvelle fausse couche et les médecins déconseillaient toute nouvelle grossesse.

— Sauf miracle, grimaça-t-il, nous devrons compter sur vous, qui convolerez donc avant la fin de l'année. Nous avons, Madame votre mère et moi-même, établi une liste de partis au sein de laquelle vous nous obligerez beaucoup de faire votre choix.

Au bord de trahir un secret qui, en d'autres circonstances, eut ravivé l'espoir en son âme, je me gardai de répondre et détournai la conversation sur le sujet de Jean Mondétour. Le duc-prince haussa le sourcil.

— Je ne sache pas que nous ayons à nous en plaindre, lâcha-t-il. On vous aura leurré sur nos intentions. Monsieur votre frère souhaite redonner vie au domaine, en faire sa résidence d'été ; on ne l'en peut blâmer. Mais s'il est légitime qu'il en amende le décor et la domesticité, il serait mal venu qu'il dédaignât les talents de notre intendant, tout moricaud soit-il. Quant à la nombreuse géniture de celui-ci, il ne nous appartient point d'en assurer la subsistance : ces gens n'ont que trop abusé de leur défunte maîtresse.

Ne sachant comment dénouer la chose, je me présentai chez le comte de Provence afin d'obtenir son intercession. Damas, pour ma chance, tenait ce jour-là sa charge de gentilhomme d'honneur : il parla à ma place. Nous fûmes obligés de mettre Stan dans le secret de mon mariage et de la naissance d'un héritier — ce qui le fit hurler de rire — mais notre illustre interlocuteur trouva piquante l'idée d'incorporer à son service quelques éléments de ma belle-famille et proposer les autres à ses augustes frères ainsi qu'à la Reine.

— Si la mode des nains a passé, lança-t-il joyeusement, celle des moricauds subsiste, surtout lorsqu'ils sont agréables au regard ! — Et plus sérieusement : as-tu songé à ce qu'il adviendrait lorsque ton crime serait éventé ? Et s'il n'était d'autre hoir[17] pour votre lignée que ce noiraud dont tu es le père ?

Je l'avais en effet envisagé et sollicitai par avance la protection de notre hôte, qui me la promit.

Avant de prendre congé, Damas glissa à mon oreille n'avoir pu se soustraire longtemps à l'obligation de se marier avec la fille d'un lieutenant-général des armées royales.

— Elle n'est ni belle ni laide, soupira-t-il, sa conversation est très ordinaire, mais elle a assuré n'être point jalouse et comprendre que les militaires éprouvent en campagne certaines passions où les femmes n'ont point part...

Rentré à Paris, j'écrivis une missive à Jean Mondétour pour l'informer des résultats de mon ambassade — mon bien-aimé

17. Héritier.

Bologne, parti aux mêmes fins chez le duc d'Orléans, en était revenu avec d'aussi bonnes nouvelles. Et je reçus une lettre assez inattendue du marquis de Villette : outre de tardives condoléances, mon correspondant expliquait comment, terrifié par l'arsenal que le chevalier d'Éon avait constitué par suite de sa folie de la persécution, il avait été contraint de le dénoncer aux exempts de police. Lesquels l'avaient embarqué, maudissant ses hôtes, dans un coche à destination de la citadelle de Dijon. Concluant sur une note plus optimiste, le marquis m'invitait, pour se faire pardonner, à séjourner au château de Voltaire à Ferney[18], qu'il venait d'acquérir. Repensant à la proposition que m'avait jadis faite le bel Ystirac-Sombrun, je me repris à faire des projets.

Vint alors le funeste mois de mai.

Joseph, quelques jours auparavant, était rentré couvert de sang de chez Madame de Montesson : des jaloux, conduits par un membre éminent de la police, l'avaient roué de coups au sortir d'une fête. Averti et scandalisé, le duc d'Orléans s'était entendu enjoindre par le ministre Lenoir de ne se point mêler de l'affaire, dont il se murmurait que le commanditaire pouvait être le Roi en personne ou quelque haut personnage agacé des prévenances de la Reine pour le trop brillant mulâtre.

Ma belle-mère pansa dévotement le blessé et ce fut probablement alors qu'elle succomba à ses charmes. Mais de cela, je ne devais être averti que bien plus tard. Car au matin du 5 surgit Pierrot, qui avait chevauché bride abattue depuis Mondétour. Comme hors de lui-même, il hurla que mon frère avait fait élever un immense bûcher devant le château, où l'on s'apprêtait à détruire tout ce à quoi les acquéreurs ne s'étaient pas intéressés.

---

18. Actuelle Ferney-Voltaire, dans l'Ain.

— Gravures, livres, mobilier, tableaux ! s'écria-t-il. Moïse a tenté de les soustraire pour les Petites Tuileries mais ton maudit marquis l'a chassé, et fort rudement ! Sais-tu ce qu'il a dit ? Que faute de bardaches, il brûlerait Andrea !

Je laissai à peine le temps à mon visiteur de reprendre son souffle et nous lançai sur la route.

L'autodafé, lorsque nous parvînmes au château, en illuminait déjà la façade. Pêle-mêle, des caisses réduites en morceaux, des planches et des fagots communiquaient leurs flammes à de vieux brocarts, meubles brisés et ce qu'il restait des collections infernales de mon bisaïeul, dont même le grand portrait en pied — insulte suprême — attendait l'anéantissement, posé au sommet à côté de notre automate. Emmêlé dans le désordre de sa robe, le malheureux Andrea roulait des yeux affolés, comme suppliant qu'on le sauvât. D'innombrables fragments de papier en combustion menaçaient de porter l'incendie alentour. Nos gens, effarés, obéissaient tête basse aux ordres des Laspasses, secondés par les gardes de mon frère.

Une colère irrépressible m'embrasa alors : apercevant le maudit marquis à quelques pas de la fournaise, je me précipitai et engageai le combat. Une sentinelle voulut intervenir mais mon opposant, trop heureux d'en découdre, aboya que l'on nous laissât vider la querelle à mains nues *comme les gueux*. Les coups volèrent mais ni l'un ni l'autre n'étions disposés à capituler.

Notre pugilat, qui avait attiré toute l'assistance dans un silence de mort seulement interrompu par les sinistres craquements du brasier, nous rapprocha des flammes, auxquelles je tournai le dos. Mon adversaire, à cet instant, appuya de toutes ses forces sur mes épaules. Sa bouche, déformée en un affreux rictus, articula « Crève ! » et je sentis roussir le tissu de mon habit.

Ne pouvant tenir la posture, je me jetai sur le côté et roulai à quelques pouces des braises, ce qui précipita Henry-François dans la masse incandescente. Environné par une immense nuée d'étincelles, il poussa un hurlement animal qui me tétanisa, ainsi que les témoins du cauchemar. De longues secondes s'écoulèrent avant que Pierrot ne se précipitât afin de tirer le malheureux de son supplice. On l'enfouit sous d'antiques courtepointes qui avaient échappé à la destruction, puis on jeta de l'eau sur la masse brunâtre et gémissante qu'était devenu le marquis.

Laspasses le jeune, beuglant au criminel, manda avertir le duc-prince mais n'osa me faire saisir. Arrivé à la hâte, Jean Mondétour, qui avait refusé de participer à l'autodafé, me conseilla de regagner Paris.

— Votre sort, marmotta-t-il, est à présent entre les mains de Son Altesse…

La lettre de cachet me fut signifiée trois jours plus tard par un officier de la maison du Roi, qui me pria civilement de bien vouloir le suivre à Vincennes. On m'autorisa une garde-robe, quelques meubles de chambre et même de quoi lire — privilège extraordinaire assura-t-on. Mes proches, que j'avais eu à peine le temps de préparer à une telle éventualité, espéraient comme moi que la détention ne serait pas trop longue.

Nous étions loin du compte.

Je fis mon entrée dans la sinistre forteresse à la tombée de la nuit. L'officier me présenta aussitôt au gouverneur de Rougemont, sorte de chattemite courte sur pattes qui me laissa entendre sur un ton doucereux qu'obéissant aux réquisitions de mes parents *via* le lieutenant-général de police Lenoir, je demeurerais enfermé jusqu'à la complète guérison de ma victime.

— Son Altesse le père de Votre Seigneurie, précisa-t-il, a exigé qu'aucune visite ne vous fût accordée sans l'agrément exprès de Monsieur votre frère. Mais il a insisté pour que vous fussent tolérées l'étude, notre meilleure chambre ainsi qu'une heure de promenade par jour. Je me permets d'ajouter qu'il n'est point de règle céans de posséder quelque objet contondant que ce soit ni de cacheter son courrier, lequel ne saurait en outre être rédigé que sur des feuillets paraphés par mes soins. Sachez enfin que personne, en dehors de moi-même, ne sait votre nom ni les motifs de votre retenue et que l'on vous appellera du numéro de votre chambre, soit le 4.

Ladite chambre, protégée par une succession de portes ferrées, consistait en une assez vaste cellule octogonale recevant le jour par deux petites fenêtres percées dans l'épaisseur des murs et garnies de barreaux si serrés que la lumière, ainsi que je m'en rendis compte au matin suivant, y filtrait difficilement. La présence, dans ce lugubre décor, de mes quelques effets me rassura d'abord — la première nuit n'avait pas été si mauvaise — mais le désespoir me saisit en cours de journée lorsque, fatigué de lire et macérer, je commençai à prendre conscience de mon état. Je demandai du papier au porte-clefs chargé de la surveillance : « On verra » fut son unique réplique.

On ne *vit* point avant une bonne semaine, à mon grand accablement. Le geôlier ayant sans doute pour consigne de ne jamais répondre par plus de trois mots à la suite, le silence devint, avec l'ennui, l'un de mes pires ennemis. Je percevais certes, à leurs cris au guichet, la présence d'au moins deux autres prisonniers à mon étage mais je ne sus pas immédiatement de qui il s'agissait ni comment échanger. La nourriture était exécrable en dépit du montant élevé de la pension, et un long combat se révéla nécessaire avant que j'obtinsse les services d'un barbier ; quant aux commodités et à la toilette, ils eussent fait honte à un miséreux.

Quand, enfin, les six feuillets paraphés — pas un de plus — me furent remis, j'en usai pour avertir ma belle-famille ainsi que mes plus fidèles amis et passai une journée entière à ciseler une supplique illusoirement destinée à attendrir mon père. Le sourire narquois du gardien au moment de récupérer ma prose me fit redouter qu'elle ne parvînt jamais à destination et je dus attendre, sans autre nouvelle, que mon étoile se remît à briller.

L'insomnie ayant eu raison de mes songes, je m'aperçus, à la faveur d'une nuit, que mes compagnons de détention tenaient conversation chuchotée, quoique volontiers animée, d'un guichet à l'autre. Ainsi me présentai-je et appris-je que l'un était marquis de Sade, emprisonné pour faits de mœurs — sur l'exacte teneur desquels il demeura évasif —, l'autre comte de Mirabeau, arrêté pour dettes et libertinage. Tous deux gémissaient de ne pouvoir obtenir ces feuillets que l'on m'avait accordés et insultaient l'arbitraire et la monarchie en des termes inouïs.

D'abord effaré, je jouis ensuite de leurs joutes verbales, succombant progressivement à une espèce de torpeur séditieuse où vaguaient, telles d'inquiétantes chimères, leurs idées de liberté, de démocratie et de république.

Pour avoir naguère connu le relatif confort de la Bastille, Mirabeau me conseilla de m'y faire transférer. Ce fut, peu ou prou, ce qu'en dit également le vieux maréchal de Richelieu lorsqu'il me vint saluer, ayant été le seul que mon frère autorisât. Le Gouverneur, manifestement impressionné par la qualité de mon visiteur, consentit à nous laisser seuls dans le salon de compagnie, non sans avoir juré que mon ordinaire serait amélioré.

Mon interlocuteur expliqua d'un ton grave que ma victime, grièvement brûlée aux membres et dont le visage tardait à cicatriser, était restée de nombreux jours sans proférer la moindre parole et qu'elle s'était, au sortir de son mutisme, abîmée contre moi dans une rage qui avait effrayé, assurait-on, jusqu'au duc-prince en personne. Lequel avait néanmoins veillé à ce que le scandale se résumât à une querelle fratricide où je tenais le mauvais rôle.

— Je ne sache pas que Monsieur votre père adhère vraiment à ce qu'il publie, grogna Richelieu, car il se murmure qu'il aurait répondu au comte de Provence que la faute était partagée. L'idée de vous mander à Vincennes émane, suppose-t-on, de la marquise de Morienval, de même que la scélératesse de confier à son époux la haute main sur vos visiteurs. Le secret de vos noces morganatiques a été préservé mais nous redoutons, vos alliés et moi-même, que la hargne vengeresse de votre frère ne l'entraîne à persécuter les membres de votre belle-famille.

Nous convînmes de ce que le Maréchal achèverait de placer au service de la haute noblesse ceux qui ne l'étaient pas encore ; le cas de l'intendant et des siens demeurait incertain. Quant à mon épouse, sa mère et mon rejeton, leur discrétion et le soutien de mes amis les mettaient à l'abri.

— Votre cher compositeur veille sur eux tel un bel ange noir, sourit le vieil homme. On m'a révélé en outre que vos condisciples, émus de votre disparition, s'apprêtaient à mander une ambassade auprès de vos parents.

Il prit congé sur la promesse de revenir accompagné, et revint en effet souvent, mais hélas toujours seul et sans nouvelle de mon déménagement à la Bastille. Le gouverneur de Rougemont tint néanmoins son serment de rendre mon séjour moins sévère, et je reçus enfin des réponses à mes lettres.

Un procès eut certes fait éclater le scandale, mais il eut contribué à révéler la vérité et, le cas échéant, défini une vraie sanction : ainsi pensaient mes interlocuteurs nocturnes que, ne pouvant les voir, je m'étais progressivement représentés au seul son de leur voix. Teintée chacune d'accent méridional, celle de Sade, plus souriante, évoquait un homme jeune — il allait pourtant sur ses quarante ans —, que j'imaginais fin de corps comme de visage ; celle, impérieuse, de Mirabeau ne correspondait guère à un trentenaire et je voyais celui-ci comme un Hercule au regard autoritaire. Si je ne leur avais rien masqué des raisons pour lesquelles j'étais leur compagnon, ni de mon mariage avec Pauline, je ne m'étais point ouvert, en revanche, sur la réalité de mes inclinations et j'avais menti au marquis après qu'il avait cru déceler dans mes inflexions un *je-ne-sais-quoi de bardache* lui rappelant ses vertes années.

La saison s'écoula, puis l'été, sans que mon sort changeât. Interdits de visite, mes partisans entretenaient en mon âme, par leurs fréquentes missives, la maigre flammèche de l'espoir, cependant que mes ténébreux protagonistes attisaient celle de la révolte.

Richelieu, vers la fin de l'automne, vint triomphalement annoncer son retour en grâce auprès de Leurs Majestés et donc une possible intercession en ma faveur. Il ne put, par ailleurs, résister au plaisir d'annoncer son prochain mariage avec la douce amie de près de cinquante ans sa cadette dont il m'avait naguère entretenu. Ces noces donnèrent lieu à une ample littérature dans les gazettes — on me les tolérait et j'en faisais nuitamment lecture à mes codétenus — mais, en dépit des efforts du glorieux marié, rien n'avança pour moi.

Les mois s'écoulèrent et je célébrai tristement le premier anniversaire du décès de ma bisaïeule, puis de mon mariage, de la naissance de mon fils, et de mon incarcération. Je me préparais, non sans désespoir, à faire de même pour mes vingt ans lorsque arriva enfin la consigne si longtemps espérée : vaincu par l'opiniâtreté de mes partisans — et probablement aussi par sa conscience — mon père autorisa le lieutenant-général de police à ordonner mon transfert. Lequel se déroula le jour même sans qu'il fût possible d'en prévenir quiconque fors mes précieuses voix, dont je pris congé par un sonore « À la Bastille ! » qui leur tira des rires.

Le gouverneur de Rougemont m'ouvrit lui-même la portière du carrosse. L'officier qui m'accompagnait ne brisa point la règle du silence mais je compris à ses regards, pendant le court chemin qui nous conduisait à Paris, combien mon cas était exceptionnel. Ce fut d'ailleurs ce terme qu'employa le marquis de Launay, gouverneur de la Bastille, lorsqu'il me reçut.

Aussi obséquieux que son *alter ego* de Vincennes, ce quadragénaire aux traits secs rappela d'un ton suave les usages du lieu — peu différents de celui que je venais de quitter — puis, chapeau en main, conduisit nos escorte et malles jusqu'à mes *appartements.* Lesquels, plus vastes et mieux éclairés que ma précédente cellule car situés au troisième étage d'un corps de bâtiment moderne, consistaient en une chambre discrètement lambrissée ouvrant sur la cour d'honneur par deux fenêtres grillées. Ce dernier détail constituait, avec la porte ferrée à guichet, les seules manifestations de ma détention car j'eusse, pour le reste, pu me croire en mes propres murs : vestiaire, cabinet d'aisance et même loge pour un domestique complétaient le logis.

Apprenant que je m'apprêtais à célébrer mon anniversaire, le gouverneur m'accorda par avance tous les agréments auxquels les hôtes tels que moi pouvaient prétendre, soit une bonne table ainsi qu'un libre accès au contenu de la bibliothèque et, sous réserve d'être accompagné par un garde, aux promenades quotidiennes.

— On m'a dit, ajouta-t-il, que Votre Seigneurie serait aise de disposer céans d'un laquais. Je me suis permis d'en sélectionner un qui, je l'espère, conviendra…

Il ne s'était pas trompé car, bien que la domesticité locale fût coutumièrement constituée de soudards invalides, celui, prénommé Bruno, que me présenta le Marquis était d'une singulière accortise : dans les vingt-cinq ans, unijambiste par la grâce d'un boulet anglais à la bataille d'Ouessant[19], sa voix cassée, son corps noueux et son étrange ris aux dents bréchues m'apparurent d'emblée de bon augure. N'ayant eu, depuis mon incarcération, que mes poings pour uniques compagnons de débauche, je ressentis, pour la première fois depuis longtemps, un frisson luxurieux parcourir mon échine.

Curieusement campé sur le membre de bois qui le faisait claudiquer, Bruno n'en savait pas moins sa partie, discret dans ses déplacements et servant sans trembler. J'espérais vite en découvrir les appas — de son col et de ses emmanchures émergeaient de prometteuses toisons brunes — mais je ne fus pas immédiatement satisfait car le maraud était aux filles, à l'instar de l'essentiel de sa conversation, baissant les yeux quand les miens se faisaient trop insistants. N'osant le forcer, de crainte qu'il me repoussât ou en référât au gouverneur, je dus ourdir un stratagème.

Il me le fournit lui-même : lisant un soir dans une gazette que *la chevalière* d'Éon s'était récemment vu offrir son buste sculpté par une Madame Falconet, et qu'un armateur de Cherbourg prétendait donner son nom à l'une de ses frégates,

---

19. 27 juillet 1778, au large de l'île d'Ouessant (actuel département du Finistère), opposant la France au Royaume-Uni dans le cadre de la guerre d'indépendance américaine. Chaque camp s'attribua la victoire.

je poussai un juron. Mon joli valet, debout à quelques pouces, m'en demanda timidement la raison.

— Tiens, m'écriai-je en lui tendant les feuillets, vois donc toi-même !

— Je ne sais point lire, Messire, bredouilla-t-il.

Le Diable me suggéra alors de forger de toutes pièces un apologue grivois mettant aux prises un abbé défroqué et l'une de ces femelles que m'avait dépeintes mon valet. Il eut un sourire émerveillé.

— Ils écrivent vraiment ça ?

Je hochai positivement la tête et poursuivis mes affabulations en tâchant de masquer le trouble que faisait naître en ma bouche la proéminence de plus en plus marquée que je pouvais apercevoir sur la culotte de Bruno.

— Dame, s'exclama-t-il après que j'eus conclu, quand les autres sauront !...

Je l'enjoignis de garder le secret sous peine que pareille lecture nous fût interdite. Son œillade entendue faillit me jeter entre ses cuisses mais je sus résister. Assurant — à raison cette fois — avoir ouï à la Cour le récit de bien pires turpitudes, j'attendis pendant un jour ou deux qu'il me suppliât de les lui narrer. Je regimbai pour la forme, puis une nuit, à mi-voix, exposai mes débauches en substituant à mon personnage celui d'une gourgandine mieux à même de susciter le résultat attendu. S'ensuivit une espèce de jeu polisson, Bruno posant des questions de plus en plus explicites, moi y répondant avec force détails. Mon troublant interlocuteur, assis cuisses écartées sur son lit, parut assez vite deviner et apprécier l'artifice.

— Vous croyez qu'elle se serait occupée de moi, votre catin ? finit-il par demander.

— Bien sûr ! affirmai-je.

— Et elle m'aurait fait quoi ?

— Elle aurait ouvert ta culotte…

— Comme ça ?…

Bruno dégrafa son entrejambe, révélant, plaqué à un bas-ventre abondamment poilu, un outil qui me parut énorme. Je tombai à genoux et gobai sans tarder l'odorant appendice. Mon laquais eut un furtif mouvement de surprise mais accompagna bientôt mon hommage de soupirs, ses mains s'enhardissant à guider les mouvements de ma tête. La mâchoire endolorie pour être restée trop longtemps sans déguster pareil engin — plus épais que celui de mon bien-aimé gendarme-compositeur — je ne m'en enivrai pas moins. Et comme semblable gratification ne lui était probablement offerte que très occasionnellement, ce membre délicieusement palpitant baigna bientôt mon palais de semence.

Je me redressai, ouvris à mon tour ma culotte et désignai mon érection ; Bruno comprit sur-le-champ et, avec une irrésistible moue désolée, empoigna l'objet pour le branler, très près de ses lèvres, les y risquant tel un chiot qui découvre un ustensile inconnu, fermant les yeux à l'instant où mes saccades maculaient son visage. Je me penchai pour laver ces reliefs, prétexte à un baiser qu'il m'accorda sans barguigner.

Le maréchal de Richelieu, en visite peu après, ne fut guère long à percer notre petit secret.

— Vous voilà mieux pourvu que je ne le fus jadis ! s'esclaffa-t-il.

Et de rappeler comment la plupart des embastillés souffrait de terribles conditions d'internement, certains culs-de-basse-fosse prenant l'eau lors des montées du fleuve ou des fortes pluies qui remplissaient les douves, d'autres cachots, situés sous les plombs des plates-formes, se transformant en four l'été et en glacière l'hiver.

— Monsieur de Launay passe pour un tortionnaire, chuchota-t-il. Ne vous fiez donc point à ses flagorneries : ce charognard vous briserait sans pitié si Monsieur Lenoir lui en donnait consigne. Vous devez le luxe relatif de votre ordinaire, non point tant au duc-prince votre père qu'à Monsieur, comte de Provence, pour qui votre emprisonnement est une ignominie. J'ai eu l'honneur de m'en entretenir avec Sa Majesté, laquelle affirme regretter avoir signé cette lettre de cachet mais ne rien pouvoir faire de plus que tenter, comme nous tous, d'infléchir vos nobles parents et surtout votre frère. Il paraît que ses blessures ont cicatrisé mais que la marque n'en disparaîtra jamais et qu'il claironne à qui veut l'entendre que vous demeurerez enfermé jusqu'à ce que sa peau soit redevenue vierge. Cela étant, je crois néanmoins savoir — les Laspasses sont volontiers bavards — qu'il négocie âprement votre élargissement contre la spoliation d'une partie de votre héritage et le renvoi de l'intendant.

Ces nouvelles furent mon unique cadeau d'anniversaire, cette année-là, car je ne reçus aucune lettre : le lieutenant général Lenoir, en inspection à la Bastille, expliqua que l'on avait pris du retard dans le traitement des missives et que les miennes, décachetées selon la règle, en souffraient nécessairement, ce qu'il déplora sans que j'y ajoutasse foi un seul instant. Je le crus, en revanche, lorsqu'il assura prendre ses ordres du duc-prince et de lui seul, quand bien il avait obtempéré aux injonctions du comte de Provence de me traiter avec égard.

— Je ne suis point un monstre, martela-t-il. J'ai même prévenu Son Altesse Monsieur votre père contre les rigueurs de Vincennes, que je jugeais outrées eu égard au jeune âge de Votre Seigneurie. On m'a par ailleurs demandé d'enquêter sur les circonstances du drame qui vous a conduit céans. Je me garderai certes d'émettre un jugement mais, à la lueur des témoignages que mes exempts ont pu recueillir, il est regrettable que Son Altesse Monsieur votre père n'en ait rien voulu entendre…

VI

Je dus attendre jusqu'au début de 1781 avant de pouvoir enfin lire les missives qui m'étaient destinées, expectation que les passages réguliers de Richelieu et les tendresses de Bruno rendirent moins difficile. L'épais paquet de courrier que le marquis de Launay en personne vint enfin déposer sur ma table occupa toute une journée, et même si certains feuillets comportaient les infamantes biffures du censeur, il me fut une joie de lire et relire comment êtres aimés et soutiens occupaient le temps en mon absence. Même Pauline, sans doute guidée par sa mère, s'était quotidiennement appliquée à décrire les progrès de notre rejeton.

Quelques plis remontaient à plusieurs mois, tel celui de mon tendre Bologne rapportant le succès chez Madame de Montesson de *L'Amant Anonyme,* sa dernière comédie-ballet, à une représentation de laquelle il avait convié une Marion navrée que je ne fusse pas de la fête. Était-ce le titre de l'opéra ou le résultat d'un long commerce avec moi-même ? Je pressentis que Joseph, outre mon amant, était devenu mon beau-père. Dans un billet daté de décembre, le marquis de Villette m'enseignait par ailleurs qu'un autre Joseph, deuxième du nom, venait de succéder à son auguste mère — également celle de notre souveraine — sur le trône d'Autriche. Les esprits éclairés plaçaient beaucoup d'espoir dans cet empereur libéral épris de réformes qui avait tant déplu à la Cour lors de son passage en France. La suite de la missive était entièrement raturée.

— Craignez-vous tant pour mon information ? demandai-je au Gouverneur lorsque je le revis.

— Votre Seigneurie me pardonnera sans doute, minauda-t-il, quand elle saura que je ne rends point compte de sa correspondance à Monsieur Lenoir, notamment en ce qui concerne ces dames et cet enfant que Votre Seigneurie héberge dans Paris.

J'eus l'impression qu'un harpon traversait ma poitrine. Le marquis s'en aperçut probablement car il ajouta :

— Je dois ma longévité à la discrétion et à l'obéissance ; les lieutenants généraux de police passent, je demeure. Cela étant, Monsieur Lenoir en sait nécessairement plus que moi.

Une sourde anxiété, aggravée par la pluie continuelle, prit durablement ses quartiers en mon âme, dont je finis par m'ouvrir au maréchal de Richelieu. Paris, en ce mois de mars, se remettait à peine d'une violente tempête qui avait également dévasté Versailles.

— Le véritable ouragan, assura mon interlocuteur, nous le devons à Monsieur Necker, qui pour justifier sa politique a fait imprimer un compte rendu à Sa Majesté dans lequel il détaille l'état des finances publiques, qui ne sont point bonnes, mais pointe surtout le montant des pensions accordées aux prétendus privilégiés que nous sommes, et ose blâmer les dépenses de la Maison du Roi ! Vous pourrez difficilement en lire le contenu original car ces exemplaires ont été retirés, mais les commentateurs, nombreux et perfides, diffusent des feuilles impertinentes qui en reprennent la substance sous couvert de la critiquer. La Cour est outrée ; je ne serais guère étonné que Monsieur Necker nous quitte avant la fin de l'année…

Les affaires de l'État m'important moins que les miennes propres, la confirmation d'une nouvelle grossesse de la Reine, synonyme d'amnistie pour les prisonniers s'il advenait qu'elle donnât le jour à un Dauphin, me satisfit bien davantage que la confirmation des prophéties de Richelieu concernant Necker, que l'on remplaça en effet par le terne Joly de Fleury. Je guettai avec autant d'anxiété que d'espérance les couches de notre souveraine, ayant déjà préparé le placet que j'adresserais au Roi. Et je comptai les mois.

Enfin, le 22 octobre, le marquis de Launay fit tonner les canons : un héritier venait d'être donné au trône ! Ce petit Louis Joseph François savait-il les espoirs que suscitait sa naissance ? Je remis ma supplique au gouverneur et envisageai benoîtement mon affranchissement : je me figurais Sa Majesté souriante, assise derrière son bureau, ajouter d'un généreux trait de plume mon nom, qu'elle connaissait bien, à la liste des libérables.

J'étais loin du vrai : ainsi que me l'expliqua le marquis de Launay, les demandes de grâce étaient d'abord examinées par une commission chargée d'enquêter sur leur recevabilité.

— On viendra sans doute, en préalable, interroger Votre Seigneurie, indiqua-t-il.

On ne vint pas. À mon immense désarroi et malgré les efforts de mes alliés. Le lieutenant général Lenoir, vers la fin de l'année, franchit ma porte la mine sombre.

— Le parti de Votre Seigneurie a perdu, bougonna-t-il. Croyez que j'en suis le premier navré : les membres de la commission avec lesquels j'ai pris la liberté d'évoquer le cas ont juré n'en avoir aucune connaissance ; nous savons ce que cela signifie… J'ai demandé audience à Son Altesse le duc-prince votre père, qui me l'a refusée. Je me suis ensuite présenté chez Monsieur le marquis de Morienval, qui m'a jeté au visage ce que je savais déjà au sujet de certains femme et enfant cachés, mais dont n'est point encore avertie Son Altesse...

— Qui m'a trahi ? m'enquis-je près de défaillir.

— Ce père Briard qui a marié Votre Seigneurie. Une vieille rancœur, peut-être, ou le désir de plaire au nouveau maître de Mondétour... En ce qui me concerne, c'est Votre Seigneurie elle-même qui me l'a appris, pour ainsi dire, par la bouche de Monsieur de Rougemont : vos lettres de Vincennes, Messire, quelle imprudence !

— Mais pourquoi mon frère n'a-t-il point...

— Il doit attendre son heure. Il sait que Sa Majesté est favorable à Votre Seigneurie et n'osera jamais s'opposer frontalement au comte de Provence ni aux autres soutiens dont dispose Votre Seigneurie. Mais il compte des partisans chez la Reine, et Son Altesse le duc-prince est réputée — que Votre Seigneurie me pardonne — aussi faible de tempérament que rigide en ses us : elle ne revendiquera point le pouvoir qu'elle a imprudemment offert au marquis de Morienval. Je pense néanmoins que celui-ci, faute de savoir Votre Seigneurie mourir en prison, veillera à ce qu'on l'exile. La seule mention d'un héritier légitime m'a valu la porte.

Mon âme s'assombrit tout à fait. Mon vieux mentor Richelieu ayant connu quelques ennuis de santé, je ne le vis point de la saison. J'eus en revanche la consolation de lire, dans les courriers qui me parvinrent avec le retard coutumier, que mon bien-aimé Bologne avait placé mon rejeton, sa mère et notre Marion sous la protection du duc d'Orléans, et que le reste de ma belle-famille, intendant mis à part — il demeurait, pour l'heure, en poste à Mondétour — était dispersé dans divers palais. Une missive inattendue du lointain Aymery-Henry d'Ystirac-Sombrun contenait, par ailleurs, quelques bonnes nouvelles de son procès, lequel traînait en longueur grâce aux talents de l'avocat Bergasse.

« La raison, concluait-il, finira par prévaloir : les querelles fratricides épuisent les maisons, chacun s'en rend compte. »

Chacun peut-être, mais pas mon frère : 1782 s'écoula comme 1781, avec cette seule et douloureuse différence que mon unique espoir, désormais, était que notre maudit marquis se lassât de me tourmenter ou que Sa Majesté, en un soudain accès de magnanimité, décidât que cela suffisait.

Je tentai tant bien que mal de soulager ma peine entre les cuisses de Bruno et, faute d'un intérêt sincère pour les choses de l'esprit, par la lecture d'ouvrages de mécanique puisés dans la bibliothèque. Je gagnai quelques talents en cette matière et Monsieur de Launay m'autorisa à disposer des outils propres à confectionner les petits engrenages, cames et ressorts nécessaires à mes machines miniatures.

Le maréchal de Richelieu fit en outre son possible, en dépit des infirmités dues au grand âge, pour me distraire de mes macérations, y compris rapporter, cachés dans la doublure de ses vêtements, certains journaux interdits en France et, de la part de mon bien-aimé gendarme-compositeur, un roman curieux intitulé *Les Liaisons dangereuses*. Le propos m'en parut moins efficace que certains volumes infernaux de mon bisaïeul, mais assez vrai pour en justifier l'interdiction. Richelieu, qui l'avait lu, affirma que la plupart des grandes maisons en possédait un exemplaire. La conversation roula naturellement sur les Petites Tuileries, où mon interlocuteur continuait à se rendre, quoi que plus rarement, en dépit du mariage.

— La dernière fois que je l'ai vu, expliqua-t-il, ce bon Moïse craignait pour sa place. Depuis le décès de notre chère

Anna, ton persécuteur n'a cessé de marquer son territoire avec l'opiniâtreté d'un barbet. On ignore comment il entend disposer de l'endroit mais on anticipe que sa détestation des bardaches l'inclinera à leur faire la chasse…

Vers la fin du mois de novembre, alors que les chroniqueurs commentaient à l'infini les préliminaires de paix devant être signés à Paris entre alliés et ennemis dans la guerre d'indépendance américaine, un entrefilet sur les battues royales attira mon attention.

« Sa Majesté, était-il imprimé, a récemment déploré la raréfaction du gibier en ses nombreux domaines. On reparle d'élever cette faune en ménagerie. »

Ayant lu que le feu Roi, alors en son jeune âge, avait jadis hâté la rédemption de Monsieur le Duc[20] dans le seul but de courre le cerf en forêt de Chantilly, je repensai à Trémainville, abandonné depuis quatre automnes. Richelieu, lorsque j'évoquai la chose, eut un sourire radieux.

— Que n'y avons-nous songé plus tôt ! s'exclama-t-il. La vénerie importe davantage, s'il se peut, à notre Louis XVI qu'à son glorieux aïeul. S'il n'avait d'autre intérêt à votre élargissement, en voici un qui pourrait convenir : je suggérerai cela moi-même à Sa Majesté. Croyons en cette étoile, mon ami !

Imaginant les tractations qui se faisaient à mon sujet, je repris espoir et tâchai de maîtriser mon impatience, surtout après que le vieux maréchal eût annoncé, au début de l'année 1783, que notre royal poisson était ferré. Le temps des rois n'étant point celui des hommes, l'attente se prolongea jusqu'au 27 août.

20. Louis IV Henri de Bourbon-Condé (1692-1740).

Ce matin-là, le marquis de Launay pénétra triomphalement chez moi et je compris aussitôt. Mais ma joie fut aussi intense que brève : l'ordre d'affranchissement contenait en effet une clause selon laquelle je devais incontinent gagner Trémainville, où l'on m'exilait *avec défense d'en désemparer à peine de désobéissance* ; des scellés seraient posés sur les huis de ma maison de la rue des Marais-Saint-Germain, dont les domestiques, à l'exception du concierge, avaient obligation de me suivre. Le gouverneur posa une main paternelle sur mon épaule et, en guise de consolation, me remit un pli cacheté du duc-prince, le premier que je recevais en plus de quatre ans.

« Monsieur, écrivait mon père, Sa Majesté a daigné adoucir la flétrissure que vous avez infligée à notre famille, en honorant celle-ci d'une battue en vos forêts l'automne prochain. Sa Majesté, dans son infinie mansuétude, n'en a point pour autant oublié les tourments dont vous êtes fauteur, ni les justes réparations dues à vos victimes. Aussi a-t-il été arrêté que vous ne paraîtriez plus à la Cour ni devant nous, et demeureriez à Trémainville aussi longtemps qu'il plairait à Monsieur le marquis de Morienval, de qui il vous appartient désormais, faute du nôtre, d'obtenir le pardon. »

Mes malles furent vite bouclées et j'obtins de conserver Bruno à mon service. Le marquis de Launay nous accompagna jusqu'au carrosse où un officier chargé de veiller à l'exécution de la sentence d'exil prit place à mes côtés. Il pleuvait sur Paris. Les cris des passants, doigt pointé vers le ciel, me rappelèrent que les gazettes annonçaient l'envol imminent, depuis le Champ-de-Mars, d'une machine aérostatique que mes compagnons de voyage assurèrent apercevoir sous les nuages. Moi je ne vis rien : le cœur lourd, les yeux embrumés de larmes, je regardai défiler la route.

Nous roulâmes toute la journée et toute la nuit, ne faisant halte que pour relayer. Enfin, aux premières lueurs du matin suivant, nous mîmes pied à terre devant Trémainville. Antoine Descolas venait à peine d'ouvrir les grilles; il nous accueillit avec une joie étonnée qui me réconforta d'autant plus que ses charmes, agréablement épanouis, remirent aussitôt en ma mémoire des souvenirs heureux. L'éclat de nos voix fit sortir du bâtiment deux personnes que je m'attendais, malgré moi, à y retrouver: Jean Mondétour et son épouse, chassés par mon frère du domaine familial et dont l'âge avancé n'avait pas permis qu'ils fussent recrutés ailleurs. Fortement ébranlé par l'épreuve, l'ancien intendant expliqua d'une voix brisée comment son éviction avait précédé de peu mon élargissement.

— Mon fils aîné, sa conjointe et ses enfants ont été placés par Monsieur Bologne chez Son Altesse Sérénissime le duc d'Orléans, au château de Sainte-Assise[21], précisa-t-il. Ils y ont rejoint Mademoiselle Marion, notre Pauline et votre héritier, que Madame de Montesson traite, paraît-il, comme son petit-fils. Le reste des nôtres a trouvé d'illustres refuges grâce à vos accointances. Comment pourrons-nous jamais remercier assez Votre Seigneurie…

Je posai une main sur sa bouche.

Ayant confirmé Jean Mondétour dans la charge d'intendant de Trémainville — créée pour lui car les Laspasses assuraient jusqu'alors cet office —, je passai les jours suivants à me réhabituer à la liberté, installer mes quartiers, rédiger de la correspondance et préparer les chasses royales. Celles-ci ne devant *adoucir nos flétrissures* qu'après l'installation de la Cour à Fontainebleau — le duc de Penthièvre m'avait en outre fait savoir que Sa Majesté viendrait *incognito* et sans mon père afin

21. À Seine-Port (actuelle Seine-et-Marne).

de ne point déroger à mon bannissement — je profitai des ultimes semaines de cet étrange été pour recevoir les membres de ma belle-famille et mes nombreux soutiens.

Les premiers à se jeter dans mes bras furent mon cher gendarme-compositeur et nos femmes, arrivés par le même carrosse dès qu'ils furent avertis de mon retour. Mon rejeton, en revanche, farouche galopin à la peau mate, aux boucles noires et aux yeux émeraude, se débattit lorsque je voulus le saisir : comment pouvait-il se souvenir de moi ? J'interdis qu'on le forçât et le laissai se réfugier entre sa mère et son aïeule, des jupes desquelles il darda des regards où la terreur le disputait à la curiosité.

Notre petit comte se détendit néanmoins lors du repas, fier d'être admis à la table principale où son intarissable babil nous divertit et nous fit sourire, même lorsqu'il confia, sur le ton du secret, *qu'il ne fallait pas dire Papa à Monsieur Joseph.*

— Je voulais t'en parler, glissa celui-ci un peu gêné lorsque nous retrouvâmes seuls, mais ton Henry-Saül précipite les choses : Marion et moi…

L'aveu, même s'il ne constituait en rien une surprise, me bouleversa par la complexité des sentiments qu'il faisait naître. Mon interlocuteur me serra silencieusement contre sa poitrine pour me faire sentir, pointant sous le tissu, la sincérité de son désir. Puis il m'embrassa, me souleva par les hanches et abrita nos retrouvailles dans une alcôve dont il ferma la porte. Son épieu reconquit naturellement les territoires abandonnés et, sans que nos lèvres se séparassent, réensemença mon cœur autant que mes entrailles.

Ma belle-mère ayant pour habitude d'occuper seule sa chambre, ce fut dans la mienne que mon amant passa cette nuit-là et les suivantes, trouvant piquant que j'empêchasse Bruno d'en franchir le seuil.

Les dangers liés à mon frère, à sa connaissance de mes noces fructueuses avec Pauline, et à l'arrivée imminente du Roi, nous poussèrent à différer l'installation définitive de mes visiteurs à Trémainville mais nous convînmes que je désobéirais aux rigueurs de l'exil en me rendant à Sainte-Assise, distante d'une quinzaine de lieues, aussi souvent que possible.

Quelques jours plus tard, au moment de repartir, mon rejeton, avec qui je m'étais quelquefois entretenu en compagnie de sa mère — toujours aussi envoûtante et poétiquement absente — daigna me gratifier d'un « Au revoir Monsieur mon Papa » plein de promesses qui m'eût jeté à ses genoux si la crainte du ridicule ne l'avait emporté.

Le vieux maréchal de Richelieu me fit savoir par lettre combien il regrettait que sa santé le privât du bonheur de me rendre visite avant que d'être obligé de suivre la Cour à Fontainebleau, mais pratiquement tous mes autres partisans firent le déplacement, y compris Sérizy, mon ancienne passion, que son Desmoulins avait fini par abandonner au profit d'autres cénacles.

— Il ne serait guère étonnant que tu le revisses, ajouta-t-il avec malice, car il fréquente assidûment un certain comte de Mirabeau qui fut, prétend-t-il, ton voisin à Vincennes…

Autre hôte inattendu représentant mes condisciples, Augustin de Robespierre passa deux nuits à Trémainville. Son brillant aîné, qui avait achevé ses études et quitté Louis-le-Grand trois ans plus tôt, était retourné en Artois exercer la profession d'avocat : ses plaidoiries y faisaient florès au point que l'Académie d'Arras s'apprêtait à l'accueillir en son sein. Mon emprisonnement, assura Augustin, avait offensé les esprits bien au-delà de notre école.

— Que ne s'est-il trouvé de Voltaire, s'indigna-t-il, pour faire entendre au Roi l'iniquité de votre sort !

Le marquis de Villette lui répondit à sa manière, lorsqu'il franchit à son tour les grilles de mon domaine en compagnie de notre ami Damas.

— L'heure n'est plus à la philosophie mais à l'action ! martela-t-il.

Et de s'enflammer pour ces *États-Unis d'Amérique* nouveau-nés que leurs instaurateurs étaient parvenus à porter sur les fonts malgré une guerre cruelle et de longs préliminaires de paix :

— Avez-vous lu leur déclaration d'indépendance ? s'anima-t-il. On y proclame que tous les hommes sont créés égaux et que parmi leurs droits inaliénables se trouvent la liberté et la recherche du bonheur ! Ce n'est pas tout : y est clairement inscrit que le pouvoir des gouvernements émane du consentement des citoyens, et que lorsqu'une forme de gouvernement devient destructive, le peuple a le droit de la changer ou de l'abolir et d'en établir une nouvelle ! Quel plus noble *credo* ?

En dépit d'une sincère inclination pour ces idées — redevable en grande partie à mes conversations nocturnes avec Messires de Sade et de Mirabeau — j'objectai qu'un peuple ignorant pouvait s'avérer plus *destructeur de credo* qu'une élite privilégiée, et qu'il ne me semblait nullement dans l'intérêt de la noblesse de scier, pour ainsi dire, la branche sur laquelle elle était assise. Villette me donna raison mais prophétisa que le peuple lui-même abattrait un jour l'arbre entier si nous n'y prenions garde.

— *Ça ira* ! ripostai-je malicieusement.

Seul contradicteur à ces sujets, Damas défendit la monarchie avec une dévotion qui n'était pas sans rappeler celle de mon père. Voyant combien ces discours l'importunaient, j'ouvris à Charles les vantaux du petit atelier où j'avais fait installer mes machines : il s'en émerveilla, mentionna celui dont notre souverain disposait à Versailles, et nous invoquâmes les mânes du grand Vaucanson, disparu l'année précédente. L'ombre d'Andrea passa silencieusement dans nos regards.

Mon compagnon revint alors sur un automate joueur d'échecs qui avait, par ses prodiges, enchanté la Cour, la ville et les gazettes. Ce que j'en avais lu me portait à douter de sa véracité mais Charles, ayant perdu contre l'automate, jura que ce n'était pas une mystification.

— Serais-tu de ces jocrisses qui jettent des pierres en criant au démon sur les engins volants ? railla-t-il.

Je battis en retraite : les mécanismes que je mettais patiemment au point — boîtes à mouches, à pilules ou à oiseaux, jouets et carrosses automatiques en miniature — n'avaient d'autre utilité que tromper l'ennui mais il arrivait fréquemment que mon esprit s'envolât, à les contempler, vers un futur dominé par la Raison, où la mécanique suppléerait le labeur humain. Comme la mode était à la conquête des airs, je promis à mon complice un ballon à ma façon.

La Cour s'installa mi-octobre à Fontainebleau. J'en fus averti par un page du duc de Penthièvre, venu annoncer le passage imminent de notre souverain à Trémainville et préciser certains points d'étiquette dus à ma proscription : Sa Majesté ne dormirait point en mes murs, pas plus qu'elle ne s'y restaurerait ; je ne serais pas autorisé aux battues mais pourrais saluer l'auguste visiteur depuis le perron, frontière qu'il me serait interdit d'outrepasser ; enfin, notre Louis XVI chassant *en polisson* — terme en vogue désignant un *incognito* à la mode française — l'habit de Cour n'était pas requis, contrairement à la discrétion, que l'émissaire eut l'effronterie d'exiger.

La veille du grand jour, des hommes de la Maison du Roi installèrent de splendides coursiers dans mes écuries et le chenil, ravalé à la hâte — contrairement à mon aîné, je ne chassais point assez pour entretenir une meute — fut bientôt rempli de limiers aux armes de France. Mes gens, impressionnés à l'extrême par cet événement, couraient dans tous les sens ; l'intendant Mondétour et moi-même nous en amusâmes mais quand enfin l'énorme berline royale apparut au bout de l'allée, entourée par la garde et les piqueurs, je sentis mes jambes se dérober. Je descendis néanmoins jusqu'au bas de l'escalier, attendre, le cœur battant, que Sa Majesté daignât me saluer, et fus à peine étonné d'apercevoir, à sa suite, l'immortel maréchal de Richelieu.

— Nous faisons monter un camp de toile dans un champ situé devant vos grilles, déclara le Roi avec un grand sourire. Ainsi ne dérogerons-nous point. Dieu, que cette expédition m'amuse !

— Cette pâture appartient à l'une de mes fermes, Sire, bredouillai-je. Le camp de Votre Majesté est donc, pour ainsi dire, en pleine dérogeance.

— Ce sera notre petit secret, glissa mon illustre visiteur avec un clin d'œil.

Le duc de Penthièvre s'approcha.

— Monsieur le marquis de Trémainville ne chassera point, précisa-t-il.

Je baissai la tête.

— Nous nous reverrons tantôt, assura le souverain avant de s'éloigner. Je vous abandonne Monsieur de Richelieu.

Mon mentor fit la révérence et nous laissâmes la royale compagnie s'ébranler vers la forêt ; puis nous gagnâmes le vestibule, où je serrai le vieillard entre mes bras. Nous bûmes un peu de vin chaud, échangeâmes quelques nouvelles et abordâmes enfin le sujet de mon frère.

— Je ne sache point qu'il ait mis Monsieur votre père dans la confidence, affirma le Maréchal, mais on murmure que votre maudit marquis n'est plus aussi fidèle que naguère à Madame son épouse. Voudrait-il imiter le feu roi Louis XIV en légitimant d'éventuels bâtards qu'il ne s'y prendrait autrement. Mais il néglige trop les us dont votre père est garant. Car si l'enfant que vous commîtes est indigne du nom qu'il porte, il n'en a pas moins été conçu dans les liens sacrés du mariage.

Mon interlocuteur prit ensuite un ton plus léger pour me conseiller de préparer mon atelier à une possible exploration par Sa Majesté.

— On n'est jamais trop courtisan, sourit-il. Notre Louis XVI aime à se salir les mains en humble société ; la vôtre vaudra bien celle des ouvriers avec lesquels il s'enferme.

Richelieu ne s'était pas trompé : le Roi, le soir même après le débotté, demanda à voir mes machines. Honneur supplémentaire, il congédia sa suite au prétexte que les lieux étaient trop exigus. J'eus donc l'insigne privilège de pouvoir m'entretenir seul à seul avec lui.

Il daigna trouver intéressants mes modestes automates — une boîte, en particulier, qui libérait un dauphin en or que je le suppliai d'accepter —, puis il se pencha sur mes plans d'engins volants miniatures.

— Vous êtes plus sérieux que mon cousin boutiquier le duc de Chartres, gloussa-t-il : on raconte que Son Altesse s'amuse à gonfler d'hydrogène ces vessies de porc que l'on nomme *condoms* afin d'étonner les dames !

Nous rîmes de bon cœur — les démêlés, tant galants qu'immobiliers, de l'héritier du duc d'Orléans étaient de notoriété publique — mais mon glorieux invité retourna vite au thème des machines aérostatiques, qui manifestement le passionnait.

— Malgré mon interdiction, s'exclama-t-il, des téméraires stipendiés par Monsieur Réveillon se sont élevés en ballon captif depuis la Folie Titon[22] sans autre avarie, m'a-t-on rapporté, qu'un horrible vertige ! J'ai feint de l'ignorer mais j'ai grand hâte de voir cela de mes yeux !

Le Roi passa plusieurs jours à Trémainville, giboya *ad libitum* et, s'il respecta peu ou prou la règle de mon bannissement, n'en renouvela pas moins nos petites conférences. Il condescendit même, au matin de prendre congé, à s'inquiéter des rigueurs de mon exil. La confiance qui s'était établie me poussa à l'audace.

— Votre Majesté m'autoriserait-elle Sainte-Assise ? risquai-je.

— Et pour quoi faire ? rétorqua mon éminent interlocuteur.

— Pour visiter les miens, Sire.

— Je ne vous savais point apparenté aux Orléans.

— Je parlais de ma femme et de mon fils, Sire.

Des larmes étaient montées à mes paupières. Le souverain s'en aperçut et cessa aussitôt de me tourmenter.

— Je ferai établir un sauf-conduit, dit-il doucement. Monsieur Lenoir m'a récemment transmis un rapport concernant votre affaire. Je l'ai communiqué au duc-prince votre père ; il en a été fort affligé. Je crains, mon ami, que vous ne reparaissiez à la Cour avant longtemps…

Abasourdi, je voulus parler mais le Roi imposa le silence. Il sortit de l'atelier et glissa quelques ordres à l'oreille d'un courtisan qui revint, moins d'un quart d'heure plus tard, avec le

22. Manufacture de papiers peints (disparue) située à Paris, dans l'ancien faubourg Saint-Antoine.

document promis. Je restai désemparé, papier en main, dans le discret cliquetis de mes automates.

Ce fut Richelieu qui me tira de l'hébétude. Je lui tendis le laissez-passer en marmottant que mon père n'était point l'ingénu que l'on croyait, et que j'étais perdu.

— C'est Monsieur votre frère qui *a* perdu, corrigea-t-il. Car cet atout funeste vient de quitter son jeu. Croyez-m'en : jamais Sa Majesté ne vous eût gratifié de sa présence sans l'accord tacite du duc-prince. Je m'avancerai volontiers à inférer que son silence vaut agrément : vous déshonorez son nom mais permettez qu'il se perpétue. Si votre octavon n'est point trop noiraud, je ne serais guère surpris que ses nobles grands-parents acceptassent *in fine* de le reconnaître. L'Histoire, après tout, fourmille de mésalliances, dont votre race elle-même n'est pas avare. Qu'importe si l'on vous retire les honneurs de la Cour, qu'on les refuse à Madame votre épouse ou que l'on tienne grief de sa naissance à votre rejeton : vous ne perdrez pas grand-chose et conserverez vos titres, biens et privilèges, plus ceux de votre maudit marquis s'il meurt sans héritier légitime. Un moricaud duc et prince : puissé-je vivre assez longtemps pour voir cela !

Bien que ne partageant pas l'optimisme de mon vieux mentor, je fis atteler pour Sainte-Assise dès le lendemain.

Moins majestueux que le château du Raincy mais dominant élégamment la Seine, l'endroit ressemblait à Trémainville, le faste en plus. Madame de Montesson y recevait dans l'esprit de la *petite Cour,* concurrente de Versailles, que l'intrigante duchesse du Maine[23] tenait jadis à Sceaux.

---

23. Anne-Louise Bénédicte de Bourbon-Condé (1676-1753), épouse de Louis Auguste de Bourbon, bâtard légitimé de Louis XIV et de Madame de Montespan.

Mon arrivée fit accourir les Mondétour présents sur place, au premier rang desquels un Pierrot très ému qui m'étreignit si fort que j'en perdis haleine. Des bambins nous entourèrent bientôt, tirant en riant sur le bas de nos habits. Mon ancien complice précisa, non sans fierté, avoir engendré deux filles et, tout récemment, un fils prénommé Pierre-Jean. Voyant que je cherchais le mien du regard, il expliqua qu'Henry-Saül, sa mère et son aïeule avaient accès aux parties nobles de la maison quand les autres Mondétour devaient se contenter des communs, et qu'ils ne partageaient pas la même existence.

— Nous ne nous en plaignons point, s'empressa-t-il d'ajouter : *tes* Mondétour nous visitent souvent, et puis, que serions-nous devenus sans l'intercession de Monsieur Bologne ?

Et justement, celui-ci parut sur le perron du château, aux bras de la marquise de Montesson et de ma belle-mère : le tableau me fit sourire.

— Votre adorable fils et sa maman étudient à cette heure dans leurs appartements avec leur précepteur, annonça la marquise après que je l'eus saluée. Ils ne manqueront pas de nous rejoindre incessamment.

Elle posa sa main sur la mienne et nous fit pénétrer à l'intérieur du grand salon, où elle m'annonça à l'étrange compagnie qui s'y ébattait. *Étrange,* car notre hôtesse, à l'instar de nombreuses autres de la haute noblesse, avait demandé à Monsieur Mesmer d'organiser cette semaine-là quelques séances de magnétisme *au baquet* à l'intention de ses invités.

Je connaissais ces démonstrations pour en avoir lu des comptes rendus dans les gazettes mais je n'y avais jamais assisté. Une dizaine de personnes des deux sexes, reliées entre elles par des cordelettes, se pressait autour d'une sorte de caisse circulaire, du couvercle de laquelle émergeaient des arceaux. Le magnétiseur, quinquagénaire élégamment vêtu, et ses aides tout aussi accorts, armés de baguettes métalliques, touchaient avec un air concentré tel arceau ou partie du corps, générant une frénésie contagieuse parmi les patients, qui se pâmaient, tremblaient, riaient ou pleuraient cependant que des témoins prenaient note. Derrière eux, un musicien tirait des sons lunaires d'une espèce de toupie cristalline appelée *glassharmonica,* dont on m'apprit que nous la devions à Monsieur Franklin.

Le duc d'Orléans, assis en retrait, paraissait lutter contre le fou-rire et je dus me faire violence pour ne pas l'imiter. Un hôte inattendu m'y aida alors par le sérieux avec lequel il se manifesta : Nicolas Bergasse, l'avocat d'Aymery-Henry d'Ystirac-Sombrun. Disciple de Mesmer, le jeune homme venait en effet de fonder avec des financiers une *Société de l'Harmonie Universelle* destinée à propager la doctrine du savant ; une affaire qui s'annonçait lucrative et à laquelle il tenta de m'intéresser. Peu convaincu par la chose, je détournai la conversation sur le sujet de mon parent et, ravi d'entendre que son procès touchait à un terme heureux — la branche aînée d'Ystirac avait accepté l'inéluctable succession — présentai brièvement mon propre cas : nous convînmes d'en rediscuter.

Mon cher Bologne s'avança sur ces entrefaites pour indiquer que Pauline et mon rejeton attendaient dans leurs appartements : je le suivis à l'étage, où je fus heureux de constater qu'ils étaient bien logés. Aucun, pourtant, ne semblait se rendre vraiment compte des égards qu'on leur témoignait : l'un était trop jeune, l'autre trop rêveuse. Les seuls à applaudir lorsque j'exhibai le sauf-conduit furent ma belle-mère et notre amant.

Avec l'accord de Madame de Montesson, nous décidâmes que je demeurerais à Sainte-Assise jusqu'au départ de la petite Cour pour Paris. L'arrangement me permit d'apprivoiser mon fils une seconde fois et tâcher d'en préciser l'avenir avec Monsieur Bergasse, mais hélas point de partager la moindre extase, hormis quelques baisers, avec mon gendarme-compositeur, trop occupé par ses femmes. Bruno, heureusement, était du voyage, entre les bras secourables duquel je pus tant bien que mal adoucir mes privations.

J'espérais fêter en famille le cinquième anniversaire de mon fils mais le froid et la neige chassèrent tout le monde dès la mi-décembre. Je regagnai donc Trémainville le cœur gros, porteur de la seule espérance que l'on m'y visiterait. Et je m'enfermai derechef dans mon atelier.

La montgolfière miniature sur laquelle je travaillais depuis plusieurs mois fut achevée juste avant le 21 janvier 1784, offrande que je fis aussitôt parvenir à Henry-Saül grâce au traîneau opportun de l'ami Damas. L'objet fonctionnait par la magie d'un réchaud minuscule niché dans sa nacelle ; à l'imitation de ses modèles de grande taille, son vol hasardeux était retenu par une longe. Charles, plus ébloui qu'un enfant, en commanda un pour lui-même et ajouta que Leurs Majestés seraient probablement sensibles à un présent identique pour Monseigneur le Dauphin. Les frimas perdurant, je me remis à l'ouvrage. Mon rejeton, entre-temps, m'offrit l'immense bonheur de lire ses premières lignes, tracées avec autant d'application que celles de sa mère, sans la moindre rature.

Je n'eus guère de visiteurs, cet hiver-là, et pus aisément parachever mes machines. Ayant lu qu'un dénommé Blanchard s'était élancé depuis le Champ-de-Mars au moyen d'un aérostat muni d'une hélice et d'immenses rames garnies de plumes, je dotai mes jouets d'outils identiques placés entre les mains de minuscules figurines. Toute la maison en fut enchantée au point que je dus, à considérer les mines attristées qui se dessinèrent sur les visages au moment de confier ces merveilles à leurs destinataires, en promettre de nouvelles.

Mes ressources techniques et financières n'autorisant guère la conception d'une vraie montgolfière, je chargeai Damas de transmettre un placet à Monsieur Blanchard et trouver l'adresse à Londres de Monsieur de Kempelen — le concepteur de cet automate joueur d'échecs dont j'avais osé douter des talents. Mon objectif consistait à réaliser avec leur aide une machine volante aux dimensions d'un petit automate, lequel actionnerait un véritable gouvernail, saluerait, sourirait, etc. L'intention secrète était de vendre cette invention au plus offrant afin d'acquérir le ballon authentique avec lequel mon cher fils et moi-même nous élèverions dans les airs.

La Reine en personne, *in nomine delphini,* traça d'une plume élégante un remerciement que je conservai comme un trésor. Le vieux Richelieu, victime du grand âge, me fit par ailleurs savoir qu'il renonçait à suivre la Cour en voyage, sauf à Fontainebleau — délicate attention — mais que, sauf levée de mon exil, cela reporterait à l'automne notre prochaine rencontre. Sa missive contenait en outre un bien curieux récit :

« On m'a révélé, écrivait-il, que votre maudit marquis, toujours acharné à vener moricauds et bardaches, avait mandé aux Petites Tuileries un ordre de congé pour ce bon Moïse, qui l'a aussitôt déchiré en arguant ne répondre qu'aux injonctions du duc-prince. Des stipendiés de la Maison de Morienval se sont présentés quelque temps plus tard au domaine, dont ils ont forcé l'accès, afin d'infliger une correction à notre malheureux taulier. Il s'en est, Dieu merci, tiré sans trop de blessures sinon d'amour-propre, mais le scandale, quoique discret, a néanmoins éclaté : Son Altesse Royale le comte d'Artois était en effet témoin de l'incident. Votre père a dû intervenir, tancer l'instigateur du forfait, l'en bannir de l'endroit et confirmer la victime dans sa charge. Mais, chose insolite, ayant profité de son passage pour faire une inspection — on ne l'avait vu sur place depuis des lustres — il a brutalement quitté les jardins, en proie à une espèce de terreur, ont assuré les témoins, sur laquelle, depuis, il garde le silence. Je n'ai point osé aborder le fait avec lui mais crois en connaître la cause ; elle ne se peut écrire : nous en reparlerons de vive voix. »

Le printemps venu, alors que des reliquats de neige s'attardaient à la surface des champs, un carrosse déposa enfin devant ma porte cette famille qui tant m'avait manqué : Bologne, mon rejeton et nos femmes. Joseph prévint d'emblée qu'il ne pourrait demeurer longtemps, étant appelé à servir chez ses illustres protecteurs, mais que Marion, Pauline, Henry-Saül et leur suite prendraient chez moi leurs quartiers pour plusieurs mois.

Ayant anticipé cette heureuse circonstance, je leur offris les appartements, contigus aux miens, que j'avais fait aménager durant la saison froide. Mon fils s'enthousiasma pour les automates et baudruches multicolores dont j'avais orné sa chambre ; quant à sa mère et à son aïeule, elles parurent satisfaites de leur nouveau décor, qui ne souffrait pourtant guère la comparaison avec ceux, beaucoup plus fastueux, auxquels elles étaient habituées.

Temporairement libéré de *sa* Montesson, mon trop aimé gendarme-compositeur passa pratiquement toutes les nuits entre mes cuisses, amant insatiable dont je ne laissai perdre aucun trait de semence, aucune perle de sueur, et que je lavai de la langue telle une chatte ses petits. J'eusse, par amour, accompli bien davantage ; il le savait et m'en fit l'affectueux reproche.

— Je suis trop âgé pour toi, murmura-t-il un soir ; j'aurai quarante ans l'année prochaine. Je crains tant d'abîmer ta jeunesse ! Tu as besoin de quelqu'un de ta génération : cette relégation est une calamité. Il faut que je te présente du monde.

J'eus beau protester ne souhaiter ni pouvoir commander mes passions, il n'en démordit pas.

Charles de Damas prit, en quelque sorte, la relève de Joseph quelques jours après le départ de celui-ci. Il était accompagné d'un vigoureux trentenaire dont le regard assuré et le sourire légèrement narquois me plurent d'emblée : c'était Jean-Pierre Blanchard — Monsieur de Kempelen, expliqua Charles, n'avait point encore répondu aux sollicitations. Peu impressionné par la compagnie, notre visiteur souhaita, à l'instar du Roi, découvrir mon atelier ; je lui ouvris également la chambre de mon rejeton. Il eut un sifflement admiratif.

— S'il plaît à Monsieur le marquis que je l'aide à concevoir un grand aérostat, annonça-t-il, j'en serai honoré. Je me suis laissé dire que Sa Majesté chasserait céans l'automne prochain : nous pourrions veiller à ce qu'elle le fît depuis les airs.

— La question financière est accessoire, ajouta Charles. Le comte de Provence soutiendra secrètement l'entreprise : notre auguste bienfaiteur espère œuvrer ainsi à ton retour en grâce.

Coupant court à mes effusions de reconnaissance, Blanchard tira d'une sacoche quelques plans qu'il déplia à même le sol. Henry-Saül, qui s'était immiscé, demanda timidement de quoi il s'agissait.

— De notre liberté ! répondis-je en le pressant contre moi.

VII

La construction du *Polisson* — ainsi, pour plaire à Sa Majesté, avais-je décidé de baptiser notre création — était bien avancée lorsque mon vénéré Bologne revint nous visiter pour de trop courtes journées ; il n'eut guère lieu d'être jaloux de l'aéronaute, jusque-là insensible à mes timides campagnes.

Ayant délaissé les gazettes, je n'avais guère prêté attention au dernier prodige en date : une Demoiselle de Paradis, aveugle de son état, qui, aux dires de notre gendarme-compositeur, touchait prodigieusement du piano-forte. Amante du magnétiseur Mesmer et protégée par Madame de Montesson, elle devait passer l'été à Sainte-Assise, où nous étions de nouveau invités.

Mais le phénomène qui consommait le plus d'encre et de salive avait pour nom *La folle journée* : ouvrage impertinent de Monsieur de Beaumarchais, dont chacun disait du mal mais que tout le monde voulait voir. Avec davantage de talent encore que dans *La précaution inutile,* la noblesse y était tournée en dérision, ce qui en faisait, toujours selon Joseph, un chef-d'œuvre d'immoralité. Et de citer cette tirade, reprise à l'envi par tous les Parisiens : « *Noblesse, fortune, un rang, des places : tout cela rend si fier ! Qu'avez-vous fait pour tant de biens ? Vous vous êtes donné la peine de naître, et rien de plus !* » Le trait n'étant pas sans fondement — encore qu'il niât ce droit divin duquel les hommes tenaient leur fortune — nous en rîmes.

Ces ris, le marquis de Villette et ses illustres compagnons les vilipendèrent, prenant très au sérieux la condamnation implicite de la monarchie et son effet sur l'opinion publique. Ainsi que je pus m'en rendre compte, le passage à Trémainville de cette ambassade improvisée n'avait rien de fortuit : sous le prétexte de découvrir notre *Polisson,* le marquis escortait en effet un élégant quadragénaire qui se présenta, avec un accent étranger, comme comte de Haga mais dont je soupçonnai qu'il était de plus haute naissance : sa suite, trop courtoise pour un simple hobereau, comprenait en effet de jolis valets en livrée gris et or ainsi que les comtes de Fersen et d'Armfelt, accorts gentilshommes auxquels, pas plus qu'à leur maître, je ne posai la question de leur véritable statut.

Mon gendarme-compositeur ayant rejoint sa Montesson le jour même de leur arrivée, l'intérêt de mes singuliers visiteurs se porta sur Blanchard : étant affairé à notre aérostat, il les salua à peine. Leurs sourires malgré la rudesse de l'accueil, leurs regards furtifs sur l'échancrure de sa chemise et sur la musculature duveteuse de ses avant-bras m'enseignèrent sans ambiguïté leurs inclinations. Tirant Villette à part, je lui en fis la remarque.

— Il m'appartient d'autant moins de révéler à Votre Seigneurie qui est réellement le comte de Haga que je ne suis pas censé le savoir, souffla-t-il. C'est lui qui s'est présenté chez moi et a insisté pour m'accompagner céans. J'ai évidemment mon idée — je lis les journaux et j'écoute les conversations — mais il m'apparaît plus convenable d'attendre que notre inconnu se dévoile lui-même : nous savons, vous et moi, une matière en particulier pour laquelle le secret s'impose, surtout aux grands…

Mes hôtes s'éternisant dans l'atelier, je les invitai à séjourner au château et, invoquant le manque de place, leur offris les appartements de parade du rez-de-chaussée. Haga eut un sourire entendu. Je lui rendis sa révérence et, après avoir ordonné que l'on apprêtât une collation, présentai les invités à ma parentèle. Le teint de Marion, brun en dépit du fard, fit naître quelques silencieuses interrogations. N'ayant point à feindre, je lançai tout de go:

— Ma belle-famille a du sang africain.

— Le résultat est prometteur, déclara Haga en caressant les boucles d'Henry-Saül. Il me plairait beaucoup de rencontrer d'autres spécimens issus de ce continent: nous n'en avons guère sous nos latitudes.

— Je crains de ne pouvoir vous satisfaire immédiatement, répondis-je sur le ton le plus neutre possible.

— Je saurai me contenter de ce que vous offrez si généreusement, sourit-il en retour.

Il gratta le soir même à la porte de ma chambre. Comme j'étais déjà déshabillé et couché, attendant que Bruno me rejoignît, ce fut ce dernier — dépoitraillé et la culotte probablement tendue en anticipation de notre étreinte — qui lui ouvrit la porte de l'antichambre. J'entendis le comte s'excuser d'une voix gênée. Depuis mon lit, je l'engageai donc à prendre place dans ma ruelle. Je n'eus guère à insister.

— Vous avez beaucoup de chance, soupira-t-il en s'asseyant. Combien échangeraient gloire et richesse contre cette liberté-là!

Je commandai à Bruno d'apporter de quoi boire puis de se retirer. Haga sirota silencieusement son verre avant de murmurer:

— Cette vie de mensonge est insupportable... Imposteur en mon pays, tartufe en voyage... Dieu, que j'envie la carrière du vieux Fritz[24] : lui a su s'imposer sans se renier !

Il paraissait accablé. J'évoquai alors les Petites Tuileries et proposai de l'y faire admettre par l'entremise du comte de Provence ou du maréchal de Richelieu. Il haussa les épaules.

— C'en serait trop avouer, gémit-il...

Inférant, non sans une certaine appréhension, que mon interlocuteur fût le roi de Suède Gustave III en personne — depuis Joseph II, il était de bon ton pour les monarques étrangers de voyager *incognito* — mais souhaitant me conformer aux justes préventions du marquis de Villette, je tentai un contournement :

— Gustave de Haga peut davantage qu'il ne le pense lui-même, chuchotai-je.

Il me dévisagea intensément.

— Cela, Gustave ne l'oubliera jamais, marmotta-t-il en posant sur la mienne une main que je portai à mes lèvres.

Il se pencha sur moi ; j'écartai le drap sur ma nudité. L'émouvante fébrilité de mon invité et la maladresse avec laquelle il flatta mon épieu retinrent d'abord mes ardeurs mais il tira bien vite de sa culotte un membre magnifique qui libéra ma luxure.

La peau de mon royal amant était ferme et claire, parsemée de fines villosités blondes dont ma langue explora la géographie. Tête-bêche, nous nous offrîmes l'un l'autre en pâture jusqu'à ce qu'il tentât de s'empaler sur mon vit ; n'y parvenant pas et retrouvant pour l'occasion un atticisme qui faillit me faire pouffer, il demanda à me pénétrer. Je lui donnai satisfaction à

---

24. Sobriquet affectueux de Frédéric II de Prusse, dit *Frédéric le Grand* (1712-1786), homosexuel notoire.

plat ventre, aussi fier qu'incrédule à l'idée de me faire saillir par un descendant du Roi-Sergent[25]. Il jouit assez rapidement et s'affala sur mon dos. J'attendis que son membre quittât naturellement mes entrailles pour nous faire glisser côte à côte. Il s'endormit presque aussitôt, sourire angélique aux lèvres. À la lueur déclinante des bougies, je contemplai longuement ce noble visage avant de sombrer à mon tour dans le sommeil.

Gustave, au matin, avait disparu, probablement parti rejoindre son baldaquin royal. Nous nous retrouvâmes après le Petit lever dans l'atelier de Blanchard, avec sa suite.

— Nous partons tantôt pour Lyon, annonça-t-il en guise de salut. On m'a fait l'honneur d'y baptiser une montgolfière à mon nom ; je dois présider à son envol. Quel dommage qu'il me soit interdit d'y monter !

Cet aveu déguisé fit battre mon cœur. Avant de gagner son carrosse, le prétendu comte de Haga me glissa à l'oreille consentir à ce que je lui fisse ouvrir les portes des Petites Tuileries.

— Je verrai Sa Majesté Louis XVI avant vous, ajouta-t-il ; j'évoquerai votre exil, qui me semble particulièrement injuste, et je reviendrai céans.

J'écrivis incontinent au maréchal de Richelieu : sa réponse me parvint quinze jours plus tard, en même temps que l'invitation de la marquise de Montesson à rejoindre sa petite Cour de Sainte-Assise. La véritable identité du comte de Haga ne faisait plus mystère depuis son passage à Lyon mais mon vieux mentor indiquait dans sa lettre avoir obtenu de mon père —

25. Surnom de Frédéric-Guillaume Ier de Prusse (1688-1740), grand-père maternel de Gustave III de Suède.

toujours unique dispensateur de laissez-passer aux Petites Tuileries — un document en blanc.

« Le duc-prince en a profité pour m'inviter au mariage de la princesse Hortense-Marie votre dernière sœur, ajoutait-il. Elle doit épouser le frère cadet du marquis de Chauvelin. De nombreuses voix se sont élevées pour regretter que vous n'en ayez point été averti et j'ai senti Son Altesse au bord de céder. Il faut dire que votre maudit marquis ne cesse d'accumuler les griefs contre sa tempétueuse personne : il semble que l'administration de ses domaines laisse à désirer, on le trouve fort intempérant et même on murmure qu'il aurait eu récemment un fils illégitime avec une danseuse de l'opéra ! Cela reste à vérifier, je vous tiendrai informé. »

Notre cher gendarme-compositeur revint, comme promis, avec l'été pour nous escorter à Sainte-Assise. Mon fils, plus entiché que moi du *Polisson* — animal extraordinaire dont il ne restait qu'à emplir l'immense poumon — monta à regret dans le carrosse ; Monsieur Blanchard, en revanche, parut satisfait de nous savoir au loin lorsqu'il réaliserait les premiers essais.

L'accueil chez Madame de Montesson fut des plus chaleureux : mon humble et nombreuse belle-famille, Pierrot en tête, fêta notre retour avec éclat. Henry-Saül semblait avoir manqué à tout le monde, et plus particulièrement à notre hôtesse, qui le serra contre son opulente poitrine pour le dévorer de baisers. Mon rejeton endura vaillamment l'assaut avant de se précipiter sur le glassharmonica du grand salon : Monsieur Messmer était en effet de nouveau des nôtres. À ses côtés se tenait une jeune femme au regard étrangement absent.

— Maria Theresa Von Paradis, annonça le magnétiseur en tentant vainement de contenir la curiosité d'Henry-Saül. Elle est la preuve vivante des miracles de ma science.

Devant notre incrédulité, le savant expliqua que sa patiente recouvrait la vision lors des séances de *baquet* mais qu'elle la perdait ensuite, préférant cet état plus favorable à ses talents de musicienne.

— Mademoiselle de Paradis nous donnera quelques extraits d'un concerto que Monsieur Mozart a composé pour elle, ajouta fièrement la marquise de Montesson. Et tout cela de mémoire : n'est-ce pas prodigieux ?

— Il y a prodige et prodige, glissa une voix derrière mon épaule.

— Gustave ! m'exclamai-je, écarlate, en découvrant mon amant.

— Vous vous connaissez ? s'étonna notre hôtesse.

— Le marquis de Trémainville et moi-même avons moult en commun, sourit mon royal complice ; notamment une passion pour l'aérostation. Vous aurez appris que Monsieur Blanchard avait tout spécialement conçu un modèle pour notre ami…

— Il s'en fabrique partout, soupira la marquise. Me pardonnerez-vous d'y accorder moins d'intérêt qu'aux purs ouvrages de l'esprit ? Votre dangereuse discipline n'est point pour notre sexe.

— On absout toujours les muses, assura Gustave avec une révérence. Mais, à votre tour, vous me pardonnerez d'objecter que vos semblables, désormais, se piquent de conquérir les airs : on m'a présenté à Lyon une Madame Thible que nous avons vu escalader la nacelle sans trembler, et l'on rapporte que le marquis de Montalembert a récemment convié son épouse et trois autres nobles dames à partager son ascension…

Pour toute réponse, notre hôtesse leva les yeux au ciel puis s'affaira au glassharmonica avec mon rejeton. Gustave en profita pour m'attirer seul dans un salon attenant. Après m'avoir fougueusement embrassé, il narra par le détail ses soirées aux Petites Tuileries, où Moïse avait mis à sa disposition tout ce que Paris comptait de gitons au teint mat. Puis il prit un ton de conspirateur pour annoncer que le Roi lui avait fait la grâce d'entendre ses arguments à mon sujet.

— Votre complète liberté n'est qu'une question de semaines, assura-t-il. Il semble que Son Altesse Monsieur votre père ait changé de doctrine. Rien, en revanche, n'est certain quant à votre réintégration à la Cour…

Je répondis n'en avoir cure, ce qui fit naître une moue amusée sur les lèvres de mon interlocuteur.

— À la mienne, chuchota-t-il, *tu* seras toujours le bienvenu.

J'espérais secrètement que mon bien-aimé Bologne prît ombrage des multiples apartés et des nuits que le comte de Haga me réserva lors de son séjour mais il n'en fut rien : seules paraissaient l'intéresser *ses* femmes, Mademoiselle de Paradis comprise.

Au début du mois d'août, la marquise de Montesson prétexta le décès à Paris du grand Diderot pour y rapatrier sa Cour. Joseph la suivit mais je fus invité à demeurer avec les miens à Sainte-Assise aussi longtemps qu'il nous siérait. Gustave, dont la route devait passer par l'Italie et qui, confia-t-il, voulait éviter celle de son oncle maternel le prince Henry de Prusse, également en voyage *incognito,* ne tarda guère à prendre congé. Esseulé en ma couche, sans raison de rester loin de Trémainville, je fis atteler pour mon domaine quelques jours plus tard, à la grande joie de mon fils qui n'avait pas oublié le *Polisson.*

Mon épouse et ma belle-mère nous suivirent de mauvaise grâce mais leur moue s'illumina lorsque la forme ellipsoïdale de l'aérostat se découvrit à nos regards : barré de trois grandes hélices, aussi bleu que l'azur dont il semblait nourri, le ballon attendait, paisiblement arrimé à ses câbles, que l'on grimpât dans sa nacelle d'osier. Les cris de joie d'Henry-Saül, qui bondit tel un chat hors du carrosse à peine immobilisé, firent sortir Jean-Pierre Blanchard de l'atelier. Saisissant le bambin par la taille, l'aéronaute le prit sous son bras pour lui faire parcourir les dernières toises.

— Vous avez de la chance, sourit-il en l'installant à bord, je m'apprêtais justement à faire des essais. Si Monsieur votre père le veut bien…

Nous le voulions tous ! La nef ne pouvant embarquer plus de quatre passagers, je priai ma belle-mère et mon épouse d'attendre que mon rejeton et moi-même fussions redescendus.

— La sagesse commande qu'un seul Mondétour à la fois mette en péril, et sa vie et sa lignée, répondit posément Marion.

Ce fut donc en la compagnie et dans le giron de cette dernière qu'Henry-Saül s'envola au-dessus de nos têtes cependant que toute la maisonnée, accourue à notre arrivée, poussait des vivats. Tel un immense oiseau, la machine projeta son ombre mouvante sur le château puis, déroulant ses attaches jusqu'à les tendre, s'immobilisa à quelques pieds des toitures. Mon fils, solidement retenu par son aïeule, hurla que nous étions minuscules. Son chaperon insista bientôt pour regagner la terre ferme et il fallut contraindre notre petit comte, étouffant de rage, à quitter son jouet afin que je pusse à mon tour enjamber la nacelle.

Pauline refusa tout net de m'y accompagner ; je me retrouvai donc seul avec Blanchard. Plus que la hauteur, ce fut la vitesse d'ascension qui m'impressionna, ainsi que la puissante vibration des cordes.

— Je travaille à améliorer la gouverne, indiqua mon compagnon. Nous dépendons encore trop du caprice des vents. Je me suis procuré les plans de Monsieur de La Place mais ses hélicoïdes requièrent, pour fonctionner, une force surhumaine. Je songe à leur adjoindre des voiles ainsi qu'un timon plus léger. Monsieur de Kempelen nous a par ailleurs annoncé qu'il quittait incessamment Londres pour la Prusse et qu'il s'arrêterait ici en chemin.

Nous demeurâmes en l'air jusqu'à ce que le soleil se couchât très loin, derrière mes bois, mes fermes et le bourg de Trémainville.

Le baron Wolfgang von Kempelen nous arriva fin août dans un carrosse coupé que suivait un imposant chariot. À ses côtés, un nain richement vêtu tenait les rênes.

— Nándor m'accompagne partout, annonça notre visiteur avec un fort accent allemand.

Le nain, assez jeune d'apparence et puissamment musclé, fit la révérence avec un sourire qui me troubla ; son maître, quinquagénaire aussi raide que du vieux bois, se crut alors obligé d'expliquer que cet étrange personnage était à la fois son protégé, son disciple et son valet. Ce fut à mon tour de sourire.

— Je ne pourrai malheureusement faire à Votre Seigneurie la démonstration de mon Turc joueur d'échecs, s'excusa le baron en désignant le chariot, car ses parties démontées attendent le ravalement. Mais j'ai d'ores et déjà travaillé à un dispositif susceptible de faire se mouvoir les hélicoïdes du *Polisson*.

Je lui présentai Blanchard et laissai nos deux savants discuter mécanique. Le nain, pendant ce temps, tentait d'expliquer à l'un de mes valets qu'il fallait ménager de la place dans la grange pour abriter les caisses sur lesquelles veilleraient les deux autres domestiques du baron. Le regard moqueur de mon laquais et la petite foule qui commençait à s'assembler me portèrent à chasser tout le monde.

— Votre Seigneurie se donne trop de mal, grinça Nándor dans un meilleur français que celui de son maître ; je suis habitué à ces démonstrations de curiosité et n'y prête attention que lorsqu'elles menacent l'intégrité de ma modeste personne. Pour le reste, comme le disent si bien vos philosophes, *on est toujours le monstre de quelqu'un*...

Henry-Saül, qui ne comprenait pas pourquoi *ce drôle d'enfant-là,* selon ses termes, était admis à ma table, obtint le soir même de veiller en notre compagnie. Nándor accepta volontiers de jouer avec lui sans le détromper sur son âge, effectuant quelques tours de magie qui étonnèrent la compagnie ; puis il vainquit chacun d'entre nous aux échecs, non point séparément mais ensemble, veillant néanmoins à ce que son camarade improvisé fût le seul à l'emporter.

Notre bateleur, à la fin de la soirée, avait si efficacement conquis son public que Monsieur de Kempelen s'en agaça : demandant l'autorisation de se retirer, il invita son protégé-disciple-valet à faire de même, ajoutant sèchement que les communs suffiraient à la couche de ce dernier. Je m'attendais à ce que le nain réagît mais il ne le fit point et, après un ultime salut, disparut comme au théâtre.

J'abandonnai le baron devant le grand escalier et sortis sur les pas de Nándor, que je rattrapai au seuil des écuries.

— Votre soumission m'étonne ! lançai-je.

— Question d'intérêt, soupira-t-il. Je me conforme aux miens, quand bien Wolfgang tend à oublier les siens...

— Il me déplaît de vous savoir dormir sur le chaume.

— Vous plairait-il que je dormisse ailleurs ?

— Je souhaitais juste vous recevoir dignement, murmurai-je en me sentant rougir.

Nándor ouvrit alors précautionneusement la porte et me fit signe de le suivre.

— Avec votre permission, chuchota-t-il, c'est moi qui prétends cette nuit recevoir dignement Votre Seigneurie…

Nous traversâmes silencieusement la grange puis longeâmes les stalles. La lune projetait une clarté discrète par la lucarne ; j'anticipais sans crainte ce que nous nous apprêtions à commettre mais cette faible lueur, le silence chargé d'effluves chevalins, et la forme noueuse de mon guide, accroupi sur la litière, tenaient tout à la fois du rêve et du cauchemar. Je me mis à trembler ; Nándor se redressa pour saisir mon poignet.

— Allongez-vous, souffla-t-il ; fermez les yeux.

J'obtempérai, tempes battantes, et sentis les mains épaisses de mon compagnon dégrafer méthodiquement mes vêtements de sorte que, dénudé, la paille n'agaçât point ma peau, qu'il effleura longuement du bout des doigts puis des lèvres.

Comme endormi en un songe luxurieux, je ne vis pas de quelle manière mon amant réussit à se déshabiller sans cesser de me caresser, mais il me fut une jouissance supplémentaire de percevoir sur mon sein les villosités parfumées de son torse, de ses membres, et la palpitation humide de son épieu. Je posai mes paumes sur ses fesses rondes et fermes, remontai le long des flancs jusqu'à la jointure de l'épaule et agrippai ses biceps. Alors seulement j'ouvris les yeux : Nándor, tel un faune souriant, se tenait campé à la force des bras au-dessus de moi, jambes tendues entre mes cuisses, pénis pointé. Sa barbare beauté me fit, de la langue, quémander un baiser qu'il m'offrit avec passion.

Nous demeurâmes longtemps accolés, son vit frottant mon ventre, cependant qu'il emprisonnait le mien entre ses mollets. Tel un python jouant avec sa proie, il fit rouler ses muscles autour de mon buste, de mon cou, puis, se redressant vivement, vint s'empaler sur moi : j'en gémis autant de surprise que de plaisir. Il me fit signe de contenir mon brame puis reprit ses ondulations, son phallus luisant accompagnant la danse. Je me redressai afin de prendre en bouche cet organe fabuleux et, ivre d'un stupre mystique, sentis bientôt la fruition picoter mes reins. Je m'abandonnai à l'extase et reçus incontinent dans la gorge mon tribut en flots épais dont j'engloutis jusqu'à l'ultime saccade.

Nándor saisit mes oreilles pour plaquer mon visage au sien et mêler nos souffles, nos humeurs, jusqu'à ce que le calme régnât de nouveau en nos poitrines. Mon amant voulut ensuite glisser sur le côté mais je l'en empêchai, trop heureux de respirer en harmonie, éprouver le poids rassurant de sa chair dont mes mains pouvaient parcourir en entier le robuste paysage.

Ayant recouvré quelques forces, nous reprîmes en silence notre cannibale sarabande et ce fut moi, alors, qui accueillis Nándor. Son outil, quoique joliment proportionné, n'était pas des plus longs : mon complice repoussa donc mes cuisses au-dessus de ma tête afin que mes entrailles pussent s'ouvrir à l'objet cependant qu'il me branlait de sa main restée libre. Ainsi disposés, notre seconde jouissance me nourrit derechef par les deux orifices. Enlacés, rassasiés, nous laissâmes enfin le sommeil nous gagner.

Le jour nous éveilla dès l'aube ; Nándor, déjà habillé, se hâta de reboutonner mes vêtements avant l'arrivée des palefreniers. Même dépouillés de leur magie nocturne, le décor et son officiant n'en conservaient pas moins un charme duquel il me fut difficile de m'abstraire. Personne, néanmoins, ne parut remarquer mon trouble et la journée s'écoula en fiévreux conciliabules autour du *Polisson.*

Mon amant, si souverain entre mes bras, se fit extrêmement discret au-dehors, évitant mes regards et semblant craindre ceux de Kempelen. Sa prestation, à la veillée, fut tout aussi circonspecte. Lorsque, à l'instant de se retirer, je le vis gravir l'escalier avec son maître, j'imaginai, plein d'espérance, qu'il me rejoindrait dans ma chambre et je congédiai Bruno. Mais je dus déchanter et passai une nuit fort désagréable.

Mon premier soin, au matin suivant, fut donc de tirer Nándor à part dans un salon pour exiger des explications. Il eut une moue désolée.

— Je n'aurais point dû vous attirer dans cette grange, gémit-il. J'appartiens à Wolfgang, voyez-vous : avant de le rencontrer, je n'étais qu'un phénomène de foire. Il m'a racheté à mes anciens patrons — de vrais scélérats — et a su m'aimer pour ce que j'étais. Je lui en serai à jamais reconnaissant et ne le voudrais blesser pour rien au monde. Même si nos jeux, désormais, ne se résument plus guère qu'aux échecs, il reste extrêmement jaloux. Si vous saviez combien son âme est tortueuse !

Je me sentis pâlir. Décelant mon émoi, Nándor saisit mes doigts et les porta à ses lèvres.

— Je ne puis tout vous dire, murmura-t-il, mais je vous supplie de croire en la sincérité de mes sentiments. Croyez également que je rêve d'en renouveler le témoignage et que je le ferai, si vous le voulez encore et si notre séjour céans le permet.

Nos étreintes, dès lors, furent aussi rares que furtives, ce qui eut pour effet de me rendre à ma passion première pour mon distant gendarme-compositeur. Lequel nous vint visiter à deux ou trois reprises, ne résidant que le temps de raviver ma flamme, et celle de ma belle-mère. Celle-ci eût probablement préféré suivre son mari chez la marquise de Montesson mais,

Henry-Saül ne se lassant pas de son immense baudruche et faisant le siège de l'atelier de nos mécaniciens, elle ne put se résoudre à abandonner sa fille et son petit-fils à mes soins par trop irréguliers.

L'automne arriva vite, et avec lui les premiers essais d'un *Polisson* enfin débarrassé de ses câbles : Kempelen et Blanchard étaient en effet parvenus, après moult échecs et au prix d'une place en moins dans la nacelle, à mettre au point un mécanisme d'horlogerie dont la démultiplication permettait aux hélices, allégées et déportées de part et d'autre de l'aérostat, de fonctionner ensemble ou séparément selon que l'on souhaitait avancer ou tourner. Une voile amovible pouvait être déployée à l'avant ou à l'arrière. La vitesse était limitée, surtout contre le vent, mais le progrès indéniable, ainsi que j'en pus faire maintes fois l'expérience.

L'éloignement de Paris et le grand nombre de tentatives réalisées un peu partout dans le royaume évitèrent que le secret fût éventé mais j'eus, un matin d'octobre, la surprise d'apercevoir depuis mon perchoir aérien une imposante berline se diriger vers le château. Je fis immédiatement atterrir et sortis du vaisseau à l'instant où les occupants de la voiture mettaient pied à terre : à mon immense stupéfaction, la Reine en personne, accompagnée de Monsieur comte de Provence, de mon ami Charles de Damas et d'un vieillard inconnu, tous quatre *en polisson,* vinrent à ma rencontre.

J'étais à ce point abasourdi que je ne me rendis pas immédiatement compte de ce que notre protecteur, que je n'avais revu depuis plusieurs années, avait pris force embonpoint. Ma mine ébaubie le fit éclater de rire.

— Ferme la bouche, s'exclama-t-il, on dirait un mascaron !

— Madame, bredouillai-je en m'agenouillant aux pieds de notre souveraine…

— Relevez-vous marquis, sourit-elle, nous ne sommes point à la Cour !

Le sexagénaire au teint cireux qui avait débarqué avec mes illustres visiteurs s'inclina pour se présenter.

— Je suis le comte d'Oëls, annonça-t-il avec un affreux accent prussien. Mon cher neveu Gustave vous aura peut-être parlé de moi ?

J'acquiesçai en me gardant de relater au soi-disant comte — plus certainement prince Henry de Prusse en voyage *incognito* — avec quel soin son *cher neveu* avait évité de croiser sa route. Charles indiqua alors que ces augustes visiteurs, installés à Fontainebleau avec la Cour, s'en étaient échappés pour la journée aux seules fins de découvrir mon aérostat avant tout le monde — soit, compris-je, *avant le Roi.*

— Il y a une autre raison, ajouta notre souveraine en me tendant un pli. Voici une lettre de Madame votre mère ; vous nous obligerez beaucoup en y répondant avant notre départ.

Bien que brûlant d'en découvrir le contenu, j'accompagnai nos apprentis aéronautes jusqu'au *Polisson.* La Reine fit au baron de Kempelen l'honneur de bien vouloir le reconnaître, et je lui présentai Blanchard.

— Sa Majesté montera-t-elle en ballon ? s'inquiéta-t-il, très intimidé.

— La Reine de France ne saurait mettre sa vie en péril, répliqua notre souveraine, mais Marie-Antoinette en meurt d'envie ! Puis-je compter sur votre discrétion ?

Chacun mit la main sur le cœur, puis Blanchard et Kempelen se disputèrent brièvement la gloire de porter Marie-Antoinette dans les cieux.

— Si Monsieur le marquis le veut bien, reprit-elle à mon intention, je monterai seule avec ces messieurs.

Je m'inclinai. Le comte de Provence, après que j'eus renouvelé de vive voix les remerciements que, depuis des mois, je lui mandais par écrit, confia que Louis XVI, prévenu de l'existence de l'aérostat seulement deux jours auparavant, désirait tout aussi ardemment éprouver en tant que simple particulier ce qui était interdit au Roi.

— Ton affaire est en bonne voie, glissa-t-il à mon oreille. Le comte de Haga en a rebattu les oreilles de Sa Majesté et il semble que même Madame ta mère s'en veuille mêler.

J'ouvris aussitôt la missive confiée par la Reine.

« Très cher fils, était-il écrit, veuille le Ciel que vous compreniez et pardonniez au silence dans lequel Monsieur votre père et moi-même vous avons tenu. Rien n'excuse votre conduite mais il serait injuste que vous payassiez pour les péchés d'autrui. Nous devons à l'infinie bonté de Leurs Majestés d'avoir, en dépit du déshonneur, conservé notre rang et le respect de la Cour. Mesdemoiselles vos sœurs n'en ont pas moins, depuis leurs noces, déserté notre porte ; Hortense-Marie, surtout, que votre sort a particulièrement émue. Il ne m'appartient point de me substituer à qui de droit pour vous annoncer une heureuse nouvelle mais je tiens par avance à ce que vous sachiez combien nous nous en réjouissons. Nous ne pourrons malheureusement nous revoir ailleurs qu'en vos propres murs : accepterez-vous de nous y recevoir ? J'espère votre réponse. »

Atteint malgré moi par ce que je venais de lire, j'écoutai à peine Damas évoquer la récente naissance de sa fille et aidai distraitement notre souveraine, ravie par son expérience aérienne, à laisser place aux comtes de Provence et d'Oëls.

— Me présenterez-vous votre maison ? demanda-t-elle gracieusement en posant sa main sur la mienne.

L'esprit toujours préoccupé, je nous fis parcourir les quelques toises qui nous séparaient du perron devant lequel, depuis plusieurs minutes, nos gens étaient assemblés. J'introduisis d'abord Pauline et mon fils, puis ma belle-mère et l'intendant Mondétour — « Votre famille par alliance, n'est-ce pas ? C'est assez noir, tout de même ! » —, Nándor et Bruno — « Quelle ménagerie vous avez là ! » — avant le reste de la maison, à qui la Reine se contenta de sourire. Nous gravîmes enfin les degrés pour prendre un rafraîchissement dans le grand salon, où j'entretins péniblement la conversation jusqu'au retour de nos aéronautes. Ce fut Sa Majesté elle-même qui m'ordonna de me mettre à l'écritoire.

Passée une dizaine de brouillons, l'évidence s'imposa : j'avais à la fois trop et insuffisamment à dire à mes parents pour une seule lettre, vérité simple que je retranscrivis en une phrase avant de cacheter mon pli.

La berline royale repartit moins de deux heures après son arrivée.

Quelques jours plus tard, le marquis de Dreux-Brézé vint avec suffisance, du haut de sa charge de Grand maître des cérémonies, renouveler les interdictions de l'année précédente et en ajouter de nouvelles : outre la participation aux chasses royales, il me serait interdit de présenter quiconque à Sa Majesté, même après que celle-ci eut officialisé mon retour en grâce, ni mentionner le *Polisson* !

— Vous comprendrez, ajouta le Grand maître sur un ton condescendant, que la personne sacrée du Roi ne puisse être exposée à un péril quelconque ; je ne vous ferai pas l'insulte d'évoquer ce qu'il en pourrait résulter pour vous et votre parentèle… Si Sa Majesté en formulait elle-même le vœu, votre devoir suprême serait de lui représenter, avec le respect mais aussi la fermeté nécessaires, les dangers d'une telle entreprise et, le cas échéant, de veiller à ce que le plus grand secret entoure cette… aventure.

La meute et les chevaux royaux occupèrent bientôt leurs quartiers dans les communs du château cependant qu'un camp de toile s'élevait derechef face à mes grilles. Je fus brièvement tenté de dégonfler les poumons du *Polisson* mais, ne souhaitant pas davantage décevoir notre illustre visiteur que complaire à son détestable envoyé, je décidai de n'en rien faire.

Le Roi m'en sut gré dès son arrivée : apercevant l'aérostat, il s'y précipita avec la même hâte que naguère mon rejeton. Le soi-disant comte d'Oëls, de nouveau en visite, le suivit à toutes jambes ; mon cher maréchal de Richelieu prit quant à lui appui sur mon bras pour effectuer la distance. Je n'eus pas le temps d'opposer quoi que ce fût au Roi : invitant Oëls à l'imiter, Louis XVI grimpa en un éclair dans la nacelle. « Si le ballon tombe, songeai-je furtivement, c'en est fini des Mondétour… » Mais il ne tomba pas et passa plus d'une heure à décrire de grands cercles au-dessus du château.

Richelieu, qui n'avait aucune intention d'imiter nos illustres aéronautes, en profita pour deviser.

— Savez-vous, indiqua-t-il en préambule, qu'à la suite du libelle publié il y a deux ans par votre ami le comte de Mirabeau sur *les lettres de cachet et les prisons d'État,* Sa Majesté avait récemment vidé de prisonniers et ouvert à la visite le donjon de Vincennes dont vous connûtes les rigueurs ? Je me suis laissé dire que la princesse votre mère s'y était discrètement rendue. Cela explique sans doute en partie le changement de doctrine de vos nobles géniteurs mais il demeure que la conduite répréhensible de Monsieur votre frère a été, d'entre vos alliés, le plus efficace. Je passe sur la brutalité de son administration des biens que le duc-prince votre père lui a imprudemment confiés, et sur les folles dépenses qu'il y a engagées ; ce qui a choqué, c'est qu'il osât légitimer le bâtard que la fille Crespé — une *demoiselle Théodore*, gourgandine dansante déguisée en Vertu — lui a donné en juin dernier. Et qu'il s'en vantât, au prétexte que vous aviez engendré du moricaud ! La prétendue demoiselle s'est, depuis lors, exilée dans Bordeaux avec sa progéniture — baptisée Philippe, si mes informations sont exactes — où il paraît qu'elle a épousé le maître de ballet Dauberval et où les avocats de votre marquis la poursuivent pour obtenir restitution de l'enfant. Cette affaire ridicule n'aurait guère percé si le duc-prince ne s'en était ouvert au Roi devant témoins ; mais là encore, cette publicité a joué en votre faveur car de nombreuses voix se sont aussitôt élevées pour tympaniser l'iniquité de votre sort. La messe, dès lors, était dite : Monsieur votre père, qui certainement ne demandait pas mieux, a bien vite retiré à votre aîné ses derniers droits sur votre destin, ce que Sa Majesté ne manquera point, tout à l'heure, de confirmer. Oh, certes, vous ne serez probablement pas réhabilité devant la Cour avant longtemps, mais le plus dur est passé. Il ne vous restera plus qu'à vous réconcilier avec votre parentèle, conforter votre noiraud dans ses droits légitimes et contenir l'acrimonie de votre ennemi.

La tâche me parut colossale mais je tâchai de partager l'enthousiasme de mon éternel mentor, dont la bouche édentée et les profondes orbites s'agitaient en un sourire macabre. Lui trouvant une communauté de ressemblance avec le vieux Voltaire, je lui en fis part.

— J'acquitte votre sotte jeunesse, ricana-t-il. Certains impertinents prétendent que je deviens gâteux, que je m'accroche trop à l'existence. Et pourquoi, dites-moi, si Dieu en a décidé ainsi, ne vivrais-je point cent ans et au-delà ? — Son visage, soudain, se fit plus sérieux : voilà, grogna-t-il, qui me rappelle autre chose. Je vous ai narré, ce me semble, comment le duc-prince avait fui naguère les Petites Tuileries. Vous aurez su ce que l'on raconte au sujet de ce spectre qui hanterait les lieux...

— Allez-vous me dire que vous y ajoutez foi ? m'esclaffai-je.

— Votre ancêtre y croyait.

— C'était il y a longtemps !

— En effet : très exactement en 1721. Le propriétaire de ce qui ne s'appelait pas encore Petites Tuileries était un seigneur de la maison de Condé, ami intime de votre bisaïeul. La horde du bandit Cartouche s'abattit sur l'endroit pour commettre un massacre. Henry Ier de Mondétour, de ses mains, dépendit dans les communs le corps profané du malheureux seigneur. À l'époque je ne connaissais point votre arrière-grand-père, devenu son légataire, mais je tiens tout cela de sa bouche. Le défunt se serait manifesté immédiatement après la tuerie. Il y eut, quelques années plus tard, un incendie au domaine : la voix, alors, s'évanouit ; sauf pour Henry...

— Je vois.

— Vous ne voyez rien du tout ! Votre ancêtre était parfaitement sain d'esprit ! Il ne m'a d'ailleurs révélé la chose que fort tard, peu de temps, hélas, avant de disparaître. Le timbre de son ami résonnait à ses seules oreilles, et uniquement dans la clairière où est élevé le cénotaphe dédié aux victimes du massacre, et où reposent également les tauliers successifs des Petites Tuileries. Selon votre arrière-grand-père, seul le chef de la lignée des Mondétour pouvait ouïr ces accents, où se mêlaient présent et passé... J'ai tout lieu de croire que c'est cette même voix qui a terrifié Monsieur votre père : n'est-il pas, en effet, le maître actuel de la maison de Mondétour ? Sa réticence à visiter les lieux lui aura longtemps fait éviter, volontairement ou non, la clairière en question ; et quand enfin il y pénètre…

— *Ah, pauvre Sganarelle, où te cacheras-tu ?*[26]

Mon interlocuteur ricana malgré lui et haussa les sourcils.

— Voyez en moi un Commandeur qui vous fait loi de vérifier par vous-même sa parole et, le jour venu, de vous en repentir ! grimaça-t-il.

Henry-Saül avait échappé à la vigilance de son aïeule. Accouru, il ouvrit de grands yeux : Richelieu éclata d'un rire sardonien qui expédia aussitôt le bambin dans mes bras. La descente du *Polisson* interrompit la pantomime ; Louis XVI, rayonnant de bonheur, caressa les boucles de mon fils.

— Je devine qui il est, sourit-il ; vous n'aurez point à déroger aux ordres de Monsieur de Dreux-Brézé… J'espère que mes propres enfants auront un jour la chance de faire un voyage aussi merveilleux sans avoir à s'en cacher… Convoquez votre maison : ma visite doit rester discrète mais non point votre réhabilitation.

L'intendant, qui se tenait à distance, obéit aussitôt. Moins d'un quart d'heure plus tard, la suite royale rejoignait mes gens devant le perron. Je mis genou à terre.

— Marquis de Mondétour-Trémainville, annonça le Roi d'une voix forte, notre cousin le duc-prince votre père a jadis craint n'avoir plus de fils ; nous proclamons céans qu'il en a recouvré un, amendé et rédimé, digne de sa tendresse et de la nôtre !

Le souverain me donna sa main à baiser puis il saisit la mienne pour me relever au milieu des acclamations. J'avais beau savoir que cet affranchissement ne serait pas sans conditions, mon cœur s'emplit de fierté et mes yeux de larmes.

---

26. Molière, *Dom Juan* IV-7.

Le Roi chassa durant quatre jours et fit maintes ascensions en ballon, tentant même, mais sans grand succès, de tirer le gibier depuis la nacelle. Il distingua quelques intimes en les conviant à bord, privilège qu'il m'accorda le dernier soir.

Était-ce la hauteur, la brise, le très beau coucher de soleil que nous eûmes cette vêprée-là ? Louis XVI fut presque volubile, évoquant avec d'amples gestes les progrès techniques, les sciences, la Raison, condamnant l'aveuglement de la vieille Cour et l'ignorance de la haute noblesse, louant les philosophes et prédisant au royaume *un beau XIXe siècle où le peuple éclairé voyagera en diligence aérienne.* S'il n'eût été notre monarque, je l'eusse embrassé.

— La princesse votre mère viendra bientôt vous visiter dans Paris, confia-t-il. Elle a insisté auprès de la Reine pour que je l'autorisasse à vous remettre en personne l'acte d'élargissement. Présentez-lui votre famille sans barguigner : les Mondétour ont bel et bien un héritier légitime qu'ils doivent reconnaître. Votre père, avec qui je m'en suis maintes fois entretenu, finira par quitter la stérile intransigeance dans laquelle il s'est enfermé et qui le fait souffrir. Croyez enfin que je regrette de ne pouvoir mieux vous gratifier, ni vous admettre de nouveau à la Cour avec Madame votre épouse. Laissons faire le temps : *ce pays-ci* a connu plus grands scandales mais il a ses lois, que le Roi lui-même ne saurait enfreindre.

VIII

J'avais tant hâte de regagner notre capitale que je laissai à peine une semaine d'avance au majordome, à mon fidèle Bruno et à la domesticité de la rue des Marais-Saint-Germain pour préparer notre retour. Ayant appris à manœuvrer moi-même le *Polisson* — congédiés, Kempelen et Blanchard étaient repartis généreusement rémunérés —, j'espérais faire dans Paris une entrée remarquée.

Pauline, à son habitude, refusa opiniâtrement de me suivre. Je ne l'y contraignis point mais dus fermement marquer à ma belle-mère ma décision d'accéder au souhait d'Henry-Saül de voyager en ma compagnie. Les deux femmes, leurs suivantes et le précepteur s'entassèrent donc dans plusieurs carrosses cependant que mon rejeton et moi-même prenions vaillamment place dans la nacelle.

J'avais déjà, avec nos mécaniciens, effectué des vols de plusieurs heures au-dessus de mes domaines mais jamais encore en dehors. Blanchard assurait qu'une carte et une boussole suffiraient mais, dans les airs, avec mon fils pour seul adjoint, la chose perdit rapidement en évidence. Partis dès l'aube, nous nous égarâmes vers Melun, dérivâmes jusqu'à Vaux-le-Vicomte, d'où nous suivîmes la route de Montereau. Henry-Saül, fasciné par le spectacle, faisait de grands signes en contrebas et ignorait mes allées et venues fiévreuses de la carte à la boussole et de la gouverne aux remontoirs. Nous prîmes un repas au surplomb de la forêt de Sénart, après quoi la Seine fut à portée, scintillant chemin vers Paris. Le soleil, hélas, se coucha trop tôt et nous ne dûmes notre salut qu'à la pleine lune, dont l'argenture prit le relais sur les eaux du fleuve.

Il devait être dans les trois heures de la nuit lorsque se découpèrent au loin les tours de Notre-Dame. Une fois identifiée la rue des Marais-Saint-Germain, il s'avéra impossible de reconnaître la cour de notre maison. Nous fûmes contraints d'attendre, harassés et transis, que l'aurore pointât.

Mon concierge, prévenu de notre arrivée, découvrit l'aérostat et, attrapant à la volée l'amarre salvatrice, la fixa à un anneau. La nacelle du *Polisson* occupait moins de place qu'un carrosse mais son poumon emplissait pratiquement tout l'espace au niveau du premier étage : j'anticipai qu'il faudrait vite lui trouver un plus vaste enclos.

Mesdames, arrivées la veille au soir, n'étant point encore éveillées, nous nous réfugiâmes, sitôt descendus de notre perchoir, devant la cheminée du grand salon, où nous les attendîmes en dévorant des pâtisseries. L'endroit paraissait n'avoir guère changé depuis le fatal printemps 1779 : un peu fané, peut-être, dans ses tapis et ses tentures, sentant l'humide et le vieux bois, mais toujours brillant en ses lustres et ses glaces. Je n'eus toutefois guère le temps de méditer sur le temps qui passe car Madame Bologne de Saint-George, à peine habillée et non encore poudrée, surgit telle Junon.

— Je sais, lançai-je avant qu'elle n'ouvrît la bouche ; nous sommes arrivés après vous. Merci pour votre sollicitude. Vous pourrez rejoindre dès aujourd'hui votre mari.

— Mais, bredouilla mon interlocutrice, Pauline… Henry-Saül…

— Ma femme ne manquera point de faire appel à vous s'il advenait qu'elle en eût besoin ; quant à mon héritier, il a un père, je crois.

Junon rendit les armes.

— Me laisserez-vous préparer mon départ ? s'enquit-elle en se forçant à sourire.

J'acquiesçai du menton, le cœur brièvement pincé à l'idée d'avoir offensé l'épouse de celui, qu'en dépit de tout, je persistais à aimer. Henry-Saül, naturellement curieux d'explorer une demeure dont il ne pouvait conserver grand souvenir, quitta alors la table pour précéder son aïeule dans l'escalier.

Je redoutais un éclat, il n'y en eut aucun : Pauline, Marion et leurs suivantes redescendirent une demi-heure plus tard en robe de ville, l'air détendu. Mon rejeton avait repris l'étude avec son précepteur.

— Madame votre épouse et moi-même irons d'abord à l'église, annonça posément ma belle-mère. Je nous ferai ensuite transporter chez Son Altesse Sérénissime le duc d'Orléans : mon époux y sera sans doute, que j'instruirai de votre souhait d'affranchir votre famille de toute tutelle. — Elle détourna le regard : Je savais que cela arriverait, murmura-t-elle, mais vous comprendrez que j'aie du mal à m'en réjouir, quand bien je le devrais... Nous ne sommes point ennemis, n'est-ce pas ?

Je pris, en réponse, ses doigts pour les baiser.

Loin de s'irriter de ma décision, mon bien-aimé gendarme-compositeur m'en félicita :

« Notre Marion apprendra, comme notre Pauline, à vivre pour et par elle-même, écrivit-il peu de temps après l'installation définitive de ma belle-mère à ses côtés. Il ne me déplaît point de m'assagir un peu aussi. Espérons que tes nouvelles responsabilités n'obéreront pas trop ce qu'en toi il reste de jeunesse... »

Au grand dam d'Henry-Saül — à qui il fallut trouver d'urgence une nouvelle passion, qui fut l'équitation —, le *Polisson* quitta notre cour pour le parc, infiniment plus vaste, du Comte de Provence à Brunoy. Je l'y conduisis moi-même en compagnie de Bruno, ce qui nous valut un succès certain, tant de la part des Parisiens lorsque nous survolâmes la capitale, que des courtisans invités aux fêtes perpétuelles de notre bienfaiteur.

— J'ai parié contre le comte de Fersen que tu te rendrais en Suède par la voie des airs, indiqua celui-ci en me donnant l'accolade au sortir de la nacelle ; ne me fais pas perdre !

N'osant répondre qu'un périple aussi aventureux ne me tentait guère, je détournai la conversation sur le sujet des magnifiques jardins qui s'étendaient autour de nous et évoquai maladroitement leur coût considérable. Je m'entendis rétorquer que ces prodigalités étaient moins daubées à la Cour que celles, proportionnellement plus importantes, que mon frère avaient engagées, malgré les réticences de mon père, sur nos terres de Choisy :

— Il a osé appeler ça *Choisy-Mondétour* ! s'esclaffa mon hôte. Un manoir aussi ridicule que son propriétaire, officiellement affecté à la chasse mais dont chacun sait qu'il le destinait à cette danseuse dont il a eu un bâtard et qui l'a fait cocu avec un sodomite !

Son rire énorme, bien qu'aux dépens de mon ennemi, ne me fut d'aucun réconfort : je songeai au duc-prince, prisonnier de sa propre morale, bouffon involontaire par le truchement de sa progéniture, et j'en eus grand honte.

Peu après Noël, la princesse ma mère annonça son passage rue des Marais-Saint-Germain. Nous avions convenu avec

Joseph de ce que lui et Marion se tiendraient dans un salon attenant, avec mon épouse et mon fils. Le jour venu, un carrosse blasonné aux armes de Mondétour s'immobilisa dans la cour. J'ouvris moi-même la portière : ma visiteuse, belle encore malgré ses quarante-six ans, portait une robe de taffetas puce rehaussée de rubis, gemmes qui ornaient également l'aigrette accrochée à son ample coiffure.

— Je viens de chez Sa Majesté, s'excusa-t-elle en guise de salut.

Je nous conduisis dans un petit cabinet du rez-de-chaussée où je fis servir un chocolat. Nous demeurâmes de longs instants sans rien dire, osant à peine nous regarder, puis ma mère tira de sa manche un feuillet cacheté de fleurs de lys.

— Voici, chuchota-t-elle en me le tendant. Vous savez ce qu'il contient…

— Vous Madame, en exempt de Sa Majesté, murmurai-je, qui l'eut imaginé ?

— Dieu nous a éprouvés… Votre frère a toujours été impétueux… Il est certes bon de ne jamais renoncer ; mais de là à pécher, et de quel péché ! Votre seul tort, mon cher fils, aura été, en quelque sorte, d'allumer la mèche…

— Et je vous en demande pardon.

La princesse leva sur moi des yeux brillants.

— Les fautes sont partagées, souffla-t-elle. Votre père et moi-même devrions…

Je lui fis signe de ne pas poursuivre. Nous achevâmes sans un mot notre boisson, puis je proposai à mon hôtesse de lui présenter ma famille. Son regard quitta aussitôt le mien.

— Je vous dois d'abord confier quelque chose, marmotta-t-elle… Vous savez que je fus élevée, après l'exil puis le décès de votre aïeule, par feue votre grand-mère paternelle Françoise-

Aymone[27]… Devenue ma belle-mère, elle semblait partager, avec Louise-Blanche d'Ystirac sa belle-sœur, nombre de mystères qui excitaient nos esprits — je joins votre père à la chose car nous fûmes enfants ensemble en l'hôtel d'Ystirac, de même d'ailleurs que Mademoiselle Marion… Peu avant de mourir, votre grand-mère, au parloir de son couvent, a proféré d'étranges paroles que j'ai voulu attribuer à l'imminence du trépas : il était question de bâtardise et du feu roi. Je n'y ai guère ajouté foi, même lorsqu'elle a indiqué que la marquise douairière d'Ystirac était, après elle, l'ultime dépositaire de ses secrets. Lorsque la nouvelle de vos noces morganatiques et leur terrible résultat est parvenue aux oreilles de Louise-Blanche, celle-ci a fait le voyage de Versailles à la seule fin de nous reprocher notre attitude. Quel affront ! Elle n'a nommé personne mais s'est étonnée — je n'ai point oublié la crudité ni l'arrogance du propos — de ce que notre sang fût assez corrompu pour méconnaître ses devoirs ! Votre père l'a immédiatement fait reconduire et nous ne l'avons jamais revue. Le doute s'est néanmoins instillé, que les excès d'Henry-François n'ont fait que renforcer. Ouïr jusqu'à Leurs Majestés plaider votre cause nous a fortement ébranlés. Votre père, cependant, s'il a plié devant si illustres avocats, demeure convaincu de la justesse de ses rigueurs à votre encontre, auxquelles désormais il adjoint votre frère. Je le puis certes comprendre, mais non quand il jure ne plus avoir de fils. Car Dieu a voulu que nous en eussions, et qu'à cette bénédiction s'ajoutât celle d'un héritier légitime — sa voix se brisa — quelque morganatique qu'il puisse être !

Je ne tentai pas d'endiguer ses larmes mais dus refréner les questions qui me taraudaient.

---

27. Cf. *Le Gentilhomme assassin.*

— Souhaitez-vous connaître cet héritier ? glissai-je.

Elle approuva de la tête. Je m'en fus quérir Henry-Saül. Égarant ses doigts parmi les boucles brunes de mon rejeton, ma mère eut un pâle sourire.

— C'est bien, marmonna-t-elle comme pour se convaincre… Savez-vous qui je suis ?

Mon petit comte acquiesça timidement. La princesse se remit à pleurer. Je reconduisis mon fils dans le salon attenant où je tentai brièvement d'amoindrir l'anxiété de ma parentèle. Quand je revins auprès de la princesse, celle-ci s'était levée.

— Pardonnez à ma faiblesse, gémit-elle ; je ne puis souffrir davantage le sinistre spectacle que je donne. Je reviendrai bientôt, si vous le voulez bien, et nous achèverons de nous reconnaître.

Je m'inclinai. À l'instant de remonter dans son carrosse, ma visiteuse se pencha à mon oreille.

— Je vous trouve très bien mûri, chuchota-t-elle, et votre enfant est un vrai chérubin.

Elle ne se fit pas annoncer de nouveau avant l'anniversaire d'Henry-Saül, le 21 janvier 1785, jour tragique s'il en fut.

J'avais commandé à Monsieur Greuze un portrait de mon rejeton qui nous avait été livré l'avant-veille et trônait, à côté d'autres cadeaux, sur un chevalet du grand salon où chacun s'était assemblé pour l'admirer. La princesse, cet après-midi-là, arborait une éclatante robe céladon et la fameuse parure d'émeraudes offerte par le Régent à feue ma bisaïeule. Je voulus y voir un hommage et, inférant que ma mère s'y était préparée, lui présentai aussitôt ma famille. Pauline et Marion, en un geste quelque peu théâtral, s'agenouillèrent ensemble pour baiser le bas de son vêtement.

— Je ne suis point la Reine ! protesta-t-elle en me jetant en coin un regard affolé. Je suis votre parente !

L'attention, concentrée sur Henry-Saül, scella pour ainsi dire la réconciliation. Je comptais profiter des bonnes dispositions de notre visiteuse pour m'isoler avec elle afin d'en obtenir les réponses aux questions que je continuais à me poser mais la fatalité en décida autrement : le maréchal de Richelieu — du moins le crûmes-nous à la lecture du billet qui accompagnait le présent — avait en effet mandé un confiseur livrer à mon fils une pleine boîte de friandises multicolores dans laquelle nous puisâmes indistinctement. Je fus parmi les premiers à ressentir d'atroces brûlures d'estomac qui me précipitèrent à l'office, où je vomis avant de perdre connaissance.

Je revins à moi dans mon lit deux jours plus tard, veillé par un Bruno aux yeux rougis de larmes et de fatigue :

— Hélas, Messire, se lamenta mon valet, on a voulu vous tuer ! Votre Seigneurie, Monsieur Henry-Saül et Monsieur Bologne vous êtes réveillés mais… — Il enfouit son visage entre ses mains. Madame Pauline est morte, sanglota-t-il, et l'on ne sait point à cette heure si Son Altesse et Madame Marion en réchapperont !

En larmes à mon tour, les sens égarés, le ventre plus douloureux qu'après un coup de poing, je tentai vainement de me relever. Mes cris alertèrent la maison ; Joseph, péniblement appuyé à l'épaule d'un laquais, vint me rejoindre.

— Ton fils est sauf, s'empressa-t-il d'annoncer. Je me suis permis de le confier à Madame de Montesson en attendant ta guérison. La princesse ta mère, que l'on a reconduite chez elle, et notre chère Marion qui est ici, devraient survivre ; il le faut ! Ton père, à qui j'ai dû annoncer l'effroyable nouvelle, a juré qu'il poursuivrait l'assassin jusque dans la tombe. Chacun devine de qui il s'agit, mais faute de preuve… Le pauvre Richelieu a confirmé, horrifié, n'avoir rien envoyé à Henry-Saül… Malheureuse Pauline : son corps…

Il s'effondra à mon chevet.

Le cercueil plombé de mon innocente épouse fut confié aux pères de l'abbaye de Saint-Germain-des-Prés en attendant de reposer, ainsi que j'en avais fait le serment, dans la crypte de Mondétour. Ma belle-mère, littéralement brisée par l'épreuve, en conserva une quasi-impossibilité de se mouvoir sur ses jambes.

Passés la rage et les sanglots, je songeai au scandale et réussis à me persuader moi-même, puis Joseph, de l'exigence que la fange levée par mon frère maudit n'éclaboussât point notre famille. Averti par nos soins, le lieutenant général de police Lenoir vint discrètement nous visiter. Il partageait nos soupçons et nos vues mais redoutait que le duc-prince, aussi aveugle qu'en d'autres circonstances, ne s'y opposât.

— Rien n'a encore filtré de la tragédie, assura-t-il. Peut-être l'ire de Son Altesse a-t-elle été temporairement contenue par Madame son épouse ? Je me ferai annoncer chez eux dès aujourd'hui. Il semble que vos domestiques croient toujours en un dramatique accident : ne les détrompons point. Je suggère également que le jeune comte de Mondétour-Trémainville demeure par sécurité chez Son Altesse Sérénissime le duc d'Orléans ; Madame de Saint-George pourra sans doute l'y rejoindre une fois rétablie. Le meilleur moyen d'écarter la menace mortelle que le marquis de Morienval exerce désormais sur les vôtres serait sans doute que Sa Majesté, pour une raison ou une autre, l'exilât en son château. Mais Monsieur votre père acceptera-t-il de présenter semblable requête ?

Lenoir repartit avec un placet pour ma mère, dans lequel je la suppliais de faire en sorte que le duc-prince accédât aux demandes du lieutenant général de police. Celui-ci revint dès le lendemain avec la réponse.

— Monsieur votre père n'a cessé de répéter n'avoir plus de fils et n'en point vouloir ouïr parler, grogna-t-il. Il est heureux que Madame votre mère ait repris l'ascendant : l'idée de confiner Monsieur votre frère a aisément emporté son adhésion. La chose devrait être présentée à Sa Majesté la Reine afin qu'une lettre de cachet soit au plus vite signifiée au suspect.

L'affaire suivit un cours rapide : le 2 février, mon maudit marquis et les siens quittaient Paris pour le château de Morienval où, rapporta Lenoir, leur étaient faites les mêmes défenses qu'à moi-même quelques années plus tôt. Les Laspasses se virent confier de nouveau la pleine administration de nos biens, et ma mère me fit savoir qu'elle avait obtenu du duc-prince, sinon l'autorisation de me présenter à lui, du moins celle d'ensevelir Pauline dans le caveau familial.

Revoir Mondétour en pareille circonstance s'avéra une épreuve d'autant plus douloureuse que les nombreux participants à la liturgie, volontairement tenus dans l'ignorance du meurtre, évoquaient le mauvais sort avec une résignation difficilement acceptable pour qui savait les vraies raisons du décès. Il me fut un déplaisir supplémentaire de subir le sermon du père Briard, traître que j'eusse volontiers châtié. Sans doute le devina-t-il car il ne s'attarda guère.

Nous prîmes, avec ma mère, le vieux Richelieu, les Villette, l'ami Damas, les Bologne et *mes* Mondétour, un bien triste repas dans la salle principale du château, où notre persécuteur demeurait présent par les modifications qu'il y avait faites et l'immense portrait trônant au-dessus de la cheminée, que les domestiques n'avaient pas eu à l'esprit de dissimuler. À considérer l'affliction inconsolable de ma belle-mère — qui ne se déplaçait plus qu'au moyen d'un fauteuil garni de roues —, je fus soulagé de savoir l'intendant Jean Mondétour bloqué par les neiges de Trémainville, et mon fils au Raincy par la prévenance de la marquise de Montesson.

L'hiver passa avec le chagrin, sans autre nouvelle de mon frère assassin.

Me sentant un peu seul rue des Marais-Saint-Germain, je suivis la petite Cour du duc d'Orléans et assistai notamment aux efforts grandiloquents, quoique sans réel effet, du magnétiseur Mesmer pour rendre ses jambes à notre Marion. Henry-Saül, à qui l'on avait raconté que sa maman était partie pour un long voyage, demanda de moins en moins souvent à emprunter le *Polisson* — abandonné chez le comte de Provence — afin de la rejoindre, requête qui déchirait mon cœur.

Avec le printemps, un petit duc de Normandie fut offert par nos souverains à la France : l'événement rassura ceux qu'inquiétait la santé fragile du Dauphin. Les tenants de l'inoculation contre la petite vérole en profitèrent pour persuader les sceptiques, parmi lesquels je comptais, des vertus du procédé. Succombant à l'entêtement de mes hôtes, je fus le premier Mondétour qui expérimentât la chose. À cela aussi je survécus, consentant à ce que mon rejeton en bénéficiât.

Ne pouvant nous visiter chez les *mauvais* Orléans — les bons étant ceux du duc de Chartres — ma mère m'écrivit souvent, particulièrement au sujet de son époux que les récentes épreuves avaient privé de toute appétence pour la vie.

« Si nous n'y prenions garde, affirmait-elle dans l'une de ses lettres, il se laisserait mourir de faim et de soif. Le voilà languide et mélancolique comme si le venin dont nous avons été victimes avait empoisonné son âme. Même les préparatifs du voyage de Monsieur de La Pérouse, qui excitent tout le monde, le laissent indifférent. »

Le lieutenant général de police se déplaça en juin jusqu'à Sainte-Assise pour m'informer de ses investigations.

— Monsieur votre frère ne semble guère enclin à accepter son lot, indiqua-t-il. Non seulement il clame son innocence mais il multiplie les procédures. Celle pour récupérer la tutelle de son fils adultérin n'ayant point encore abouti, c'est contre Madame votre mère et vous-même qu'il prétend désormais se retourner, au motif que vous abuseriez de la faiblesse de Son Altesse le duc-prince. Je ne saurais trop vous recommander de recruter des avocats à même de contrer les siens.

Nicolas Bergasse étant invité au château, je lui présentai l'affaire : il accepta de la défendre.

L'étoile du lieutenant général de police pâlit hélas au cours de l'été : de plus en plus décrié pour ses méthodes — qui ne différaient pourtant qu'en bien de celles de ces prédécesseurs — il fut acculé à la démission et aussitôt remplacé par le falot Thiroux de Crosne.

Je m'apprêtais à partir pour Brunoy y faire ravaler le *Polisson* de sorte que le Roi en profitât lors de ses chasses à Trémainville lorsque la nouvelle de l'arrestation du richissime mais fort peu éclairé cardinal de Rohan parvint à notre connaissance. Qu'un scandale aussi embarrassant ne pût être étouffé et qu'au contraire Leurs Majestés veillassent à sa publicité nous parut d'une extrême maladresse : appréhender un tel seigneur un 15 août, en grande chape, dans la Galerie des Glaces, devant toute la Cour, et pour près de deux millions de livres de bijoux prétendument destinés à la Reine était pure folie !

À Brunoy, je trouvai le comte de Provence de fort mauvaise humeur après que la majesté royale fut, selon ses termes, rabaissée au rang de vaudeville. Le sujet du *Polisson* ne le dérida guère : la première traversée de la Manche, réussie par Blanchard en janvier, ayant coûté la vie au célèbre Pilâtre de Rozier en juin, les apprentis aéronautes étaient de moins en moins nombreux. Espérant que le Roi, à défaut des airs, honorerait mon vingt-cinquième anniversaire d'une chasse en mes forêts, je fis en sorte de reprendre possession de mon ballon sans trop froisser mon illustre protecteur. Charles de Damas et Bruno m'accompagnèrent sur le chemin de Trémainville.

L'intendant Jean Mondétour, que la vieillesse et les tracas liés à l'administration de mes terres avaient empêché de nous venir visiter depuis la tragédie du début d'année, ne put contenir ses larmes en apercevant mes habits de deuil. Bien que tenu à l'écart de la vérité, il avait inféré la responsabilité de mon frère maudit et craignait pour ma vie et celle d'Henry-Saül ; il ignorait, en revanche, les affres dans lesquelles se débattait mon père. Averti de ce que nous n'avions pris aucune mesure de protection supplémentaire pour nous garantir d'éventuels sicaires, il s'en inquiéta.

— Attendrez-vous un second attentat ? gémit-il. Monsieur Lenoir n'étant plus en poste, c'est à vous seul désormais d'assurer la sécurité des vôtres !

Malgré le chagrin et les alarmes, je célébrai avec faste mon quart de siècle, entouré d'êtres aimants, ce qui atténua la déception liée à l'absence de Sa Majesté. La princesse ma mère, qui s'était déplacée depuis Fontainebleau en compagnie du maréchal de Richelieu, expliqua que notre souverain, trop occupé à arbitrer un conflit territorial entre l'Autriche et les

Provinces Unies[28], avait annoncé ne point souhaiter giboyer cette année en dehors des forêts royales.

La présence parmi nous du duc d'Orléans et de son épouse contraignit ma génitrice à les saluer. Madame de Montesson en profita pour renouveler son vœu qu'un terme fût mis à leur ostracisme.

— Sa Majesté la Reine se rendra par eau à Fontainebleau au début du mois d'octobre, répondit évasivement ma mère ; l'embarcation passera nécessairement au pied de Sainte-Assise.

— Nous serons prêts ! s'exclama Charlotte de Montesson.

Marion, le soir venu, insista pour qu'un conseil se tînt au château avant que chacun ne regagnât son carrosse. Ma mère, résolument accommodante, agréa la proposition. On s'inquiéta de la santé du duc-prince, qui ne s'était guère améliorée, puis l'on convint de ce que les actions de mon maudit frère *via* ses avocats auguraient un long conflit qui ne garantissait pas pour autant la fin des attaques *ad personam* contre Henry-Saül ou moi-même. L'intendant répéta ses inquiétudes, moi mes objections à nous entourer de gens en armes et vivre comme des prisonniers. Ma belle-mère rappela la protection que nous offraient les princes.

— Jamais, martela-t-elle, le marquis de Morienval n'osera mander ses spadassins en pareilles maisons : il en va de la sienne ! Madame de Montesson le répète souvent : nous sommes les bienvenus sous son toit. Nous savons qu'il en va de même chez Son Altesse Royale le comte de Provence. Si Son Altesse la princesse de Mondétour pouvait persuader...

— Quand bien, interrompis-je, Madame ma mère parviendrait à convaincre son époux de nous faire de nouveau

28. Ancêtre des actuels Pays-Bas.

admettre à la Cour, il me déplaît de me savoir condamné à errer avec mon héritier de maisons royales en résidences princières sans autre espérance qu'un improbable changement dans l'âme de mon frère. S'il faut fuir, autant voir du pays !

Un silence effaré s'établit mais ma décision était arrêtée : avec le *Polisson* et l'aide de Dieu, j'emporterais mon rejeton aux confins du royaume, dans ce Béarn où notre race avait germé et où nous attendait le bel Aymery-Henry d'Ystirac-Sombrun ; ensuite, pourquoi pas la Suède ? Il n'était certes pas raisonnable d'entreprendre un tel périple avant le printemps suivant — j'en dus faire le serment à mes proches — mais j'écrivis aussitôt à mon fringant parent et commençai à consulter des cartes.

Outre l'imagination d'Henry-Saül, ce projet enflamma celle de la plupart de mes amis. Ce fut dans cette perspective enfiévrée que nous regagnâmes Sainte-Assise afin d'y attendre la Reine. Le duc d'Orléans, convaincu par son épouse, espérait comme elle ce signal d'un juste retour en grâce. Château et jardins avaient été admirablement ornés, buffet et concert attendaient quotidiennement la royale apparition ; plusieurs fois par jour, nos illustres hôtes interrogeaient le guetteur posté sur la terrasse.

Le yacht aux rames d'or se laissa désirer vingt et un matins. Quand enfin le splendide bâtiment apparut dans la boucle du fleuve, chacun accourut en poussant des acclamations et l'orchestre entonna un hymne en l'honneur de notre souveraine. Madame de Montesson en pleurait de joie. Ses larmes, hélas, prirent une amère saveur lorsque nous vîmes la Reine quitter le pont du navire pour disparaître dans ses appartements sans même un signe de la main, et le bateau dépasser le débarcadère puis s'éloigner. Le duc d'Orléans, qui s'apprêtait à y débiter un compliment peaufiné sans relâche depuis plusieurs semaines, s'affaissa sur les planches.

Cet événement glaça la petite Cour et précipita le trépas de Son Altesse Sérénissime, dont les excès de toutes sortes avaient gâté la santé. Le petit-fils du Régent rendit l'âme au soir du 18 novembre, dans les bras de Madame de Montesson. L'ingrat duc de Chartres, dépêché au chevet de son père par ordre exprès de Louis XVI, fit semblant de partager notre affliction, invitant même la marquise à séjourner au Palais-Royal, ce qu'elle accepta, vaincue par le chagrin. Les funérailles achevèrent de disperser les familiers de Sainte-Assise, y compris Monsieur Mesmer qui s'en fut à Vienne nanti, assura Bergasse, d'une confortable fortune. Nous nous réinstallâmes quant à nous rue des Marais-Saint-Germain.

Nous ne revîmes point Madame de Montesson mais apprîmes que le Roi — obéissant probablement à une Marie-Antoinette réconciliée pour l'occasion avec la vieille Cour — avait interdit à la marquise de porter en public le deuil de son cher duc ; notre bienfaitrice s'était, en conséquence, retirée dans un couvent où elle ne recevait aucune visite.

Le nouveau *chef boutiquier* de la maison d'Orléans, méprisé par la haute noblesse en raison notamment de ses opinions libérales à la mode anglaise, établit une sorte d'*anti-Versailles* où il attira quelques courtisans de son défunt père, dont, à contre-cœur, notre gendarme-compositeur.

Ma mère, à l'occasion des étrennes, manifesta le désir qu'Henry-Saül fût enfin présenté au duc-prince, qu'elle espérait ainsi tirer de sa léthargie. Mon rejeton, à l'aise sous sa perruque et ses habits de Cour, grimpa tout seul dans l'imposant carrosse de son aïeule.

Nous voulûmes croire au miracle, il n'y en eut point : la lettre que me remit mon fils au retour de Versailles contenait, par la plume désolée de la princesse, le récit d'une entrevue rapide au cours de laquelle mon père, détournant à peine les yeux de sa lecture, avait gratifié Henry-Saül de *moricaud orphelin* avant de pleurer doucement.

« Ces larmes sont peut-être un progrès, concluait-elle, mais je me reproche d'y avoir impliqué *notre* Henry-Saül. »

Ce *notre* me rendit une espérance que conforta en mon âme la comète qui traversa le ciel de Paris à l'occasion du septième anniversaire du petit comte.

Les grands froids s'éternisèrent jusqu'à la fin du mois de mars 1786. Laissant temporairement Henry-Saül à la garde des Bologne, je partis à Trémainville en éclaireur afin d'y présider aux aménagements que je comptais apporter au *Polisson,* de sorte notamment qu'il fût possible d'y manger et dormir à l'abri. Jean-Pierre Blanchard, désormais célèbre et sollicité par toute l'Europe, déclina mon offre de participer à l'aventure mais il voulut bien dessiner les plans d'une nacelle plus confortable que la précédente.

Deux bons mois de travail s'avérèrent nécessaires avant que la chose ne prît forme et je reçus la visite de maints incrédules, dont le comte de Provence et même le nouveau duc d'Orléans, appâtés par les récits de mon beau gendarme-compositeur. Enfin, dans les premiers jours de juin, une petite foule assista à notre embarquement : Charles de Damas, dont les yeux brillaient davantage encore que ceux d'Henry-Saül, eût probablement aimé se joindre à nous — Bruno était du voyage — mais il se contenta de nous bénir fugitivement de la main, le curé de Trémainville s'y étant refusé.

La diligence mettait une quinzaine de jours pour rallier Pau, distante de près de cent soixante-dix lieues ; avec le concours d'Éole et de la lune montante, j'espérais accomplir ce périple en moins d'une semaine.

De fait, la bise me donna d'abord raison, qui nous permit de passer la Loire puis le Cher en à peine un jour et une — très inconfortable — nuit. Mais le souffle capricieux nous abandonna après Valençay et nous dûmes, au second soir, atterrir dans le parc du château de Bouges, où l'accueil fut enthousiaste. Puis les vents paresseux nous portèrent mollement au-delà de l'Indre puis de la Creuse, pour nous perdre en pleine nuit au-dessus des monts d'Ambazac. Nous nous relayâmes à la barre jusqu'à ce que la lumière matinale dévoilât enfin le chemin de Limoges. Éole nous récompensa le jour suivant en poussant l'aéronef jusqu'en Armagnac ; l'Adour se découpa avec la sixième aurore, le Gave de Pau aux lueurs du couchant.

Ignorant où se trouvait le château d'Ystirac, je voulus m'en enquérir auprès d'un vacher qui s'apprêtait à rassembler son troupeau : l'atterrissage de notre machine mit tout le monde en déroute. Nous jugeâmes prudent d'assolir à quelque distance d'un relais de poste isolé où Bruno s'en fût aux nouvelles. La chance voulut que le patron de l'auberge, familier des Ystirac-Sombrun, se proposât pour nous accompagner. Ainsi fut-il procédé au matin suivant ; le taulier refusa de grimper dans la nacelle mais il nous précéda à cheval. Vers midi, je gagnais mon pari !

Nous mîmes pied à terre dans la cour du château d'Ystirac, rapidement entourés par un essaim de curieux que fendit promptement un Aymery-Henry radieux sur qui les années paraissaient n'avoir aucune prise. Il nous serra contre sa poitrine, versa avec nous quelques larmes, prit la main d'Henry-Saül et nous conduisit vers le logis. Là nous fûmes présentés aux comtes ses parents — quinquagénaires que leurs traits burinés et leur accent fortement teinté de parlure locale différenciaient peu d'avec leurs gens — puis à Aude sa corpulente épouse, petite-fille du regretté baron Guy de Roccaze ; lequel constitua un premier sujet de conversation, vite remplacé par le récit de notre odyssée.

Les enfants d'Aymery-Henry nous rejoignirent pour le repas. Nous sortîmes de table en fin d'après-midi après avoir longuement évoqué les conflits qui nous avaient respectivement opposés aux branches aînées de nos familles, et, à mots couverts, le drame affreux dont ma maison avait été le théâtre : même tenus dans l'ignorance de la vérité, mes hôtes, à l'instar de l'intendant Mondétour, ne doutaient guère de la culpabilité de mon frère.

Espérant notre arrivée depuis plusieurs semaines, nos amphitryons avaient apprêté une belle suite d'appartement dont la richesse surannée me surprit.

— Un commun ami de nos ancêtres, banquier de son état, l'avait fait aménager pour y finir ses jours, expliqua Aymery-Henry. Le destin en a décidé autrement — le malheureux a trépassé loin d'ici, chez ton bisaïeul — mais le décor est resté. On appelle ça *chambre du Roi* et on la réserve aux invités.

Abandonnant temporairement Henry-Saül et Bruno à ce faste, je suivis Aymery-Henry à la découverte du domaine où lui et son frère Philippe-Aymon, né comme moi en 1760, se relayaient auprès de leurs parents.

— Notre cadet réside le reste du temps à Pau avec sa femme et ses enfants, expliqua mon compagnon. C'est un homme de pensée, un universitaire : sa bibliothèque déborde d'ouvrages séditieux ; rien à voir avec la mienne au manoir de Sombrun... — Sa voix prit une inflexion mystérieuse : Tu y viendras, n'est-ce pas ?

J'acquiesçai, certain que nous nous étions compris.

Le pas de nos montures nous conduisit insensiblement à la lisière des terres d'Ystirac, en vue de la grosse maison forte où résidaient les barons de Roccaze, beaux-parents d'Aymery-Henry. Nous nous y fîmes annoncer. Guy-Pierre, le baron en titre, nous introduisit joyeusement auprès de son épouse. Contrairement à leurs voisins d'Ystirac, ces sexagénaires vivaient seuls au logis, leurs enfants ayant depuis longtemps convolé.

Bien qu'avide de gazettes, le baron doutait de la véracité de leur contenu; il fut dépité de m'ouïr confirmer, non point tant que l'on pût désormais traverser le royaume en ballon aussi vite que le vent, mais que la Reine et le Grand Aumônier de France se fussent compromis dans une affaire aussi calamiteuse que celle du Collier. La baronne, dans le sage objectif d'introduire des sujets moins polémiques, obtint de son mari qu'il évoquât ses souvenirs d'enfance et la figure de mon bisaïeul, brièvement croisé dans sa prime jeunesse.

— Ma défunte mère n'en parlait qu'avec effroi, souffla le vieil homme. Il y avait beaucoup de secret autour de lui et de feu mon père; lequel, en revanche, se plaisait à vanter les mérites de votre ancêtre, chez qui il avait maintes fois résidé avec ce diable d'Henry Durelais... Sa disparition l'a plongé dans un abattement d'où il a été extrêmement difficile de le tirer. Votre regrettée bisaïeule, nous a fait la grâce d'œuvrer à son rétablissement en l'invitant de nouveau à Paris; lui et Durelais y allaient tous les étés. Quel enchantement quand ils revenaient! Nous devinions bien qu'ils ne racontaient pas tout mais, même expurgés, leurs récits illuminaient nos nuits: Maman avait beau soupirer, elle n'en perdait pas une miette! Tout cela, hélas, est révolu; quant aux Durelais...

Il leva au plafond un regard entendu qu'imitèrent sa femme et mon complice.

— Il n'est point de sot métier ! lança celui-ci.

Sur le chemin du retour, Aymery-Henry expliqua que les frères Durelais, non contents de tirer grand bénéfice de leurs auberges, postes et diligences, avaient, au fil des ans, acquis les bordels de plusieurs cités des environs, jusqu'à Toulouse. Leurs revenus considérables, pour infamants, n'en avaient pas moins attisé la convoitise de pères peu scrupuleux qui avaient littéralement vendu leurs fils et filles à la nombreuse progéniture de nos tauliers. Marcelline, soixante-six ans, unique survivante de la première génération, régnait sur la tribu.

— À chaque maison son Durelais ! récita Aymery-Henry. L'ancêtre maure avait eu raison de faire fi, non seulement des convenances mais également du droit d'aînesse : ses descendants ont bien retenu la leçon... Lui aussi, à ce que l'on raconte, vénérait ton bisaïeul qui l'avait tiré de l'esclavage, raison qui explique probablement pourquoi les portraits de ces deux personnages trônent dans chaque établissement de la famille : si tes nobles parents savaient ça !

Songeant aux Petites Tuileries, l'idée que l'effigie de mon ancêtre figurât dans un bouge m'amusa davantage qu'elle m'offusqua.

La veillée au château d'Ystirac fut prétexte à chants, ris et aimables disputes sur les sujets en vogue. Aymery-Henry, dont les pupilles en disaient long sur ses intentions à mon endroit, ne s'invita point dans ma couche — parentèle obligeant sans doute — mais annonça au coucher que nous nous rendrions à Sombrun dès le lendemain. L'insistance avec laquelle il vanta le précepteur de ses enfants à Henry-Saül me fit sourire, de même que la furtive rougeur qui empourpra son front lorsque je m'enquis de savoir si Bruno n'était pas trop jeune pour nous suivre...

IX

À une journée de carrosse mais seulement deux heures en ballon d'Ystirac, le manoir de Sombrun semblait une copie de celui de Roccaze : même forme trapue, mêmes tours carrées, maison forte plutôt que château, l'ombre des comtes d'Armagnac en sus — l'endroit avait appartenu au grand-père maternel d'Henry IV. Un fief qui, selon Aymery-Henry, valait surtout par la générosité de ses terres, dont le rapport, à surface égale, dépassait Ystirac, et pour la proximité du village de Maubourguet où les Durelais possédaient une auberge.

Arrivés avec le crépuscule, nous prîmes à peine le temps de souper avant que notre hôte, au prétexte de nous montrer nos appartements, s'y enfermât avec nous. Retrouver les villosités qui ourlaient sa musculature, flatter de la paume son épieu oblong et ses bourses glabres, furent des enchantements que je partageai avec Bruno.

Notre Béarnais s'offrit à l'instar d'une louve, honorant le membre de mon valet cependant que je me délectais de son fondement. Ses vagissements quand nous le baisâmes, l'un après l'autre puis ensemble, décuplèrent notre ardeur. Enivrés par la forte odeur de rut que dégageait notre étreinte, nous nous abandonnâmes à une extase barbare ponctuée d'insultes avant de nourrir de semence notre hostie éperdue dont la verge dégorgea sans qu'il fût besoin de l'effleurer.

Aymery-Henry voulut recommencer à peine nos souffles recouvrés ; ses poils baignés de sueur, de salive et de foutre exhalaient une fragrance irrésistible à laquelle nous succombâmes derechef. S'empalant sur le moignon de Bruno, notre hétaïre engoula mes génitoires jusqu'à en étouffer, puis joua avec mon anus, du nez, de la langue puis des doigts cependant que je pétrissais à pleines mains son vit et celui de son fouteur. Ses obscènes injonctions, ses poings ancrés à mes cuisses, nos mâles soupirs ainsi que la vapeur luxurieuse que nous exsudions portèrent la débauche à son comble : le Béarnais parvint à engloutir le moignon jusqu'à la racine et mêler son paquet viril à celui de mon valet, que la chose fit aussitôt décharger, entraînant bruyamment nos fruitions, sur le ventre et à la tête de ce dernier.

Une opportune bouteille de vin accompagna notre sommeil dans le même lit. Les effusions matinales furent plus tendres mais tout aussi passionnées : notre hôte en était-il privé ?

— Je n'invite jamais personne en mes murs, se justifia-t-il. Et comme tu es le seul de la famille…

Il ajouta que les filles constituaient son principal loisir — secret du fait de la jalousie de son épouse — mais que les Durelais lui offraient parfois l'occasion de s'amuser *incognito* avec des garçons, toujours levés en dehors du canton, généralement parmi la canaille des grandes villes qui se livrait occasionnellement à la prostitution. Aymery-Henry s'honorait par ailleurs de ne pas forniquer avec ses gens, précaution à laquelle il était persuadé devoir la sauvegarde de son foyer et de sa réputation.

— Il n'est que toi et les Durelais qui connaissiez mes travers, assura-t-il. Ma femme croit me suffire et tolère sans mot dire mes passes masculines. Le reste de ma parentèle ignore tout et m'imagine vertueux. Je ne philosophe point comme mon frère et vais même à l'église quand il le faut. Je serais bien tartuffe de donner des leçons !

Le soir suivant, vêtus en bourgeois, nous nous rendîmes à l'auberge de Maubourguet, aux destinées de laquelle présidait Blaise Durelais. Cet opulent quadragénaire nous présenta l'aîné de ses enfants, Blaise-Abel, toujours célibataire à vingt et un ans malgré des charmes dignes de l'Olympe.

Averti de ce que j'étais le descendant du premier duc-prince de Mondétour, le taulier prit un ton obséquieux pour montrer, dans une pièce attenante, une copie du fameux portrait en pied dont l'original avait été détruit par mon frère ; à côté, de même taille mais de plus mauvaise facture, était accroché celui d'Abdul-Abel Durelais, fondateur de la dynastie : un colosse, en effet, dont la peau cuivrée ne s'était guère perpétuée à sa postérité mais qui, pour autant que j'en pusse juger, lui avait légué son imposante carrure et ses boucles de jais.

L'apollonien Blaise-Abel retourna à l'office et nous nous attablâmes avec son géniteur dans un angle de la salle ; les clients levèrent à peine le nez de leur assiette. Notre hôte nous fit donner à boire puis exposa fièrement la réussite de sa tribu, qui comptait désormais une centaine de membres avec les collatéraux, très exactement répartis en trente-deux auberges, dix-huit estaminets et cinq prostibules. Chaque famille possédait son affaire, achetée généralement avec le soutien de cette véritable guilde dont la redoutable Marcelline — respectueusement appelée *Maman* —, installée à Pau, était la maîtresse.

— Plus nous engendrons, plus nous nous enrichissons ! s'exclama Durelais. La grand-route de Toulouse, bientôt, nous appartiendra. Maman voudrait nous voir à Bayonne et sur l'Atlantique ; moi je rêve de Méditerranée pour mes fils.

Sans doute devina-t-il que je songeais à bien autre chose car il posa alors sa grosse main sur la mienne. Désignant du menton la porte qui donnait sur la grange, il murmura :

— Nous offrons toutes sortes de services à nos clients. Celui-là est certes moins confortable qu'ailleurs mais bien plus discret. Votre Seigneurie aimerait peut-être…

J'acquiesçai. Aymery-Henry se pencha à mon oreille.

— Ce service-là est rendu après le coucher, précisa-t-il avec gourmandise. On le commande en supplément du bouillon mais il n'est point offert en chambre : c'est au fond des écuries qu'on le consomme…

La nuit même, nous étions à pied d'œuvre. Les *suppléments* que notre aubergiste avait apprêtés à notre intention attendaient dans la pénombre, crânement campés devant les stalles : à peine plus de quinze ans, camisole ouverte, poing refermé sur la braguette, ces marauds de faubourg déguisés en garçons d'étable s'enfermèrent aussitôt avec nous dans un *box* pour exécuter silencieusement leur tâche, qu'ils savaient fort bien ; je faillis même décharger dans la bouche du premier, tant sa science était accomplie. Nous roulâmes en désordre sur la paille, où nous nous entre-pénétrâmes fiévreusement jusqu'à la délivrance.

Ayant joui le premier, j'abandonnai à Aymery-Henry le privilège de recevoir sur son visage l'abondante contribution de nos baiseurs ; lesquels, après nous avoir charitablement essuyés et reboutonnés, nous raccompagnèrent à la porte de la grange. Le pourboire que nous leur versâmes les mit en joie.

— Viens me voir à Tarbes, chuchota l'un d'entre eux avec un bel accent béarnais, je te ferai mourir ! Demande Léonce, à *la Capucine*…

Je n'avais guère l'intention de visiter les bordels des sénéchaussées avoisinantes mais la nouvelle de ma présence en Béarn se diffusa rapidement *via* cette étrange société, à telle enseigne que *Maman* me fit parvenir un placet que je trouvai dès le retour au château d'Ystirac, à côté d'autres moins sulfureux émanant de membres éminents de la noblesse locale. Ne pouvant me soustraire à ces derniers, et obligé en conséquence de me rendre à Pau, je répondis favorablement à l'invitation de Marcelline Durelais.

Aymery-Henry et son père m'accompagnèrent toute une semaine chez de graves parlementaires dont nous subîmes patiemment le ramage cependant que s'égrenaient les heures. Nous logions chez le cadet Philippe-Aymon, accort maître de maison que nos mines rompues faisaient rire et qu'il déridait par ses lectures commentées de nos plus virulents philosophes.

Lorsque enfin s'acheva cet assommant pèlerinage, je prétextai une soudaine fièvre pour demeurer chez notre hôte. Ni lui ni son aîné n'en furent dupes mais je pus disposer de mon temps et me présenter seul à la porte de *Maman*.

La maison où elle résidait n'avait rien d'un lupanar : moderne, ouverte sur la rue, son rez-de-chaussée était occupé par une modiste, la maîtresse des lieux habitant de luxueux appartements au premier étage.

— T'attendais point ça, pas vrai ? fut son premier salut, proféré d'une voix rauque mais avec un clin d'œil complice.

Aussi haute que moi, habillée et coiffée à l'ancienne mode, son visage poupin, ses yeux charbonneux et ses doigts couverts de bagues me firent l'effet d'une mère maquerelle déguisée en grande dame, ou inversement. Je baisai cérémonieusement sa main, ce qui l'amusa.

— Damné bardache ! gloussa-t-elle.

Décidant que cette familiarité était une marque de tendresse, je laissai mon hôtesse me conduire au grand salon, où nous nous assîmes côte à côte dans un sofa. Une servante apporta une bouteille de vin de Champagne. Nous trinquâmes.

— Sais-tu, lança Marcelline, que tu es le second Mondétour que je rencontre ? Le premier, c'était ton arrière-grand-père, il y a bien longtemps. Je me le rappelle plus vraiment — j'étais si jeune ! — mais Papa en parlait souvent ; mon pauvre frère Henry aussi... Ils en avaient fait, des choses, ensemble... Disparaître comme ça, tout de même...

Elle monologua longuement, fit de nombreuses digressions mais veilla à ce que nos verres ne fussent jamais vides ; puis, se rendant compte, d'une part que le soleil déclinait, et que je n'avais par ailleurs guère ouvert la bouche, elle m'invita à dîner.

Elle posa, durant le repas, une infinité de questions sur ma famille et la Cour, sans vraiment écouter les réponses. Sa faconde semblait inépuisable. N'apprenant rien de remarquable, sans autre motif de délassement, faute de serviteurs mâles, que la contemplation des tableaux qui ornaient les murs, je finis par m'ennuyer plus encore qu'avec nos parlementaires et me laissai aller à bâiller. Nous en étions au dessert. Mon infatigable interlocutrice feignit d'abord ne point se rendre compte de ma lassitude, puis décréta que nous avions besoin de distraction.

Nous quittâmes la table pour gagner un boudoir aux parois tendues de damas pourpre, sur le pourtour duquel courait une banquette recouverte de tapis dans le goût ottoman. Au centre était un guéridon de bronze doré chargé de flacons. Appendue très bas, une espèce de lanterne magique mobile où se répondaient miroirs et saynètes projetait partout ses éclats multicolores. Par association d'idées, je mentionnai alors les Petites Tuileries, sujet favori du *pauvre frère Henry*, qui eut l'heur d'accrocher aussitôt l'attention de ma commère. Hélant discrètement une camériste cependant que je monologuais à mon tour, elle fit amener un plateau laqué sur lequel une longue pipe de bois voisinait un réchaud minuscule.

— Tu fumes ? demanda-t-elle en s'allongeant. — Je fis *non* de la tête. Alors bois ! ordonna-t-elle.

La soubrette prit un flacon sur la table et me le tendit.

— On godaille à la bouteille ! précisa *Maman*.

Intrigué autant par la coutume que par le contenu de la fiole, je m'exécutai ; l'élixir avait une saveur âcre mais très sucrée.

Juste avant de refermer la porte, la domestique laissa entrer un gracieux joueur de luth qui s'installa en tailleur sur le tapis. Sirotant mon philtre, bercé par la musique, je repris mon soliloque jusqu'à découvrir, non sans effroi, que j'avais cessé de parler et que mes phrases, désormais muettes, donnaient vie aux images de la lanterne, influant sur la mélodie et provoquant chez ma voisine une sorte d'extase approbatrice ; ma vie passée défilait sur ce théâtre comme un paysage dont je comprenais chaque détail. Je plongeai dans la félicité comme en un bain de lait parfumé…

Il faisait grand jour lorsque la soif et la nausée sonnèrent la fin du voyage. J'étais allongé tout habillé sur un lit. Assez curieusement, ma première pensée fut pour mon père : une expérience aussi délicieuse saurait, j'en étais convaincu, distraire son âme plus efficacement que toute autre médecine. Me redressant, je mis en fuite une servante qui se tenait à mon chevet et qui s'en fut prévenir sa maîtresse ; laquelle pénétra peu après dans la chambre. Je la rassurai sur mon état et m'enquis de la substance ingérée la veille.

— Je sais juste qu'elle vient de Chine, répondit *Maman*. Elle est très précieuse. Certains clients levantins nous paient ainsi en nature. Ses effets sont comparables à ce que je fume. Mon pauvre Henry a dit un jour que cette mixture était également connue du cuisinier de ton bisaïeul, qui la confisait en perles; je me rappelle plus comment il appelait ça mais on raconte que le grand Voltaire en serait mort. Faut donc pas en abuser…

Alors que je commençais à narrer les infortunes de mon géniteur, Marcelline m'interrompit.

— Tu m'as déjà conté ça ! gronda-t-elle. Je serais bien étonnée que Son Altesse n'ait encore songé à consommer de ces fameuses perles ; et rien ne garantit qu'elles soient efficaces !

J'insistai. Mon interlocutrice réfléchit quelques instants.

— Écoute, murmura-t-elle, je te propose un marché : mon ratafia contre un Durelais aux Petites Tuileries.

— Je crains que la place ne soit occupée, objectai-je.

— Pour l'instant, oui, mais aucun taulier n'est éternel ; et puis il faudra bien que le nouveau se forme. Tu diras à ton père…

— Nous ne nous parlons plus.

— Eh bien tu lui feras savoir, où à quiconque décide pour lui, que c'est le prix à payer. Je te confierai un flacon ; un seul, petit, tout juste suffisant : s'il produit l'effet escompté, c'est avec moi qu'il faudra traiter.

L'échange me parut honnête et je donnai ma parole. Mon hôtesse m'offrit un coche dans lequel je m'engouffrai, toujours un peu nauséeux, ma précieuse bouteille serrée contre la poitrine. Je fis en sorte, arrivé au château d'Ystirac, que personne ne la remarquât et éludai soigneusement toute question.

Les beaux jours coururent vite, en Béarn, et maintes lettres de Paris — notamment de ma mère — furent nécessaires à nous forcer sur le chemin du retour. Il me plaisait tant de partir à l'aventure avec Aymery-Henry, débattre avec son frère ou découvrir de nouveaux membres de la *guilde Durelais,* que j'eusse volontiers établi ma maison dans une aussi généreuse province; quant à Henry-Saül, on eût juré qu'il y était né. Mais nos hôtes eux-mêmes s'appliquèrent à démontrer le péril que nous courrions à demeurer trop longtemps loin des nôtres.

À ce déchirement s'ajouta un irritant contretemps: empêchés par des vents contraires de reprendre le *Polisson,* nous dûmes vider son poumon, démonter sa nacelle et charger le tout en d'énormes caisses sur plusieurs chariots. La confortable berline que les Durelais mirent à notre disposition, même conduite par les plus beaux membres du clan, me parut un corbillard.

Dix-sept interminables journées — et autant de nuits à dormir, solitaire, dans un lit différent — s'écoulèrent mornement jusqu'au château de Trémainville, que nous atteignîmes au milieu du mois d'octobre. N'espérant plus le passage des chasses royales, je ne fus guère déçu d'ouïr l'intendant annoncer que notre souverain, préoccupé par la mauvaise santé du Dauphin et presque seul à Fontainebleau — la Reine, accouchée en juillet d'une nouvelle princesse[29], demeurait à Versailles avec ses enfants et la majeure partie de la Cour — ne giboierait cette année encore qu'en ses forêts.

Ma mère, qui avait dévotement suivi son mari auprès de Louis XVI, répondit immédiatement au billet dans lequel je l'informais de ma réinstallation.

« Présentez-vous céans au plus vite, écrivait-elle; Sa Majesté entend vous honorer d'un entretien privé. »

Je me remis en route le lendemain, en grand habit, avec, soigneusement dissimulée au fond d'une malle, la fiole que je

29. Marie Sophie Hélène Beatrix de France, dite *Madame Sophie.*

destinais au duc-prince. Mon cœur battait fort lorsque je me présentai à la porte des appartements de mes parents. L'huissier me reconnut aussitôt.

— Son Altesse le père de Votre Seigneurie est partie courre le cerf avec Sa Majesté, indiqua-t-il. Je vais avertir Madame.

Je patientai brièvement dans le vestibule — orné des seuls portraits de la famille royale ; les nôtres avaient été enlevés — puis ma mère accourut. Elle s'enquit d'Henry-Saül et confirma que les tourments de mon géniteur ne s'étaient nullement apaisés.

— Monsieur votre père est comme une ombre, gémit-elle ; il refuse opiniâtrement toute médecine et nous devons, la nuit, nous assurer de ce qu'il ne déserte point la maison car son sommeil est erratique. Sa Majesté, qui s'en désole, vous en parlera sans doute mais je crois savoir que c'est surtout de Messieurs votre frère et votre héritier qu'il sera question. Je veillerai à ce que vous puissiez vous entretenir dès ce soir avec notre souverain dans sa loge, au théâtre, pendant l'entracte. Monsieur votre père n'est informé de rien.

La princesse m'ayant fait, par prudence, préparer une chambre dans une aile opposée, je dus me résoudre à lui remettre *ex abrupto* la potion de Marcelline avant de prendre congé. Je me contentai d'expliquer que la préparation venait de Béarn et que la personne qui me l'avait confiée en avait conditionné le marché à son succès sur le duc-prince. Ma mère sourit tristement.

— Votre piété filiale vous honore, murmura-t-elle. Je ferai en sorte que le valet de chambre serve ce breuvage en remplacement de l'infâme liqueur de santé que votre père absorbe au coucher. Nous verrons bien…

Sitôt installé, je me rendis au théâtre où l'on donnait un opéra de Monsieur Grétry dont le titre — *Les vrais amis* — me parût de bon augure. Je vis néanmoins arriver l'intermède avec angoisse et montai, gorge nouée, jusqu'à la loge royale. On ne s'y pressait guère mais les principaux seigneurs de la Maison du souverain en barraient ostensiblement l'accès. Pour ma fortune, l'éternel maréchal de Richelieu m'ouvrit le passage. Moins d'une minute plus tard, j'étais introduit auprès de Louis XVI — seul : il venait, pour moi, de congédier ses intimes.

Je m'attendais à ce que mon auguste interlocuteur abordât d'emblée les sujets effleurés par ma mère, mais il me félicita d'abord pour mon voyage en ballon aux confins du royaume, puis disserta à l'infini sur l'expédition de Monsieur de La Pérouse avec plus de talent qu'un géographe. Sa passion pour ces matières ne se démentait pas et je dus me faire violence pour le ramener, avec tout le respect et la délicatesse requis, au motif de ma présence.

— Pardonnez à mon enthousiasme, s'excusa-t-il, les prétextes en sont devenus rares : la santé du Dauphin, l'état de nos finances, et mon cousin votre père à présent… Combien j'aimerais que mon pouvoir fût moins limité !… Quoi qu'il en soit, j'ai décidé de permettre au marquis votre frère de quitter son exil : il n'était point juste que la sentence frappât les membres innocents de sa famille. Je lui ai par ailleurs ordonné de se tenir loin de la vôtre et se garder d'y attenter à peine d'emprisonnement. Il a enfin, sur mon injonction, signé l'abandon des indignes poursuites intentées contre Madame votre mère et vous-même. Ses entrées à la Cour ont été suspendues à l'égal des vôtres, mais non point le droit pour votre héritier d'y prétendre. Le duc-prince a semblé favorable à cette issue, quand bien, hélas, il n'exprime plus grand-chose. Cela m'amène à la dernière cause de cet entretien : je crois que vous obligeriez grandement vos parents en vous remariant selon votre condition. Cela leur rendrait indubitablement de ce bonheur qui tant leur fait défaut. Votre deuil est accompli et votre fils a besoin d'une mère.

Ce conseil, véritable commandement, me laissa muet. L'opéra reprenant, je fis la révérence et me retirai. Richelieu m'attrapa par le bras alors que je redescendais ; nous sortîmes du théâtre. Ce que je rapportai de mon entretien ne l'étonna guère.

— *Paris vaut bien une messe*[30] ! s'exclama-t-il. Qu'importe qui vous épouserez si cela vous restitue un rang et le respect de votre parentèle ! Tâchons seulement de trouver le bon parti ; Madame, comtesse de Provence, par exemple, toute sotte et laide qu'elle soit, devrait être de bon conseil : sa maison regorge de tribades…

Le visage énigmatique et pur de Pauline s'imposa brièvement à ma mémoire, mais avec une force telle que des larmes montèrent à mes paupières.

— Ne parlons plus de cela, murmura mon mentor un peu confus. S'il vous agrée, je m'occuperai de tout. Vœu royal ou pas, l'ultime décision n'appartiendra qu'à vous.

Je quittai Fontainebleau dès le matin suivant. Sans véritable raison de demeurer à Trémainville, je fis atteler pour Paris où je pensais retrouver mon bien-aimé gendarme-compositeur. Ma belle-mère, venue rue des Marais-Saint-Germain revoir son petit-fils, expliqua que notre Joseph avait suivi le duc d'Orléans en Angleterre.

---

30. Phrase prêtée au futur roi Henry IV à l'occasion de sa conversion au catholicisme (1593).

— Son Altesse Sérénissime est piètre boutiquier mais fin courtisan, soupira-t-elle. Ses dettes colossales l'ont conduit à gager dans Londres ses nombreux biens mais il est parvenu à amadouer Sa Majesté, qui lui a consenti l'émission d'un emprunt pour six millions de livres ! Joseph ne m'a pas tout dit mais je suppute que ces voyages outre-Manche n'ont point pour unique objet de lever des fonds. Le duc est un intrigant, un séditieux ; cela m'inquiète...

Elle ajouta que la duchesse d'Orléans, trompée et délaissée, n'en était pas moins d'un abord agréable mais que ses faibles lumières ne remplaceraient jamais celles, éclatantes, de la marquise de Montesson. Laquelle, toujours enfermée dans son couvent, avait laissé se répandre le bruit qu'elle en sortirait en fin d'année, faisant renaître l'espoir dans le cœur de ses anciens amis. Je n'osai gâcher cette heureuse expectative en abordant la question de mes nouvelles noces mais la troublai néanmoins par l'exposé des décisions royales concernant mon frère.

— Henry-Saül ne sera en sécurité qu'en dehors de vos murs, martela ma visiteuse. Bien que la Cour des Orléans ne soit guère le meilleur endroit du monde pour une éducation, la comtesse de Genlis, qui est nièce de notre bonne marquise de Montesson, y occupe la double charge de gouverneur des enfants de Son Altesse Sérénissime et de première favorite. Je suis certaine qu'elle acceptera de recommander votre héritier au sous-gouverneur Lebrun, lequel veille à l'instruction des garçons, dont le benjamin, Louis-Charles, comte de Beaujolais, a l'âge de notre Henry-Saül.

L'inquiétude de ma belle-mère me parut outrée mais je retins la suggestion : mon rejeton protesta pour la forme et se laissa convaincre de rejoindre le Palais-Royal.

Moins d'un mois plus tard, je reçus une missive onctueuse du duc-prince, envoûté par la potion de Marcelline et disposé à tous les compromis afin que je lui en procurasse. J'eusse probablement réussi à me faire admettre de nouveau auprès de lui si le dégoût ne l'eût emporté, de savoir mon géniteur à ce point dépendant de mon intercession qu'il en acceptât de renier ses convictions. Je me contentai donc de lui transmettre la requête de Marcelline et écrivis concomitamment à cette dernière, de sorte que fussent prêts, et le Durelais choisi pour les Petites Tuileries, et la mixture promise.

Une vingtaine de jours plus tard, agréable surprise, un carrosse déposait devant ma porte l'Apollon Blaise-Abel, et Léonce, mon ribaud de l'auberge de Maubourguet, très intimidés mais accompagnant une pleine barrique d'élixir. Le troublant Durelais me tendit les patentes que le duc-prince avait octroyées à son clan ; je mandai aussitôt le tonneau à ma mère, avec recommandation d'en diluer progressivement le contenu, et fis atteler pour les Petites Tuileries.

Moïse, que mon père n'avait pas daigné prévenir, réserva néanmoins un bon accueil aux Béarnais. Les clients n'étaient pas très nombreux, ce soir-là, mais la richesse des lieux et le tutoiement des masques ne contribuèrent guère à détendre nos Provinciaux. Notre hôte leur fit servir à dîner au théâtre devant l'un de ces spectacles grivois, spécialité de la maison, auxquels il était difficile de résister, cependant que nous nous attablions à l'écart.

Il fut question de mon frère, invisible depuis la levée de son bannissement, et du prétendu spectre évoqué par Richelieu.

— Mon prédécesseur et regretté maître Samory y croyait, assura Moïse. Il me semble même, dans mon jeune âge, l'avoir entendu mentionner les conversations que l'ancêtre de Votre Seigneurie tenait avec ce fantôme, dans cette clairière au tombeau où, à Dieu ne plaise, je reposerai un jour…

Ravis par leurs agapes, Blaise-Abel et Léonce poussaient, depuis leur place, des exclamations à l'attention des comédiens.

— Une fois décrottés, glissa mon interlocuteur, ces deux-là devraient faire des merveilles...

Ils firent en tout cas le bonheur du comte d'Artois — aisément identifiable pour qui le connaissait — dont un valet mandé par son maître n'eut aucune difficulté à les convaincre de le suivre à peine la comédie achevée.

Je passai, quant à moi, la nuit entre les cuisses d'un Maure au sourire carnassier et quittai le prostibule au petit matin sans avoir revu mes Béarnais.

Faute d'entrées à Versailles, je me fis annoncer chez le comte de Provence au palais du Luxembourg. Son Altesse Royale, toute à la préparation d'une reprise en ses murs de l'opéra *Panurge* de Monsieur Grétry, dont elle avait écrit le livret, me confia *illico* aux soins du fidèle Damas. Lequel, loin de s'alarmer du désir royal de me voir remarié, avoua que notre vieux Richelieu l'avait impliqué dans le choix d'un parti, et me tendit une liste où figuraient une Noailles bientôt quadragénaire, une Brissac de huit ans ma cadette, une Broglie dans mes âges, une Polignac encore adolescente et, plus piquant, une Vignerot du Plessis née en 1765, petite-fille de mon mentor !

— Toutes ne sont point des tribades, précisa Charles, mais chacune a eu au moins une bonne raison d'en appeler à Madame, ne serait-ce que pour éviter qu'on la conduisît à l'autel contre son gré. Elles ne sont ni laides ni belles mais assez correctement éduquées pour ne point te nuire, ni à ton héritier. Il apparaît enfin, à la lumière de l'enquête que nous avons conduite, que ta réputation n'est pas si mauvaise : tes récents exploits aéronautiques et ta discrétion en toutes choses ont aussi efficacement effacé le mariage morganatique que le séjour en prison ; les excès du marquis de Morienval ont fait le reste, ainsi que l'admirable martyre de Son Altesse le duc-prince ton père, dont le nom, la fortune et l'amour du Roi font encore luire des pupilles aussi exigeantes que celles des Noailles ou des Polignac...

Ne sachant trop si je devais remercier ou maudire mon interlocuteur, je choisis, avant de décider de quoi que ce fût, d'attendre l'anniversaire d'Henry-Saül, à jamais confondu en mon cœur avec celui du décès de Pauline.

Nous le célébrâmes avec quelques jours de retard, début février 1787, au château de Sainte-Assise, où la marquise de Montesson s'était réinstallée après sa sortie du couvent. Une atmosphère de triste sérénité régnait sur l'immense domaine pris par les neiges, que notre bien-aimé Bologne eut bien de la peine à réchauffer avec ses musiciens. On évita d'évoquer le souvenir des absents mais leur ombre en nos regards, nos phrases suspendues, ne s'estompa jamais longtemps. Joseph parvint toutefois à nous divertir par le récit de ses séjours dans Londres, où il avait, à la suite d'un pari, croisé le fer avec la *chevalière* d'Éon, réfugiée Outre-Manche.

— Je l'ai laissée gagner, ricana-t-il, car la superbe est tout ce qui lui reste. Elle vit bien misérablement chez une vieille femme de son âge qui l'a prise en pitié et qu'elle paye de ses histoires ; lesquelles feraient, à n'en point douter, un passionnant opéra !

Nous ne parvînmes guère à lui soutirer d'opinion sur les véritables motivations du duc d'Orléans mais il admit que celui-ci, outre la finance, avait beaucoup en commun avec les Anglais.

Le soir venu, tirant à part mon beau gendarme-compositeur, je lui montrai ma liste de partis ; il fit la moue.

— J'entends bien la manœuvre, grogna-t-il, mais je doute que Marion et ton rejeton voient cela d'un œil favorable.

J'obtins néanmoins qu'il me prêtât main-forte pour les convaincre, ainsi que Madame de Montesson dont l'aide paraissait indispensable. Et, sans attendre, je demandai audience à ma mère.

Versailles, lorsqu'elle me reçut, bruissait de *subvention territoriale,* du nom d'un impôt universel que le ministre Calonne espérait, avec l'appui du comte d'Artois, faire entériner par l'Assemblée des Notables que le Roi avait convoquée et que l'on savait particulièrement hostile au ministre — à l'instar d'ailleurs du reste de la Cour, pour qui semblable idée était, selon les termes de ma mère, *purement impensable.*

— Ceci l'est-il davantage? répondis-je en lui remettant mon feuillet.

Elle ne comprit pas immédiatement de quoi il s'agissait.

— Se peut-il, murmura-t-elle avant de détourner vivement la tête vers la fenêtre...

N'osant briser le silence, et gagné à mon tour par l'émotion, je comptai mentalement deux minutes avant de me pencher vers la princesse.

— Nous avons chacun nos drames et nos secrets, chuchotai-je en m'agenouillant. J'ai trop oublié ce que je vous devais.

— La Bastille, l'exil! lança-t-elle d'une voix brisée.

— Ce que je suis, Madame; et heureux de l'être.

Elle plongea dans les miens des yeux pleins de larmes.

— Merci, chuchota-t-elle... Je soumettrai cette liste à Monsieur votre père. Son âme est plus légère depuis qu'il se soigne avec ce breuvage que vous lui avez fait remettre; je vous en suis très reconnaissante...

Devinant qu'elle luttait contre les sanglots, je me retirai.

L'assentiment — non-officiel — du duc-prince fut paradoxalement plus facile à obtenir que celui de ma belle-mère, dont j'aurais pu me passer mais qui semblait incontournable. La marquise de Montesson, persuadée du bien-fondé de mon projet matrimonial, dut ajouter ses talents oratoires à ceux de Joseph mais ce fut, *in fine,* Henry-Saül qui l'emporta par son vœu enfantin que *tout le monde eût quelqu'un à aimer*.

Mes parents ayant symboliquement biffé le nom de la vieille Noailles, Marion souligna complaisamment celui d'Armande-Louise de Vignerot du Plessis. Ainsi, le 18 mars suivant, en la splendide chapelle du château de Richelieu — dont l'éloignement permettait à qui le souhaitait de s'y faire excuser en toute diplomatie —, donnai-je la main à la fille du duc de Fronsac, héritier de notre éternel Maréchal, sous l'œil impavide de Monseigneur de Montmorency-Laval, Grand aumônier de France en remplacement du cardinal de Rohan. En dépit de l'absence de Leurs Majestés et de quelques pairs du royaume, il y eut assez de faste et de haute noblesse pour que le vieux Richelieu proclamât mon retour en grâce.

Damas avait raison : ma promise n'était ni belle, ni laide, ni vraiment brillante mais, bien que le sujet n'eût point été abordé, elle sembla satisfaite d'épouser un homme tel que moi. Sa mère était décédée quatre ans auparavant et mon nouveau beau-père s'était remarié avec une jeune femme de vingt ans sa cadette, dont il avait eu deux enfants. Personne, donc, ne trouva à redire à notre hymen, pas même mes nobles sœurs et leurs maris, que la princesse ma mère avait, pour ainsi dire, convoqués en remplacement du duc-prince, opiniâtre en ses vapeurs d'élixir.

Armande-Louise et moi-même demeurâmes quelques jours sur place afin de respecter les coutumes et faire plus ample connaissance. Charles et mon mentor lui avaient brossé de moi un portrait assez fidèle pour que je n'eusse point à mentir, et ma compagne avoua fort simplement n'être guère intéressée par le commerce avec les hommes : dame d'atours de la comtesse de Provence, elle n'entendait point quitter cette charge pour celle de mère ou de compagne de lit. Elle sut néanmoins apprivoiser Henry-Saül et nous convînmes de partager notre temps protocolaire entre la Cour de sa protectrice et celle des Orléans, réservant Sainte-Assise à mon ancienne belle-famille.

Je redoutais l'ennui, mais cette seconde épouse, certes moins envoûtante que la première, s'avéra bonne camarade et d'une conversation intéressante : elle pratiquait les arts depuis l'enfance, touchait correctement le piano-forte et avait lu nos philosophes et nos savants. La candeur avec laquelle elle me pria de l'emmener en Suède — chacun connaissait le pari que le comte de Provence avait fait à ce sujet avec Monsieur de Fersen — m'engagea à lui en faire serment.

Nous rentrâmes à Paris le jour même où la disgrâce du ministre Calonne était rendue publique. Ma femme, sur ce point, partageait mon ignorance mais l'euphorie qui se lisait sur les visages nous sembla de mauvais aloi. Le terne Bouvard de Fourqueux, appelé en remplacement, faisait ricaner jusqu'au peuple à qui l'on avait fait accroire que son prédécesseur voulait augmenter les impôts *à la mode de Monsieur Turgot.* L'Assemblée des notables reprit sa fronde, et nous notre place parmi les courtisans de Leurs Altesses.

Fourqueux le goûteux tint vaillamment jusqu'au 1er mai puis démissionna. Arriva alors, ouvertement poussé par la Reine, Monseigneur de Loménie de Brienne, archevêque de Toulouse : il eut l'intelligence de contourner l'épineuse question fiscale mais non l'insoumission du parlement, qui refusait d'entériner les arrêts de l'Assemblée des notables et s'entêtait à vouloir convoquer des États généraux, ce qui ne s'était point vu depuis 1615. La noblesse tout entière se passionnant pour ces thèmes jusque dans les loges d'opéra, je n'eus guère de difficulté à persuader ma compagne de gagner Trémainville afin d'y préparer le *Polisson* à son long voyage septentrional.

J'écrivis au roi Gustave afin de l'en prévenir, et obtins de Jean-Pierre Blanchard qu'il supervisât le ravalement de l'aérostat. Les quelques proches que nous mîmes dans la confidence s'alarmèrent des dangers qui ne manqueraient pas de se présenter. Les aménagements prévus par Blanchard — principalement une plus vaste cabine et une espèce de parasol rigide baptisé *parachute* — les rassurèrent moins que notre promesse de ne point lutter contre les vents et de recourir, le cas échéant, à des moyens de transport moins périlleux. L'Europe étant en paix, nous espérions qu'il en irait de même d'Éole, réticent sous nos climats à porter les humains vers le nord.

Près de quatre cent cinquante lieues nous séparaient de la capitale suédoise, soit environ un mois et demi de diligence; fort de mes expériences précédentes, j'anticipai une cinquantaine de jours de voyage en ballon et affrétai un carrosse afin qu'il nous précédât aux étapes. L'Académie, avertie de notre tentative, fit réaliser pour moi des copies de ses meilleures cartes afin que je les amendasse. À l'été, nous étions fin prêts.

X

Nous quittâmes la terre à l'aube du 26 juin avec Bruno et une jeune suivante de mon épouse plus téméraire que ses compagnes, cependant qu'une voiture d'accompagnement emportait la majeure partie de nos malles ainsi que deux autres domestiques.

Un aimable souffle de sud nous porta sans peine en quelques jours au-delà de Reims, puis de Charleroi, mais nous dûmes lutter à Aix-la-Chapelle contre un flux d'est obstiné qui nous força à y demeurer près d'une semaine. Le carrosse nous attendit ensuite à Düsseldorf, Trémoigne[31], Osnabrück et Lübeck, où nous fîmes étape avant de suivre le fleuve Trave jusqu'au littoral baltique. Mes passagères, qui n'avaient jamais discuté mes options, refusèrent alors de survoler le détroit du Sund et préférèrent embarquer avec la voiture sur un navire en partance pour Malmö, où nous devions nous retrouver.

Mais Éole en décida autrement : emporté par le vent d'ouest malgré ses voiles et ses hélices, le *Polisson* dériva en baie de Poméranie avant que le laborieux contournement des îles de Bornholm puis d'Œlande nous permît de rallier, plus au nord sur le continent, la cité de Växjö. Épuisés par la faim, presque morts de soif mais redoutant l'hostilité des habitants,

31. Actuelle Dortmund, en Rhénanie du Nord-Westphalie.

nous mîmes pied à terre à quelques lieues de la ville, non loin d'une forteresse ruinée que baignait un lac d'eau douce dans lequel nous plongeâmes aussitôt. Le froid nous en chassa bien vite mais nous pûmes allumer un feu, recouvrer une apparence civilisée et dormir au chaud.

Au matin du lendemain, nous fûmes concomitamment réveillés par les grognements de notre ventre et ceux d'un petit groupe de paysans qui se tenait craintivement à quelques toises de notre campement. L'un de ces rustauds — jeune brute courte sur pattes mais d'un joli poil cendré — finit par approcher : désignant du regard le *Polisson,* il posa plusieurs questions dans sa langue auxquelles nous répliquâmes dans la nôtre sans que personne ne se comprît. Le contadin parut néanmoins satisfait ; devinant que nous étions affamés, il tira une miche de pain noir de son havresac et nous la tendit en souriant.

Cette marque de politesse, à laquelle nous rendîmes grâce par moult révérences, attira aussitôt le reste de la bande, dont quelques membres imitèrent leur compagnon, offrant en partage une maigre pitance de poisson séché et ne manquant aucun de nos gestes pour nous en rassasier. Lorsque chacun eût achevé de se gaver, qui de la bouche, qui des yeux, Nils, le premier paysan, expliqua à grands gestes que nous devions rejoindre la cité, où il se proposait de nous conduire cependant que ses acolytes veilleraient sur l'aérostat. Ignorant les réticences de Bruno, j'acceptai en toute confiance.

Nous cheminâmes d'un bon pas jusqu'aux premières maisons de Växjö, qui furent en vue vers midi. Une petite foule se constitua autour de nous, qui nous porta insensiblement au seuil de l'archevêché, où une sorte de colosse en habits luthériens nous fit entrer, non sans avoir glissé à notre guide une pièce d'argent que je doublai avec le secret espoir de le revoir.

Notre hôte se présenta en excellent français, appris, précisa-t-il, à l'université d'Upsal : Olof Wallquist. Dans les trente-cinq ans, un beau visage mâle, d'épais sourcils noirs et des yeux brillants, il avait été le confesseur de la princesse Sophie-Albertine, sœur cadette du roi de Suède, avant de se voir nommer évêque en remplacement de celui de Växjö, décédé depuis peu. Sa discrétion sur ces sujets, son charme viril et ce que je savais de Gustave III me firent inférer que ses relations avec la princesse, retirée entre-temps dans un couvent, n'étaient pas sans rapport avec cette promotion provinciale qui avait tout d'un exil.

Ne me laissant guère le temps de le questionner plus avant, Wallquist me montra une instruction royale faisant état de notre disparition, déclarée depuis Malmö par mon épouse, ordonnant des recherches et promettant une récompense à qui nous retrouverait.

— J'ai lu ce mandement avant-hier en chaire, sourit-il ; je ne pensais pas que Dieu y répondrait si promptement ! Votre Seigneurie nous obligerait beaucoup en signalant elle-même son retour à Sa Majesté ainsi, évidemment, qu'à Madame la marquise de Mondétour-Trémainville : nous disposons céans de coursiers qui porteront diligemment ces heureuses nouvelles. Par ailleurs, Votre Seigneurie honorera ma maison en y daignant résider ; la machine aérostatique pourra, quant à elle, rester sous la bonne garde de nos gens sans qu'il soit utile d'exciter la curiosité publique.

À la question de savoir s'il désirait lui-même explorer les airs, le bel ecclésiastique répondit par un éclat de rire et, secouant la tête, assura se contenter de la lecture des gazettes.

— Nous avons là beaucoup de monde, ajouta-t-il en désignant, par la fenêtre, l'attroupement qui s'était formé devant la porte. Nos échevins, ainsi probablement que certaines figures éminentes de notre cité, ne manqueront pas de me solliciter au sujet de Votre Seigneurie et de ses voyages : accepterez-vous de leur en faire le récit cependant que je traduirai votre noble langage ?

Refuser eût été grossier, aussi, après avoir pris possession des sobres appartements mis à notre disposition, finis-je la journée entouré d'une myriade de pupilles brillantes et de bouches entrouvertes buvant mes paroles avec autant d'avidité que le meilleur aquavit.

Cette conférence eut un succès tel qu'il fallut la renouveler plusieurs soirs d'affilée. Notre hôte joua les traducteurs sans rechigner mais fit habilement en sorte, durant les jours qui suivirent, d'en apprendre davantage à mon sujet que moi au sien. Bien que sa courte carrière à la Cour de Suède lui eût vraisemblablement enseigné les inclinations de son souverain, il revint souvent sur celles-ci, à mots couverts, prétendant s'étonner de ce qu'elles n'empêchassent pas le mariage.

Abandonnant les *Seigneuries* pour un vouvoiement plus amical et partageant avec moi forces chopines, il parvint une nuit à me soutirer la description expurgée de mes noces avec Pauline et l'aveu de ce que celles avec Armande-Louise n'avaient jamais été consommées.

— Savez-vous, murmura-t-il, que l'on insinue la même chose concernant Sa Majesté ? Le comte Munck, qui a pourtant la réputation de courre davantage la biche que le cerf, aurait ainsi eu l'honneur d'aider, pour ainsi dire, notre monarque à concevoir un héritier. Quant aux comtes de Fersen et d'Armfelt…

— Et vous-même, coupai-je en posant ma main sur la sienne, que courez-vous ?

— La biche, évidemment, sourit-il en dégageant doucement ses doigts. Je n'ai guère vocation à devenir gibier.

— Ne vous a-t-on point *chassé* de la Cour, cependant ?

— Le piquant de l'affaire est que Sa Majesté a dû ensuite, céans, imposer ma candidature. Où que j'aille, à mon corps défendant, il faut croire que je suscite la jalousie…

— Vous n'excitez pas qu'elle, chuchotai-je ; et l'on apprécierait que votre corps se défendît moins…

— Nous verrons demain ce que nous pouvons faire, promit mystérieusement mon compagnon avant de se retirer.

La journée suivante s'écoula dans la fièvre de découvrir comment notre hôte entendait tenir sa promesse. Bruno rapporta que la seule activité inhabituelle de la maison avait consisté à garnir de fagots une sorte de cave aménagée dans un talus derrière le bâtiment, puis d'y mettre le feu — coutume à l'objet inconnu. Pensant qu'il s'agissait d'une espèce de fumoir à viande ou à poisson, je ne prêtai pas davantage attention à la chose et crus à une farce lorsque Monseigneur Wallquist, après la veillée, m'invita à l'y rejoindre dans le plus simple appareil.

Je m'exécutai, aussi curieux qu'excité, un morceau de drap noué autour des reins. La porte qui barrait l'accès à cet endroit insolite brûla presque ma paume, mais ce n'était rien en comparaison de la fournaise régnant à l'intérieur. J'eusse rebroussé chemin si mon bourreau n'eût aussitôt saisi mon poignet pour me forcer à prendre place à ses côtés, refermant sur nous le vantail avec une force qui fit osciller la veilleuse suspendue au-dessus de nos têtes.

Le cœur battant à éclater, incapable de parler, il me sembla d'abord que mon visage s'enflammait, puis mes poumons, avant qu'une abondante sueur ne baignât ma peau. L'odeur de résine carbonisée était insoutenable ; je dus fermer les yeux. Quand je les rouvris, mon voisin souriait à quelques pouces de ma dextre. Son corps massif aux larges tétins était couvert de boucles luisantes dont j'anticipai la saveur poivrée. Il était entièrement nu, cuisses écartées sur des génitoires aux proportions invitantes, même flaccides. Mon membre raidi heurta le frêle tissu qui protégeait mon entrejambe, laissant pointer le gland que je ne tentai pas de dissimuler.

Mon hôte tendit le bras pour tirer d'un seau une pleine louche d'eau qu'il versa sur des pierres entassées au fond de la cave. La vapeur ardente qui s'en dégagea m'arracha un cri. Je voulus me lever mais Wallquist m'en empêcha.

— Le *bastu* soigne tout, asséna-t-il ; sa chaleur intense et pure triomphe autant des maladies que des démons. Si notre roi s'y était livré plus tôt et plus souvent, sans doute n'eût-il point souffert du mal qui vous affecte !

Il paraissait à ce point convaincu que je n'osai répliquer, fasciné par le jeu des muscles sur son visage, les veines saillantes de son cou, ses poils chargés de gouttes à l'instar d'une frondaison après la pluie, et surtout son paquet broussailleux tapi telle une obscure promesse. Ce *démon*-là ne quitta pas mon âme mais l'érection finit par capituler. Mon tourmenteur s'en réjouit.

— Croyez-vous vraiment, m'agaçai-je, qu'il suffise, à l'imitation des inquisiteurs, de cuire un homme pour l'amender ?

— Cela n'est point une torture ! protesta l'Évêque. Chacun, sous nos climats, prend un plaisir sincère à soumettre sa chair au souffle purificateur du *bastu*.

— La Suède, ainsi, est vierge de péchés, raillai-je. Et vous-même êtes un saint !

— Loin s'en faut : je combats quotidiennement la tentation.

— Vous ? Mais quel diable terrible est-ce là ?

— Vous le savez bien… Dieu a voulu récompenser l'acte de génération mais Satan nous en a rendus esclaves, capables du pire pour quelques misérables instants d'extase trompeuse où la semence s'égare. L'ivresse de chair me semble plus peccamineuse encore que celle de boisson, voire de sang car elle est plus intense et plus aisément accessible.

— Espérez-vous réellement que cela me transfigure ?

Pour toute réponse, mon compère déversa une nouvelle louche sur les roches incandescentes ; la torpeur m'envahit bientôt et j'eusse probablement glissé du banc si mon Hercule septentrional n'eût retenu mes épaules et, par le même mouvement, blotti ma tête dans la sauvagine de son sein.

Yeux clos, bouche et nez envahis de saveurs, je m'abandonnai à la béatitude cependant que mon énigmatique tortionnaire caressait mes cheveux en fredonnant à mi-voix ce qui ressemblait à une antienne. Nous demeurâmes ainsi de longs instants, puis nous nous allongeâmes insensiblement l'un sur l'autre sans qu'il cessât de chantonner. Son hirsute poitrine se soulevait doucement, taquinant ma joue et abreuvant mes lèvres d'une chaude rosée à la saveur de miel. Mes doigts tracèrent leur chemin jusqu'à nos virilités paresseusement emmêlées ; sa verge ne s'éveilla point mais il me laissa en explorer les contours, faire jouer le prépuce, puis les testicules, et glisser une furtive phalange vers son anus. N'osant espérer un baiser, je m'abouchai à son tétin, que ma succion durcit : un souffle bref suspendit la mélopée, puis la main de mon partenaire accompagna nonchalamment mon visage.

Une pression sur les poils de mon bas-ventre m'enseigna qu'il bandait enfin ; j'attendis que la poussée se fît insistante pour pivoter légèrement, sans cesser de téter, de sorte que mon membre assoupi rencontrât son turgide *alter ego.* Un discret coup d'œil sur l'objet, splendide sous la lumière pourpre, aida le mien à reprendre des proportions. Je voulus risquer à nouveau les doigts vers ce Graal mais l'Évêque, sans interrompre son cantique, les emprisonna dans sa main restée libre.

Inférant qu'il empêcherait tout autre hommage, je me résolus à n'user que de mes reins et leur imprimai un lent mouvement de va-et-vient cependant que ma langue et mes dents poursuivaient leur ouvrage sur la poitrine de mon comparse.

Plusieurs minutes s'écoulèrent avant qu'aux pulsations de son cœur répondissent celles de nos périnées et qu'un râle profond tendît son corps tout entier alors qu'un flot de semence envahissait la jointure de nos bassins. Inondés de sueur et de foutre, nous attendîmes, silencieusement enlacés, que nos pouls recouvrassent le calme. Puis je me détachai précautionneusement pour saisir le seau, dont je vidai le contenu sur ma peau et celle de mon déconcertant complice. Lequel se contenta de sourire lorsque j'embrassai son outil après l'avoir essuyé.

J'aurais voulu passer la nuit dans cet antre mais la fatigue me terrassa. Monseigneur Wallquist me prit sans un mot dans ses bras et me porta lui-même à mon lit sous les yeux médusés de Bruno. Je m'endormis aussitôt.

Le carrosse de mon épouse arriva le lendemain sans que mon Hercule fît la moindre allusion à ce qui s'était déroulé dans le *bastu*. Gustave ayant répondu à ma lettre par une invitation expresse à séjourner en son palais, il fallut bien songer à repartir. Armande-Louise refusa d'embarquer de nouveau dans le *Polisson* et me reprocha mon obstination à vouloir emprunter la voie des airs. Nils, le joli paysan qui m'avait accueilli et à qui nous devions de retrouver intact notre aérostat, s'enthousiasma en revanche à l'idée de prendre place dans la nacelle. Ce que voyant, l'Évêque me lança une œillade complice.

— Offrez-le donc à Sa Majesté, glissa-t-il à mon oreille ; et ne m'oubliez pas...

Le convoi de ma femme calqua sa route sur la nôtre, dérivant avec les vents d'ouest vers Döderhultsvik[32]. Nous suivîmes ensuite le littoral jusqu'à Västervik, où nous fîmes étape une semaine plus tard. J'acceptai alors, faute de chemin carrossable, d'inverser la règle afin d'éviter que nous nous séparassions ; ainsi obliquâmes-nous en direction du port de Norrköping pour retrouver le grand chemin de Stockholm.

À aucun moment, durant ces presque quinze jours de voyage, Nils ne perdit sa belle humeur, aidant volontiers à la manœuvre en dépit de nos difficultés à nous comprendre, et irradiant sa virile beauté sans paraître se rendre compte des effets qu'elle produisait sur moi — son torse nu, discrètement rehaussé de villosités argentées, répandait une vapeur luxurieuse qui desséchait ma bouche. La perspective d'offrir au monarque la primeur de ces enchantements m'empêcha de pousser trop avant ma campagne mais je me promis *in petto* de ne pas laisser à son seul récipiendaire la jouissance d'un tel trésor.

Nous atterrîmes sur le parvis du palais royal le 3 septembre, presque soixante-dix jours après avoir quitté Trémainville. La foule, avertie de l'imminence de notre arrivée, était considérable. Une vaste tribune circulaire avait été montée, au centre de laquelle le *Polisson* fut arrimé. La garde présenta les armes ; un héraut vint aussitôt nous demander d'attendre Leurs Majestés ainsi que mon épouse, dont le carrosse nous avait précédés. Chacun se tut à l'apparition du cortège royal : Nils, qui n'en menait pas large, dut s'appuyer sur Bruno, tout autant intimidé, et je retins mon souffle.

Le Gustave devant qui je m'inclinai ce jour-là n'avait rien en commun avec la simplicité bonhomme du comte de Haga : plus richement vêtu que nos princes, plus majestueux surtout,

32. Actuelle Oskarshamn, dans le comté de Kalmar.

le regard olympien qu'il posa sur moi en gravissant l'estrade me fit plier l'échine. Le peuple poussa des acclamations qui couvrirent les faibles mots que ma bouche réussit à émettre. Le Roi s'en amusa et, constatant mon trouble, pria la Reine — belle et quasi-divine incarnation dont le teint ivoirin n'avait rien à envier à notre Marie-Antoinette — d'inviter Armande-Louise à me rejoindre. Puis un officier plaça un carreau sous mes genoux cependant que le souverain, du plat de l'épée, me faisait commandeur de l'Ordre de l'Étoile Polaire.

— Puisse sa devise, *Nescit Occasum*[33], valoir pour l'admiration que nous vouons aux Français ! proclama-t-il dans notre langue avant de répéter la phrase en Suédois, de sorte que ses sujets ajoutassent leurs vivats à mon triomphe.

Le vertige me saisit brièvement lorsque nous redescendîmes de la tribune ; le premier bras secourable qui s'avança fut celui du comte de Fersen.

— Je suis heureux d'avoir perdu contre Son Altesse Royale ! sourit-il.

Alors que nous rejoignions le palais afin que j'y fusse présenté à la Cour, mon interlocuteur expliqua avoir quitté Paris quelques semaines auparavant en pleine tourmente parlementaire.

— Notre bien-aimé Gustave, ajouta-t-il, a su traiter avec la Diète qu'il avait réunie, chose dont votre monarque semble incapable sans recours à la contrainte : on a dû exiler vos parlementaires pour qu'ils acceptassent de réfléchir à l'impôt ! Le plus étonnant est que le peuple les soutient, alors même qu'il aurait tout à gagner d'une réforme de la fiscalité... Dieu sait ce qui sortira de ces États généraux dont chacun appelle à la convocation comme s'ils devaient résoudre à eux seuls tous les

33. « *Elle ne décline jamais* »

problèmes du royaume... Savez-vous, au fait, que Monsieur de Calonne s'est enfui en Angleterre ? On prétend qu'il y a été fort bien accueilli...

Le traitement que, pour ma part, je reçus chez Gustave III fut digne d'un ambassadeur : on me donna de riches appartements, ainsi qu'à mon épouse, et l'on me pria, avec les mêmes prévenances qu'à Växjö, de narrer mon périple aux membres éminents de la Cour, réunis autour de la famille royale.

Nous vécûmes une semaine en parfaits courtisans au palais royal, où régnait une étiquette digne du Versailles de Louis XIV. Armande-Louise rejoignit tout naturellement la suite de la Reine et je commençais à désespérer de retrouver un Gustave plus conforme à celui que j'avais connu en France lorsque l'on me fit savoir que Sa Majesté souhaitait m'honorer d'une visite de sa collection d'antiques.

Ayant aperçu une partie de ces très belles copies d'originaux italiens dans une aile du palais, je ne m'attendais guère à ce que notre hôte me conviât à le rejoindre en son château de Drottningholm, construit sur une île du lac Mälar à une journée de carrosse de la capitale. Conformément aux vœux du monarque, j'effectuai, incrédule, le trajet en ballon avec Nils et Bruno.

Nous atterrîmes sur la vaste perspective qui prolongeait vers l'ouest les jardins de cette demeure splendide. Mes craintes que la majesté ne l'emportât de nouveau sur l'amitié ne se dissipèrent pas immédiatement car, au lieu de nous conduire au logis principal, ce furent les portes rouge et or d'un précieux pavillon chinois que l'on nous ouvrit au bout d'une allée ornée de sculptures.

Là, une cohorte de serviteurs plus amènes et souriants les uns que les autres prit soin de moi avec autant d'égards que si j'appartenais à la famille royale. Un majordome fit en outre savoir à mes compagnons que Sa Majesté attendait qu'ils se présentassent à elle en ma compagnie, non comme domestiques mais en tant qu'invités ; il précisa enfin que l'habit de Cour n'était pas requis. Bruno comprit avant moi ce que cela signifiait mais Nils, cantonné jusqu'alors à son rôle de laquais et osant à peine lever les yeux sur ce qui l'entourait, se mit à trembler. Le *butler* recourut aux menaces, avec pour conséquence de faire naître aux paupières de notre Apollon des larmes auxquelles j'eus bien du mal à ne point succomber.

Le lendemain matin, un carrosse nous porta au château. Gustave, en costume clair, y tenait sur le perron une discussion animée avec quelques intimes, dont le comte d'Armfelt. Congédiant ceux-ci, il descendit à notre rencontre.

— J'aurais préféré t'inviter à Haga mais les travaux n'en sont point encore achevés, lança-t-il en m'empêchant de mettre genou à terre. Pardonneras-tu à la pompe du lieu ?

J'acquiesçai du menton, ému et rassuré par ce retour inespéré du tutoiement. Prenant ma main, notre hôte nous conduisit aussitôt, à travers un dédale de couloirs décorés avec une grande sobriété, jusqu'à une galerie où étaient exposés les antiques, motif officiel de mon séjour. Un furtif coup d'œil en arrière m'enseigna que Bruno et Nils nous avaient suivis, encadrés par Armfelt et un garde. Un quinquagénaire aux traits aussi lourds que l'embonpoint nous attendait devant une enfilade de statues, carnet de croquis en main.

— Monsieur Sergel a bien voulu abandonner ses ciseaux pour m'accompagner en Italie, commenta Gustave. C'est à ses bons conseils que nous devons ces trésors. — Il se pencha à mon oreille : Le maraud a pris femme, chuchota-t-il, mais il dessine fort lestement les mâles et dispose céans d'un atelier dont la visite risque bien de te plaire...

Le quinquagénaire fit une révérence et commenta en excellent français les merveilles ramenées d'Italie, dont un Endymion en marbre blanc qui n'était pas sans rappeler les formes de Nils. Chacun en convint, sauf le principal intéressé, pour qui notre langue demeurait un mystère. Le Roi glissa quelques mots à Sergel, lequel adressa ensuite au jeune homme une espèce de harangue qui fit rosir ses joues. Moins d'un quart d'heure plus tard, au prétexte de réaliser quelques dessins préparatoires, notre sculpteur obtenait de Nils qu'il posât nu sur un petit podium placé au centre de son atelier, à quelques pas de la galerie.

La grâce naturelle avec laquelle notre éphèbe empourpré se défit de sa vareuse puis de sa culotte nous confondit. Son pénis, légèrement plus carné que le reste, s'ombrait d'un scintillant duvet ambré qui remontait en pointe fine jusqu'au nombril. Pivotant sur lui-même à l'invitation de l'artiste, il nous donna à contempler des creux et des rondeurs discrètement ourlés de lumière sur lesquels, en d'autres circonstances, nous nous serions probablement jetés.

Sergel, après avoir fait adopter à son modèle les postures les plus suggestives, en crayonna plusieurs esquisses ainsi qu'un très beau portrait en buste préfigurant, assura-t-il, un Ganymède dont il recherchait jusqu'alors vainement le modèle.

— Celui de chair vous appartient d'ores et déjà, soufflai-je à mon illustre voisin.

— Ce mignon-là n'est point encore prêt, répondit Gustave à voix basse. Nous briserions le charme en y portant la main. Et puis j'ai appris à me contenter des tableaux vivants : je compte partout des ennemis, hélas, même ici où l'étiquette est moins contraignante. Fersen, Armfelt, Sergel et quelques autres pourvoient secrètement à mes besoins mais ces rares moments ne me sont autorisés qu'après le Petit coucher, dans ma chambre, et jamais à Stockholm…

Ainsi que je le découvris quelques heures plus tard, les appartements du comte d'Armfelt communiquaient, *via* un couloir de service, avec ceux du souverain. Mon guide, en chemin, expliqua qu'un dispositif similaire existait dans la plupart des maisons royales afin que Gustave pût secrètement jouir de plaisirs qui, autrement, lui auraient été interdits. Lorsque j'évoquai ce que Monseigneur Wallquist avait sous-entendu au sujet de la contribution d'Adolf Fredrik Munck à la perpétuation de la dynastie, mon *cicérone* m'arrêta de la main.

— Gardez-vous d'en parler à Sa Majesté ! prévint-il. Chacun pense à la Cour que Gustave-Adolphe, l'héritier du trône, est illégitime : Munck a maintes fois été surpris en *très* proche compagnie de la Reine, dont il est le favori, ce qui le protège pour l'heure des justes ressentiments de notre souverain. Quant à Wallquist, c'est un séditieux ; et tant que nous y sommes, méfiez-vous également de Fersen : il n'est point celui qu'il semble…

Je pénétrai, seul et perplexe, dans la chambre du Roi par une porte dérobée. Mon hôte m'attendait, nu sur son lit, sceptre triomphant. Je me dévêtis sans un mot, rendant ses moues et ses sourires à mon glorieux complice avant de le rejoindre. Nous nous aimâmes plusieurs fois avec la passion renouvelée des anciens amants, alternant sommeil, collations et étreintes tout au long de la nuit, mais sans reprendre la discussion ébauchée dans l'atelier de Sergel.

Je quittai Gustave vers six heures, juste avant que son Premier valet de pied ne vînt ouvrir les rideaux et annoncer le Petit lever. Le comte d'Armfelt, que je rejoignis chez lui, s'apprêtait à s'y rendre ; il parut rassuré de me voir revenir.

Je le revis quelques minutes plus tard, dans la chambre de parade, pour le Grand lever; Fersen s'y trouvait également: rien, dans la manière aimable dont le Roi traitait celui-ci, ne laissait filtrer le moindre soupçon. M'apercevant parmi les courtisans, Gustave remarqua à voix haute que nombre d'entre eux rêvaient d'expérimenter le *Polisson*. Quoi qu'il m'en coûtât, je ne me dérobai point à mes devoirs.

— Votre Majesté seule dispose de ses biens, répondis-je.

Le court silence qui s'ensuivit résonna avec plus d'éclat en mon âme que les louanges dont chacun me gratifia immédiatement après.

Personne à la Cour n'ayant ma science aéronautique, je fus chargé d'initier quelques téméraires seigneurs à la maîtrise des airs, ce qui occupa la majeure partie du temps que je passai à Drottningholm.

Gustave, heureux comme un enfant du cadeau que je lui avais fait, ne put immédiatement se résoudre à l'utiliser, pour des raisons similaires à celles qui en avaient empêché Louis XVI. Mais, à l'instar de son cousin de France, il ourdit, avec ma complicité et celle du comte d'Armfelt, une intrigue lui offrant cette possibilité sous le couvert d'une chasse en forêt de Haga. Nous y partîmes en même temps: le Roi à cheval avec Armfelt, Fersen et une suite réduite, moi en ballon avec Nils et Bruno.

Le Haga, campagne éponyme de Sa Majesté en voyage, était telle une perle chinoise égarée sur le rivage. L'aérostat fut amarré dans un bosquet reculé. Mes nobles compagnons renouvelèrent, pour la forme, leurs prévenances au sujet des dangers liés à l'exploration aérienne: Gustave les en remercia avec un clin d'œil malicieux et me fit l'honneur, ainsi qu'à Nils, de nous convier à son bord pour un premier vol captif.

Notre distingué aéronaute était si ému qu'incapable de parler il nous serra contre sa poitrine. Ayant longuement considéré la nature qui s'étendait à nos pieds, les reflets argentés du soleil sur les flots, il désigna le câble qui retenait l'aérostat et murmura, les yeux brillants :

— Cette corde-là, on ne m'autorisera pas davantage à la couper que les autres... — Mon regard interrogatif le fit sourire : tu sais bien à quoi je fais référence, soupira-t-il. La liberté n'est point pour moi... — Il caressa distraitement les cheveux cendrés de Nils, qui sourit à son tour sans comprendre. Nous entrerons bientôt en conflit avec la Russie, murmura-t-il ; l'impératrice Catherine est fort occupée du côté turc... Nos alliés nous soutiendront, et pas seulement eux : les amis du joli Fersen y seront bien contraints... Faudra-t-il que je sois victorieux à l'étranger pour être roi chez moi ? — Il fronça les sourcils et passa un bras autour de mon cou : Voilà que je parle politique alors même que je cherche à la fuir, gronda-t-il. Ah, quelle fortune est la tienne ! — Il adressa quelques mots à Nils dans sa langue, auxquels celui-ci répondit en secouant gracieusement la tête : Notre Ganymède est un esprit fort, commenta Gustave ; peut-être, après tout, en pourrons-nous jouir plus tôt qu'espéré !

Nous regagnâmes Drottningholm le soir même. Le Roi, pour nous divertir, offrit à la Cour la surprise d'une représentation des *Nozze di Figaro* de Monsieur Mozart par des chanteurs venus tout exprès de Vienne, mais sans le *maestro,* retenu dans Prague. N'entendant rien à la langue italienne, la pièce me sembla plus légère que son inspiratrice française et je fus étonné d'apprendre que l'Empereur Joseph II, pourtant si libéral en ses paroles du temps où il voyageait *incognito,* l'avait estimée impie et s'y était ennuyé. Les avis de *mon* Joseph — gendarme-compositeur — me manquèrent ce soir-là plus qu'à l'accoutumée; Gustave, pour sa part, bien qu'agacé jadis par Beaumarchais, aima assez Mozart et da Ponte pour applaudir à tout rompre, poliment suivi par l'auditoire. Mais la réelle surprise survint pour moi en fin de spectacle, lorsqu'un serviteur me remit un billet contenant cette simple phrase:

« Que Nándor existe ou non pour vous, à jamais, pour lui, vous existerez. »

Le valet confirma d'un geste explicite que la personne qui le lui avait remis, arrivée avec les artistes autrichiens, était bien celle dont je n'avais reçu aucune nouvelle depuis son départ de Trémainville deux ans auparavant. Ne pouvant abandonner mes illustres compagnons, je griffonnai au verso du message une invitation à me retrouver le lendemain matin au pavillon chinois.

Agité par la journée qui venait de s'écouler et la perspective de celle qui m'attendait, je ne pus trouver le sommeil. Vers les quatre heures, j'entendis un carrosse et perçus une présence dans le vestibule: entrouvrant la porte, je vis disparaître la silhouette de Nils à la suite d'un domestique en livrée. La voiture repartit aussitôt.

Une conversation animée dans l'antichambre me réveilla en sursaut quelques heures plus tard: je reconnus la voix familière de Bruno et les accents caractéristiques de Nándor. Les deux compères pénétrèrent chez moi avec des éclats de rire redoublés par la mine ébaubie des laquais. Nous partageâmes un copieux *frukost* sur mon lit, émus de nous retrouver en semblable décor.

Les beaux yeux de Nándor perdirent toutefois en éclat lorsqu'il rapporta comment le baron de Kempelen, après la vente à prix d'or de son Turc joueur d'échecs, avait exigé que le nain fît partie du contrat et comment, s'étant vu opposer un refus, il avait impitoyablement chassé son complice sans égard pour les années passées ensemble.

— Il savait ne courir aucun risque, gémit mon visiteur, car j'ai juré le silence au sujet de ses automates. J'ai d'abord souhaité mourir mais je me suis ravisé : ce traître ne mérite pas que l'on commette si grand péché. J'avais conservé quelques amis à Vienne ; faute d'être recruté à la Cour, l'un d'entre eux m'a recommandé aux directeurs du Burgtheater. Je remplis désormais toutes sortes de tâches, sur scène et en dehors... Dieu, vraiment, a eu pitié de moi, qui a voulu que je suivisse la troupe jusqu'ici !

Son désarroi me porta à lui offrir par anticipation de se joindre à ma suite et, le moment venu, regagner Paris en notre compagnie. Il éclata d'un rire étrange mêlé de sanglots qui ne s'éteignit qu'entre mes bras, tout contre mon sein.

Je n'eus guère besoin d'insister auprès de Gustave — comblé d'avoir pu, en partie grâce à moi, mettre Nils dans son lit : ainsi s'expliquait le mouvement surpris la nuit précédente — pour qu'il fît établir les patentes nécessaires à ce que Nándor quittât le service du Burgtheater au profit du mien. Ainsi, lorsque la troupe reprit le chemin de Vienne, vers la fin du mois de septembre, et que la Cour s'ébranla pour Stockholm, avions-nous, les uns et les autres, gagné qui un nouvel amant, qui une nouvelle livrée.

Les tendresses de Nándor à mon égard étaient trop fortement empreintes de reconnaissance pour que je les lui rendisse avec sincérité mais nos étreintes n'en furent pas moins passionnées, auxquelles se joignirent parfois Gustave et, à l'invitation de celui-ci, les comtes d'Armfelt et de Fersen. Nils demeura en revanche hors d'atteinte, unique grâce que son auguste maître, trop fraîchement épris, me refusa.

Ma chère épouse, à qui Paris manquait décidément fort peu, sut me persuader de demeurer en Suède jusqu'aux premiers frimas. La proximité bienveillante du monarque atténua les lourdeurs protocolaires mais les escapades en dehors de la capitale se raréfièrent au fur et à mesure que rapetissaient les jours. La nouvelle de l'exil à Villers-Cotterêts du duc d'Orléans — qui avait soutenu les parlementaires et s'était opposé au Roi en proclamant que les États généraux avaient seuls le droit de voter des impôts — décida de notre départ : Son Altesse Sérénissime protégeait officiellement mon ancienne belle-famille et je m'inquiétais pour mon fils, dont l'éducation se déroulait au Palais-Royal.

Faute de *Polisson,* je pensais utiliser notre carrosse et entasser notre suite dans deux autres voitures mais Gustave eut l'exquise bonté de mettre l'un de ses yachts à notre disposition. Que de promesses fîmes-nous, au moment de quitter Stockholm, qui ne seraient jamais tenues…

XI

Embarqués le 15 décembre, nous appontâmes au Havre de Grâce[34] le lendemain de Noël. Abandonnant notre frégate et les armes de Suède, nous prîmes la route de Paris sous nos couleurs. Cinq jours plus tard nous arrivions rue des Marais-Saint-Germain.

Personne à la maison : le majordome indiqua que mon beau gendarme-compositeur et sa femme s'étaient installés pour les étrennes, avec mon rejeton, chez Madame de Montesson. Armande-Louise et moi-même nous séparâmes donc, le temps de retrouver les nôtres : elle partit rejoindre la comtesse de Provence en son palais, et je fis atteler pour Sainte-Assise.

Les retrouvailles furent chaleureuses mais je compris qu'Henry-Saül me tenait autant grief de l'avoir trop promptement confié aux soins d'autrui que de revenir sans le *Polisson* : il fit, devant moi, à Nándor des effusions démonstratives et exigea que celui-ci demeurât avec lui, ce que j'acceptai pour me faire pardonner.

Marion Bologne de Saint-George expliqua que l'exil du duc d'Orléans ne frappait ni sa parentèle ni ses familiers et que, par conséquent, l'ordinaire au Palais-Royal demeurait inchangé.

34. Ancien nom du Havre, dans l'actuelle Seine Maritime

— Il est toutefois exact que notre Henry-Saül ne s'y plaît guère, confia-t-elle. Le jeune comte de Beaujolais, qui partage son éducation, ne semble pas du meilleur exemple, que le sous-gouverneur Lebrun, en dépit de ses lumières, ne parvient point à éclairer. L'équitation seule intéresse ces enfants : ils s'ennuient le reste du temps. Le marquis votre frère ayant décidé de nous laisser en paix, peut-être serait-il opportun de recruter un nouveau précepteur afin que votre héritier demeurât parmi nous ?

La suggestion me parut d'autant de bon sens qu'il était indispensable qu'Henry-Saül, libre de paraître devant le Roi, contrecarrât par sa présence à la Cour les manœuvres d'Henry-François ; fréquenter plus assidûment ses grands-parents pourrait en outre lui ouvrir enfin le cœur du duc-prince.

Mon cher Joseph n'agréa pas mes vues.

— Le duc d'Orléans sera bientôt plus aimé que le Roi, assura-t-il. Le soutien de Son Altesse Sérénissime aux États généraux et aux parlements lui vaut celui du peuple. Si le duc devenait Lieutenant général du royaume — on le murmure de plus en plus fort —, ce pourrait faire la fortune d'Henry-Saül, songes-y ! En dehors de Trémainville et de quelques papiers, que lui légueras-tu, dans le cas où ton empoisonneur de frère vivrait assez vieux pour engendrer un rameau légitime ?

Incertain de trancher correctement la question, je mis à profit l'anniversaire de mon fils, le 21 janvier 1788, pour embaucher Abel-Ferdinand Du Petit Thouars, jeune clerc recommandé par Nicolas Bergasse. Son visage fin, son noble maintien, ses idées libérales sans excès et la modernité de son enseignement emportèrent tous les suffrages, y compris celui de Joseph, auprès de qui je m'engageai à ne point déserter la Cour des Orléans, Henry-Saül ayant par ailleurs exprimé le vœu de poursuivre ses séances d'équitation avec le comte de Beaujolais.

— Il est à craindre nonobstant, remarqua notre fidèle Damas, que ton héritier n'ait un jour à choisir entre Versailles et le Palais-Royal...

Confirmant à demi-mot cette animosité croissante entre cousins, Charles ajouta que la mauvaise santé du Dauphin, atteint de carie vertébrale, n'avait rien pour apaiser les tensions au sein même de la famille royale.

— Quel malheureux symbole de notre monarchie ! commenta Joseph.

On approuva en soupirant.

Vers la fin de l'hiver, alors que le *populaire exilé* obtenait de se rapprocher de Paris — Sa Majesté lui autorisait Le Raincy —, Joseph vint me visiter au palais du Luxembourg, chez le comte de Provence, pour m'inviter à soutenir la fondation, par un secrétaire du duc d'Orléans nommé Brissot de Warville, d'une *Société des amis des Noirs* d'inspiration anglaise, dont l'objectif principal était de dénoncer la traite.

— Nicolas Bergasse en est, insista-t-il, et Monseigneur de Loménie de Brienne en personne s'y intéresse. Tu y retrouveras aussi de vieux amis : le marquis de Villette, le comte de Mirabeau, Camille Desmoulins ton ancien condisciple, et d'autres sans doute que tu connais. Je sais que tu t'ennuies parmi les princes : l'heure est venue de t'engager !

L'assertion n'était pas vraiment exacte mais j'acceptai, autant pour honorer la mémoire de Pauline et son aïeul africain que pour complaire à un interlocuteur de qui je me savais toujours amoureux.

Il s'avéra très vite que cette Société tenait surtout du salon philosophique : on s'y rencontrait entre amis choisis sous les meilleurs lambris afin de disserter *ad libitum* des adresses à soumettre à tel personnage influent ou tel journal. Contrairement à ce que Joseph et moi-même attendions, loin de vouloir abolir l'esclavage — indispensable, selon ses défenseurs, à l'économie de nos établissements d'outre-mer du fait de la concurrence anglaise —, il s'agissait de promouvoir l'égalité des races et éduquer les protagonistes du drame affreux qui se jouait depuis trop longtemps dans nos colonies, de sorte que, le jour venu, les uns accédassent à la liberté avec l'assentiment des autres. Ces derniers, armateurs et planteurs, ne voyaient évidemment pas la chose d'un œil favorable : réunis en club à l'instigation du riche marquis de Massiac, leur nombre dépassait largement le nôtre.

Si je fus ravi de retrouver Villette dans nos rangs, ainsi que le sémillant Desmoulins — flanqué d'un Jean-Thomas de Sérizy inchangé depuis notre dernière rencontre et visiblement réconcilié avec *son* Camille — et faire enfin plus ample connaissance avec un comte de Mirabeau dont j'ignorais jusqu'alors l'impressionnante figure, il me fut pénible d'apprendre que Dieudonné d'Ystirac, mon parent, appartenait à la faction adverse.

— Il paraît même, confia Mirabeau, que Monsieur votre frère l'a imité, suivant en cela les conseils de ces Laspasses dévoués aux intérêts financiers de votre famille au point d'en perdre toute humanité. Sa Majesté, heureusement, s'est rangée du bon côté…

De cette assemblée qui comptait tant de beaux esprits et d'adhérents illustres — dont le marquis de Lafayette — je me sentis d'abord exclu : mon seul mérite, outre mon titre et le parrainage de mes amis, semblait se résumer à avoir *osé* épouser une quarteronne pour engendrer un octavon, considérations purement physiologiques que je trouvais offensantes.

Joseph, à qui je m'en ouvris, me pressa d'aborder le sujet avec notre président. Celui-ci en appela alors à ceux d'entre nous que la question concernait ; quelques-uns, originaires notamment de Saint-Domingue[35], surent adoucir mon sentiment mais ce furent surtout les nobles accents d'Olympe de Gouges, femme de lettres amie de fraîche date de mon cher gendarme-compositeur, qui me touchèrent le plus.

Sans doute en savait-elle à mon sujet davantage que je n'en avais exposé car elle revint maintes fois sur les violences injustement faites à *qui diverge de la norme*, laquelle, éminemment variable, ne pouvait être considérée comme digne de foi. Elle fut applaudie et, devinant mon émotion, m'invita en fin de séance à la venir visiter chez elle.

Elle habitait une belle maison non loin de celle que Madame de Montesson, l'une de ses protectrices, possédait chaussée d'Antin[36]. M'ayant reçu fort simplement en dépit de l'apparat de son ordinaire, elle revint longuement sur les circonstances de sa rencontre avec mon bien-aimé Joseph, qui s'était produite lors de la première représentation, au mois d'août de l'année précédente, de l'opéra *La fille-garçon,* à laquelle je n'avais pu assister, étant alors en Suède.

Notre gendarme-compositeur s'était inspiré des récits de la soi-disant *chevalière* d'Éon, dont je soupçonnais qu'il continuait à *la* fréquenter lors de ses séjours dans Londres avec le duc d'Orléans. Était-il informé de la supercherie ? Mon hôtesse, en tout cas, ne l'était pas et je me gardai de la détromper : la *chevalière,* en effet, symbolisait à ses yeux une forme de liberté à laquelle elle rêvait que les femmes accédassent.

Elle m'entretint ensuite *d'un jeune ami, comme moi différent de la norme,* mais qui, né à Port-au-Prince d'un colon blanc et

35. Actuelle Haïti.
36 Dans l'actuel 9e arrondissement.

d'une mulâtresse, n'avait pas eu ma chance de grandir parmi la noblesse.

— Il est à peine plus jeune que vous, précisa-t-elle. C'est l'un de ses camarades de l'académie militaire qui l'a présenté à notre première réunion. Vous ne le connaissez point car il n'a guère paru chez nous. Il est fort timide quoique joli garçon, et apparemment bien seul, désargenté, loin de son île natale. Il y a en lui un je-ne-sais-quoi de... Enfin, je crois que vous devriez lier connaissance. Nous pourrions organiser une assemblée ici et l'y réinviter...

Elle mit son idée à exécution moins d'un mois plus tard — un dimanche après-midi, unique sortie autorisée aux cadets. Le *jeune ami* en question, Alexandre de son prénom, n'était pas *à peine plus jeune que moi* mais de dix ans mon benjamin : extrêmement bien fait de sa personne, ses traits mâles et sa voix grave faisaient illusion. Il ne me parut guère intimidé de prime abord, en tout cas moins que moi car, en plus du charme, sa conversation se révéla d'une déroutante maturité.

Notre relative jeunesse en comparaison des autres membres de la Société servit d'amorce à un premier entretien qui se déroula dans un petit salon jouxtant celui, plus vaste, où s'affairaient les invités. Mon compagnon me fit la grâce de se souvenir avoir lu dans les gazettes le récit de mes voyages avec *le Polisson* et nous rêvâmes ensemble du jour où il serait possible de traverser les mers en aérostat. Remarquant que pareille entreprise requérait des fonds inaccessibles à un homme du peuple, Alexandre évoqua sans détour la simplicité de sa naissance. Je l'interrogeai sur les coutumes de son île, dont il brossa un tableau contrasté : paradis pour de rares privilégiés, Saint-Domingue semblait un enfer pour l'écrasante majorité de ses habitants soumise à la plus odieuse servitude.

— Quant à nous autres, sang-mêlé, soupira-t-il en secouant ses belles frisures noires, l'espoir est mince d'accéder à une vie meilleure que celle de nos ancêtres. Ma chance est immense de pouvoir étudier ici mais, en l'état, je ne serai jamais officier supérieur.

Je mentionnai Henry-Saül, octavon auquel le Ciel avait réservé un tout autre destin et qui deviendrait peut-être le premier duc-prince sang-mêlé du royaume. Mon interlocuteur hocha la tête sans répondre. Avide de poursuivre chez moi cette conversation, je le conviai rue des Marais-Saint-Germain. Il accepta avec empressement, mais sans s'engager sur une date.

Le duc d'Orléans fit, en mai, un retour triomphal dans la capitale. Excédé de n'ouïr, au Palais-Royal, au Luxembourg ou chaussée d'Antin, pérorer que sur ce sujet, je m'apprêtais à gagner Trémainville lorsque le bel Alexandre me fit savoir par lettre son vœu d'honorer mon invitation : « Je viendrai seul » écrivait-il, affirmation qui me donna matière à d'ardentes songeries.

Je pris soin d'accueillir mon visiteur en habit bourgeois dans un petit salon du rez-de-chaussée et nous servis moi-même à boire. Lui portait les mêmes vêtements que chez Madame de Gouges, en cotonnade billebarrée de rouge et de vert. Il expliqua avoir dû cheminer à pied depuis son internat et ôta d'autorité sa veste, répandant dans la pièce une fragance musquée à laquelle je feignis d'être insensible. De la sueur perlait à son front. Je lui tendis une serviette ; il sourit, un peu gêné.

— Paris manque de bains, s'excusa-t-il, et peu d'entre nous peuvent s'offrir du parfum…

Puis il se mit à philosopher des sujets en vogue. L'écoutant distraitement, et davantage intéressé par ses pupilles brillantes, ses lèvres épaisses et le beau renflement que présentait son cou à la jointure de l'épaule, je recherchai *in petto* le moyen de l'attirer dans mes filets. Les Petites Tuileries s'imposèrent finalement.

— Que diriez-vous d'un endroit où vous pourriez librement exposer vos vues aux princes de ce royaume tout en jouissant de bains dignes de Caracalla[37] ? lançai-je.

— Un tel séjour n'existe que dans les songes, répliqua-t-il ; mais si tel était le cas, je ferais tout pour m'y introduire !

— Et si je vous y conduisais sur-le-champ ?

Il éclata de rire, puis resta bouche bée lorsque je fis préparer des coursiers. Une heure plus tard, les portes des Petites Tuileries s'ouvraient devant nous.

S'il était impressionné, mon fier compagnon n'en montra rien, pas même lorsque le vieux Moïse lui enseigna les usages du lieu, loup de soie et tutoiement compris. Redoutant que notre bel impétrant me fût trop vite enlevé, je le conduisis immédiatement dans l'aile du château réservée aux bains.

Nous nous débarrassâmes silencieusement de nos hardes dans le déshabilloir : j'osai à peine porter les yeux sur ce corps sculptural dont la peau totalement glabre paraissait capturer la lumière. La découpe parfaite de ses muscles pectoraux s'ornait de tétins brun foncé, carnation à laquelle répondaient des génitoires qui semblaient lourdes et douces. Un discret filet noir rejoignait le nombril au pubis, où il s'épanouissait en harmonieux triangle. Puissantes colonnes supportant le tout, les cuisses et les jambes de mon invité s'ourlaient de boucles fines.

— Tu es vraiment très beau, marmottai-je...

---

37. Empereur romain (188-217) éponyme de célèbres thermes dont les ruines subsistent dans Rome.

Appuyé au montant de la porte, la rondeur du bras ancrée dans une aisselle aussi invitante que le reste de sa personne, Alexandre secoua la tête en souriant. Je dus ceindre mes reins d'un linge pour masquer mon érection ; Adonis, la verge à peine émue, ne prit pas cette peine. Son entrée dans le vaste salon où était le bassin fit se retourner toutes les têtes ; les conversations s'interrompirent pour mieux reprendre à mi-voix, sans doute déviées par le sujet qui m'intéressait au premier chef.

Masqué au contraire des domestiques, Alexandre passait nécessairement pour quelque haut personnage de la Cour : je lui en fis la remarque à l'oreille, profitant de l'opportunité pour effleurer sa peau du bout des lèvres et poser une main sur son épaule. Nos bouches se rencontrèrent presque lorsqu'il se retourna pour répondre ; notre rire, alors, se troubla.

Ma paume toujours plaquée à son omoplate, je poussai doucement Alexandre au bas des degrés que baignaient les eaux tièdes. Son plongeon suivit mon impulsion : il nageait parfaitement, ses jolies fesses émergeant à intervalles. Ayant parcouru la piscine sur deux longueurs, il revint vers moi avec un sourire malicieux et arracha la toile qui protégeait ma pudeur. Brutalement libéré, mon membre turgide décrivit un arc palpitant sous le nez de mon compagnon. Notre mutuelle surprise nous amusa.

— J'ai honte ! soufflai-je.

— Je n'en crois rien, ricana-t-il. Et puis il ne faut pas : regardez...

À peine troublé par l'onde, le pénis d'Alexandre imitait le mien, pointant un balane pourpre dans ma direction. Agrippant sa main, j'amenai mon Cupidon à prendre place sur l'escalier, de sorte que seules nos têtes émergeassent du bain. Ses doigts, les premiers, trouvèrent mon entrecuisse, flattant mon intimité avec une délicatesse que je lui retournai. Ainsi que je l'anticipais, la peau de sa verge était d'une extrême douceur et son gland plus soyeux qu'une prune. Il détourna mes baisers mais autorisa ma langue à parcourir son cou. Très échauffé, je pivotai ensuite afin de mieux flotter entre ses genoux, épieu contre épieu. Comme pour faire durer le jeu, Alexandre enserra très fortement mon torse entre ses bras jusqu'à ce que je le suppliasse de me laisser respirer. Son souffle, pourtant, s'avéra plus court que le mien lorsque je m'empalai sur son membre : bouche entrouverte, pupilles brillantes, il abandonna enfin ses lèvres aux miennes, esclave de ma langue autant que de mon fondement, ancré plus furieusement à mon corps qu'un naufragé à son radeau. Il jouit à grands gémissements et je fis de même contre son ventre.

Lorsque nous eûmes repris contenance, affalés sur le rebord du bassin, je me rendis compte de ce que l'Apollon Blaise-Abel Durelais attendait respectueusement dans un angle de la pièce. Convoqué du regard, il s'agenouilla près de nous : sa virile beauté, mûrie par l'année et demie qu'il venait de passer auprès de Moïse, irradiait plus que jamais. J'eusse volontiers fait croiser le fer à mes deux divinités si l'appréhension de les perdre ensemble ne l'avait emporté.

Alexandre, plus intéressé à la seconde partie de ma promesse — exposer ses vues aux princes du royaume —, interrogea notre hôte avec insistance sur les altesses présentes ce jour-là. S'étant entendu diplomatiquement répondre que masques et sobriquets en garantissaient l'anonymat, sa moue dépitée me poussa malgré moi à lui suggérer de se mettre en chasse. Il fronça les sourcils puis, ayant vite recouvré une joie conquérante, demanda la permission de suivre mon conseil.

— Il n'aura aucun mal à parler politique, remarqua Blaise-Abel après que notre compagnon se fût retiré ; nos illustres clients n'ont présentement en bouche que cette damnée *Déclaration des droits de la Nation*...

— Chacun ses goûts, répliquai-je en contemplant sa braguette rebondie; ma bouche à moi aimerait autre chose...

— Je suis l'humble serviteur de Votre Seigneurie, sourit l'apprenti taulier en écartant les cuisses.

Soucieux de savourer en paix le festin annoncé, je saisis l'Apollon par le poignet et conduisis nos pas dans une alcôve attenante dont je refermai la porte. Les agapes dépassèrent mes espérances: rompu à satisfaire le plus exigeant débauché et sachant avec art tirer de son corps des ressources infinies, ce Priape à la carrure jupitérienne célébra pour nous une liturgie de chair, au rythme sauvage de laquelle je succombai tel l'adepte d'une religion infernale. Ma langue explora tout, ma peau éprouva tout; mon anus, ma verge, mon nez, ma gorge, mes poings connurent tout, orgasme suprême qui abolit le temps cependant qu'à l'instar d'une Sémélé suspendue au-dessus de l'abîme je jouissais de ce dieu en son absolue majesté. Je déchargeai maintes fois et laissai maintes fois, à pleins poumons, éclater ma fruition, mêlant salive, larmes et semence à celles de mon prodigieux sacrificateur. Enfin, abouché tel un nourrisson à sa tétine, je m'endormis sur son sein avec, dans la bouche, une saveur douce-amère de lait, de sueur et de foutre.

La nuit était tombée lorsque je ressortis de notre temple. Je me rhabillai à la hâte et constatai que les effets d'Alexandre avaient disparu. Moïse confirma, en me tendant un billet, que le jeune homme avait regagné Paris.

« N'ayant point ta liberté, écrivait celui-ci, je me vois hélas contraint de quitter cette Sybaris sans pouvoir te remercier de vive voix de m'y avoir fait admettre. Puissent ces maigres lignes me valoir ton pardon ou, à défaut, ton indulgence. Je te rendrai au plus vite le cheval que tu as eu la bonté de mettre à ma disposition. — Ton Alexandre. »

Ce tutoiement fit que je vécus dans l'espérance de revoir mon jeune amant le dimanche suivant, attente déçue que ne vint adoucir nulle réponse à mes lettres. Ne pouvant croire qu'il m'eût oublié, j'en déduisis qu'une faute quelconque l'avait fait consigner en ses quartiers sans possibilité de communiquer avec l'extérieur.

Ce fut Madame de Gouges qui me détrompa, lors de la visite que je lui rendis, le cœur meurtri, vers la fin du mois de juin, juste avant de m'exiler pour Trémainville : m'étant plaint du silence de notre protégé, mon interlocutrice s'étonna de ce que j'ignorasse que l'émeute grondait dans tout le pays à la suite de la mise en vacance forcée des parlements, et que nombre de cadets avaient été affectés en renfort d'autres militaires chargés de veiller à l'exécution des édits royaux.

Ce sujet avait certes éclipsé les autres, où que je me trouvasse, mais je n'avais pas envisagé qu'Alexandre pût être mandé en province. Sur le conseil de mon hôtesse, je lui envoyai donc une invitation formelle à séjourner en mes terres, laquelle lui serait nécessairement remise lorsqu'il regagnerait son école avant la pause estivale.

Mon bien-aimé gendarme-compositeur ayant accepté, sous le couvert de pouvoir mettre la dernière main à un opéra pour enfants, de suivre son épouse et notre petit Henry-Saül à Trémainville — ma femme, quant à elle, préférait demeurer chez la comtesse de Provence —, l'été s'annonçait sous les meilleurs auspices.

Bien qu'il fût convenu que l'on éviterait les thèmes trop en vogue, la nouvelle de la convocation des États généraux par Monseigneur de Loménie de Brienne soulagea tout le monde : chacun, enfin, pourrait faire entendre sa voix, ce qui ne manquerait pas d'éteindre la sédition en cours. Et, de fait, les militaires regagnèrent leurs casernes, synonyme pour moi de retour d'Alexandre.

Il nous arriva au soir d'un terrible orage, tel un fils du tonnerre, aussi trempé que son cheval mais les traits illuminés par une expression de ravissement qui contrastait tant avec sa mise que nous crûmes un instant qu'il était devenu fou. La température ayant chuté, nous installâmes notre naufragé devant une cheminée afin qu'il pût troquer ses hardes contre des vêtements secs. Drapé comme un oracle, il narra son odyssée depuis Paris, quitté le matin même, et comment le déchaînement céleste l'avait surpris peu après qu'il eût changé de monture à un relais de poste. À l'extérieur, le fracas des bourrasques soulignait les clameurs de notre aède à la façon d'un chœur antique ; Henry-Saül, réfugié dans le giron de Nándor, roulait des yeux apeurés. Le vieil intendant Jean Mondétour, qui passait la soirée avec nous, blâma notre admiration pour ces colères de la nature auxquelles les paysans avaient dû, au printemps, de trop fortes pluies, et à l'été une sévère sécheresse mettant en danger les récoltes.

— Rappelez-vous la guerre des farines ! gronda-t-il. Si la soudure[38] se passe mal, Dieu sait ce qu'il adviendra de la conjonction de la disette et du mécontentement !

Épouvanté par ces assauts de menaces, mon rejeton se mit à pleurer. Marion imposa le silence. Saisissant son violon, Joseph exécuta alors quelques extraits du *Marchand de Marrons,* le spectacle musical pour enfants auquel il travaillait, et nous achevâmes la veillée en dansant et chantonnant au coin du feu.

38. Période précédant les premières moissons, où le grain de la récolte précédente peut faire défaut.

Un dilemme se présenta au moment du coucher : mon vénéré gendarme-compositeur ayant conservé pour moi l'exclusive de ses amours masculines, je ne pouvais sans risque imposer Alexandre à notre couche. Il fallut conséquemment inviter celui-ci à prendre possession d'une chambre isolée, ce qu'il accepta avec un entrain qui me fit douter, pendant quelques heures, qu'il se souvînt de notre étreinte des Petites Tuileries. Mais il se présenta à ma porte au matin suivant dès après le départ de Joseph et je pus constater que sa mémoire et sa passion demeuraient intactes.

L'ami Damas, venu nous visiter avant sa prise de fonction comme colonel du régiment de dragons du comte de Provence, s'avoua autant séduit que moi par le charme de mon nouvel amant. Deux nouvelles vinrent néanmoins tempérer cette commune félicité : mon ancienne belle-mère révéla d'abord que notre Joseph, lassé par l'insuccès de sa carrière musicale, avait décidé de retourner vers les armes et qu'avec l'appui du duc d'Orléans ce serait à Lille qu'il reprendrait sa carrière.

La seconde annonce, funeste, concernait mon vieux mentor, le maréchal de Richelieu, dont mon épouse m'apprit par lettre le décès : ainsi disparaissait, à quatre-vingt-douze ans, l'ultime survivant du règne de Louis XIV. N'avoir pas été averti de ses funérailles — *on* ne voulait pas troubler mon séjour à Trémainville, assurait Armande-Louise — augmenta ma douleur.

À ces chagrins s'ajouta celui, touchant davantage la princesse ma mère que moi-même, de la disparition de notre parente Louise-Blanche d'Ystirac, dont les obsèques avaient donné lieu à une nouvelle passe d'armes entre familles refusant que leur tombeau respectif servît d'ultime demeure à la défunte, née Mondétour mais veuve du marquis Alban d'Ystirac.

« Les Ystirac de Béarn ont finalement accepté que la trépassée reposât auprès de son mari, écrivit ma mère. Je ne sais cela que par ouï-dire car nous n'avons point assisté à ces pompes funèbres. Les dispositions de Monsieur votre père se sont certes amendées, mais non en ce qui concerne notre parentèle, dont nous ne parlons jamais. Il faudra néanmoins que je vous entretienne de Monsieur votre frère : on assure qu'il est parvenu à faire venir à Paris ce bâtard légitimé que, pour notre plus grande honte, il a commis voici quatre ans. »

Les sujets à la mode, que nous avions convenu d'éviter, s'imposèrent avec fracas par la bouche de Nicolas Bergasse, venu tout exprès à Trémainville vers la fin du mois d'août : Monseigneur de Loménie de Brienne, après avoir proclamé la banqueroute de l'État, venait de démissionner ; *exeunt* nos pensions sur le trésor royal !

— Sa Majesté doit incessamment rappeler Monsieur Necker aux finances, s'empressa d'ajouter notre visiteur ; les paiements de l'État devraient reprendre. Et si l'inaltérable Genevois, qui a conservé les faveurs de l'opinion publique, a la bonne idée de faire revenir les parlements, ce sera la fin de nos ennuis.

Chacun ayant affaire à Paris, le passage de notre avocat sonna le départ : Alexandre regagna son école avec le serment de me consacrer ses dimanches, et Joseph finit par avouer ce que je savais déjà : après Paris il y aurait Londres, et après Londres, Lille.

Si le renvoi de Monseigneur de Loménie de Brienne avait donné lieu à de violentes réjouissances dans Paris et en province, la célébration, quelques semaines plus tard, de celui de Monsieur de Lamoignon de Malesherbes, Garde des sceaux, engendra l'émeute jusque sous mes fenêtres de la rue des Marais-Saint-Germain : des séditieux ayant été mitraillés sur le Pont-Neuf, on criait partout « Vive Henry IV[39] et au diable Lamoignon ! », invective reprise, selon certains témoins, par des membres éminents de la noblesse, au premier rang desquels le duc d'Orléans en personne. Cela n'empêcha nullement l'armée de faire un carnage. Atterré à l'idée que mon bel Alexandre prît part à la boucherie, je le pressai de demander son congé mais il refusa.

Sa Majesté, dans la perspective de la convocation prochaine des États généraux, rassembla une dernière fois les notables sur la question des représentations des différents ordres et du mode de délibération. Les grands du royaume étaient opposés au doublement des voix du Tiers-État, matière qui cristallisait les tensions, mais le Conseil décida du contraire, par peur manifeste de l'opinion publique. Excité malgré moi à la perspective de voter pour élire des représentants — acte d'une inédite modernité qui évoquait la jeune Amérique mais aussi l'Antiquité — je cédai à l'optimisme et me moquai des arriérés, dont je ne voulais pas être, qui prédisaient la fin de la monarchie.

Ainsi en allait-il de la princesse ma mère lorsqu'elle vint chez moi discuter de mon frère. J'eus beau objecter que les États généraux de 1614 avaient, selon les livres d'Histoire, renforcé l'autorité royale, elle n'en démordit pas. Poursuivant sur le thème qui nous intéressait, soit persuader le duc-prince de signer un testament en faveur d'Henry-Saül afin d'écarter de la succession le bâtard de mon frère, elle eut un mauvais sourire.

---

39. Monarque (1553-1610) aimé des Français, dont la statue orne toujours le Pont-Neuf à Paris.

— Sauf à se remarier, grinça-t-elle, le marquis de Morienval ne peut espérer engendrer d'héritier légitime. Je sais, par des indiscrétions, que votre aîné ose prétendre qu'un bâtard légitimé vaut mieux qu'un noiraud régulier — pardonnez l'expression, elle n'est point de moi — et qu'il sous-entend que vous ne sauriez être le géniteur de votre hoir, n'ayant point consommé vos noces avec Madame votre seconde épouse. Je n'entends pas nous abaisser à la controverse sur ces médisances ; seuls m'intéressent l'honneur de votre fils et de notre famille. Si le droit ne peut s'opposer à ce que votre frère hérite de son père au décès de celui-ci, la justice commande qu'Henry-Saül, vierge de toute faute, jouisse pleinement des honneurs et des biens que le Ciel lui a réservés.

J'acquiesçai, bien que l'heure me semblât lointaine où mon rejeton aurait nécessité à se prévaloir d'un tel document, à la rédaction duquel nous convînmes néanmoins d'atteler Nicolas Bergasse cependant que ma mère préparerait, pour ainsi dire, le duc-prince à sa signature.

L'anglomane duc d'Orléans quitta de nouveau Paris pour Londres au début de l'hiver, en compagnie de notre bien-aimé Joseph dont l'installation à Lille était déjà avancée. Madame de Montesson, aussi affligée que nous, réussit à convaincre Marion de suivre son conjoint. Mon ancienne belle-mère ne pouvant quitter la capitale en raison du froid intense qui frappait alors le royaume, attendit avec nous que Joseph l'informât de ce qu'il convenait de faire. Ainsi fêtâmes-nous un peu tristement la nouvelle année 1789 et le dixième anniversaire d'Henry-Saül. Mon rejeton reçut néanmoins de nombreux présents et la princesse ma mère annonça triomphalement avoir obtenu de son noble mari la signature attendue.

— Monsieur Bergasse, ajouta-t-elle, m'a pressée de faire réaliser, à destination de notre héritier, copie des lettres patentes, titres de propriété et autres documents importants appartenant à notre famille afin que, rassemblés en un seul portefeuille, ils servent plus tard à faire valoir ce que de droit.

Nous applaudîmes à la précaution — que je persistai à trouver excessive, considérant au surplus que l'avenir de mon fils était déjà assuré.

Les idées échangées lors de nos conventicules de la Société des Amis des Noirs ainsi que celles défendues âprement par mon bel Alexandre, attisèrent mon intérêt pour l'élection de nos représentants. Mon appartenance à la noblesse possédant fief — en l'occurrence celui de Trémainville — m'ouvrait en effet le privilège de participer à l'assemblée de notre ordre pour la généralité de Paris. Lorsque je présentai mes lettres patentes au clerc chargé d'inscrire mon patronyme sur la liste, le fonctionnaire leva le nez de son registre.

— Nous avons ici un marquis de Mondétour-Morienval, remarqua-t-il; un parent, sans doute, de Votre Seigneurie…

La perspective de croiser Henry-François lors d'une réunion glaça brièvement mon enthousiasme mais je refusai de capituler.

L'appréhension me tenaillait toutefois quand je me présentai, rue Saint-Honoré, à l'une des premières séances préparatoires en l'église de la Congrégation des Pères de l'Oratoire. L'énoncé de mon nom par l'huissier ne produisit d'abord aucun effet sinon de discrètes salutations, puis une main frappa doucement mon épaule: c'était celle de Louis-Antoine de Richelieu, mon beau-père. Lequel évoqua d'abord les débats en cours — ils tournaient principalement autour d'un pamphlet récemment publié par l'abbé Sieyès, vicaire général de Chartres, intitulé *Qu'est-ce que le tiers état?* et débordant de menaces à notre encontre, au prétexte que le peuple était tout et que nous n'étions rien — avant de revenir à des considérations plus intimes.

— L'endroit n'est assurément pas des meilleurs, murmura-t-il, mais j'ose espérer que vous m'absoudrez de profiter de l'occasion : il m'inquiète en effet de savoir votre épouse et vous-même si éloignés l'un de l'autre. Je ne doute nullement de votre concorde ; cependant, la venue d'un héritier...

— J'en ai déjà un, répliquai-je en haussant légèrement le ton.

— Excusez-moi, corrigea-t-il ; je voulais dire un *second* héritier... Il ne faudrait pas qu'Armande-Louise...

— Laissons cela, m'agaçai-je à voix haute.

— Vous avez raison, chuchota mon interlocuteur l'air contrit. Pardonnez à la maladresse d'un père trop soucieux du destin de sa progéniture... Reste néanmoins un second point sur lequel je pense que nous pourrions revenir : votre exil de la Cour. Il n'est guère convenable, vous en conviendrez, qu'une fille née d'un sang qui a donné des rois[40], ne puisse être présentée à Leurs Majestés après le mariage, ainsi que l'exigent, et son rang, et le vôtre. On a vu relégations moins longues pour des fautes infiniment plus graves.

— Quelques justes puissent être vos arguments, grognai-je, mon père s'y opposera.

— On ne s'oppose pas à la Reine. Je veillerai personnellement à ce que Sa Majesté s'étonne devant témoins de ce que votre épouse, qui est en quelque sorte sa parente, ne lui ait point encore été présentée. Madame votre mère, dont la

40. De très haute naissance, Élisabeth de Lorraine-Harcourt (1710-1740), grand-mère paternelle d'Armande-Louise, était notamment affiliée à la Maison de Habsbourg.

proximité avec notre souveraine honore votre famille, ne manquera certainement pas d'approuver une démarche qui entraînera *ipso facto* votre réintroduction.

— Ignorez-vous le conflit qui m'oppose à mon frère ? Le Roi lui-même…

— Le Roi lui-même veut ce que veut la Reine. Ne lisez-vous jamais les libelles ?

Son ricanement me déplut mais je le lui rendis : en veillant sur nos intérêts, c'était à ceux d'Henry-Saül qu'il œuvrait. L'huissier, comme une semonce à nos conciliabules, annonça alors le marquis de Morienval. Un frisson glacé m'étreignit.

Caché par mon interlocuteur, j'aperçus à quelque distance derrière lui un personnage richement vêtu dont la perruque et l'imposant tricorne masquaient en partie le visage. Il se dirigea vers un groupe situé à l'opposé de notre travée. Suivant mon regard, mon beau-père haussa les sourcils.

— Je croyais Monsieur votre aîné proche des pieux idéaux de Son Altesse Royale le comte d'Artois, s'étonna-t-il. Si j'en juge par sa proximité avec les partisans du duc d'Orléans, le voilà désormais opposé à la sauvegarde du pouvoir royal : cette gent-là — dont nous ne sommes point, n'est-ce pas ? — finira par nous perdre !

Je rassurai mollement mon compagnon et demeurai par prudence à ses côtés. Les orateurs se succédèrent, puis le public fut invité à s'exprimer. La compagnie, le décor et l'ombre du maudit marquis m'interdirent de prendre la parole, mais non mon frère, qui de fait ignorait ma présence. Il se leva donc, à quelques rangs devant moi, afin d'exposer ses vues. Celles-ci, violemment critiques envers la prétendue faiblesse de nos monarques, m'impressionnèrent moins que la manière particulière avec laquelle elles étaient proférées ; on eût dit que sa bouche était occupée à se dévorer elle-même.

J'en compris avec effroi la raison à l'instant où le tribun improvisé se retourna pour répondre à un contradicteur : le visage du marquis de Morienval était barré de cicatrices rosâtres que le fard ne parvenait pas à effacer, dont une balafrant ses lèvres depuis le menton jusqu'à l'aile du nez. Étouffant ma stupeur, je crus un instant qu'il m'avait reconnu ; mais il pivota de nouveau et se rassit. Une espèce de picotement moite me saisit alors, qui ne s'estompa que plusieurs heures plus tard, après que j'eus quitté la salle, toujours abrité par le duc de Richelieu.

Mes proches, en tête desquels l'intrépide Alexandre, raillèrent tant ma couardise que je me forçai à retourner en l'église de l'Oratoire, certain que celui que je voulais à tout prix éviter finirait par découvrir ma présence et me chercher querelle. J'avais, dans cette perspective, mentalement préparé la figure et les discours que je lui ferais.

Mais je ne le revis point, à mon grand soulagement — il avait probablement regagné ses domaines —, et mon estimé beau-père, tenant ses engagements, réussit l'impensable : avertie par quelques nobles dames de son entourage habilement attendries, et convaincue *in fine* par la princesse ma mère, notre souveraine s'émut publiquement du sort injuste réservé à mon épouse et obtint aussitôt du Roi notre retour en Cour. Ma génitrice, qui m'en informa par lettre, ajouta que le duc-prince, rendu benoît par l'élixir de Marcelline Durelais, assurait ne point se souvenir d'un quelconque *veto* à mon encontre.

Nous fîmes donc nos Pâques, ma femme, mon rejeton et moi-même, avec Leurs Majestés et la Cour, en la chapelle royale de Versailles. Nul murmure dans l'assistance ce matin-là, pas davantage qu'au sujet de notre installation dans les appartements formellement réservés à la famille de mon frère, dont je redoutais constamment l'immixtion.

Revoir mon père après tant d'années ne s'avéra point l'épreuve redoutée : prématurément vieilli, l'attention vagabonde, ne témoignant de sa qualité que par sa vêture, il ne trahit aucune émotion particulière, s'étonnant même des larmes que ma mère et moi-même ne pûmes retenir au cours de l'entretien.

L'imminence de l'ouverture des États généraux ayant attiré auprès du Roi de nombreux courtisans qui en avaient déserté la compagnie, une atmosphère rappelant le lustre d'antan régnait dans les salons, pour le plus grand bonheur des anciens, mais aussi des bambins tel notre Henry-Saül, subjugué par la pompe royale. Chacun tenait son rang jusqu'à la caricature, persuadé qu'un renouveau attendait la monarchie.

La curiosité devant le spectacle inédit de centaines d'émissaires des trois ordres arrivés de tout le royaume — j'appris avec surprise que le comte de Mirabeau et le brillant Maximilien de Robespierre faisaient partie des élus du Tiers — l'emporta sur mes craintes persistantes de croiser de nouveau mon maudit marquis, et le désir consécutif de fuir à Lille, où mon ancienne belle-mère était partie rejoindre son époux.

Nous assistâmes donc à la procession d'ouverture des États généraux, puis à la première séance royale dans une immense salle, dite *des trois ordres,* aménagée pour la circonstance en l'hôtel des Menus Plaisirs. Ce que nous vîmes et ouïmes depuis la tribune ne nous inspira pas d'appréhension, hormis la masse nombreuse des députés du Tiers, vêtus d'un sinistre uniforme noir d'assez mauvais augure, et les « Vive le duc d'Orléans ! » poussés çà et là par la foule.

Les discours préliminaires s'avérant parfaitement ennuyeux, et l'angoisse d'apercevoir Henry-François de plus en plus insistante, je fis atteler pour la Flandre en laissant, à sa demande, mon épouse auprès de la comtesse de Provence.

Joseph et mon ancienne belle-mère nous accueillirent, mon rejeton, moi-même ainsi que Nándor et Bruno, dans une maison de sobre apparence sise non loin de la Grand Place. Seul un couple de domestiques servait au logis, dont le rez-de-chaussée avait été remanié de sorte que Marion, impotente, pût y résider sans nécessité de gravir l'escalier. Mon beau gendarme-compositeur s'était, pour sa part, aménagé une suite d'appartement au premier étage, le second comportant quatre pièces sans antichambre réservées aux invités, et le troisième une enfilade de cellules destinées au personnel. Henry-Saül s'habitua plus vite que moi à ce décor si diamétralement différent de celui que nous venions de quitter.

Comme pour s'excuser, Joseph me toléra presque toutes les nuits dans son lit. Mon désir secret — partagé par Marion qui ne faisait guère mystère de regretter son luxe parisien — était de persuader notre hôte de passer la belle saison à Trémainville ou à Sainte-Assise. Devinant la manœuvre, il résista durant plusieurs semaines.

Ce fut la lecture des gazettes — notamment du *Courrier de Provence,* où le comte de Mirabeau relatait les séances des États généraux — qui le convainquirent peu à peu de se rapprocher de Paris. Nous apprîmes, par les plumes conjuguées de ma mère et de mon épouse, le décès de Monseigneur le Dauphin, emporté à seulement sept ans et demi par sa carie osseuse, mais la nouvelle du coup de force des députés du Tiers qui, après avoir refusé de se disperser, s'étaient, le 20 juin, proclamés *assemblée nationale* et prétendaient donner une nouvelle constitution au royaume, emporta d'autant plus aisément la décision finale que le régiment auquel appartenait Joseph fut appelé en renfort des troupes concentrées autour de notre capitale, sur ordre du Roi, par le maréchal de Broglie.

Arrivés à Trémainville le 1er juillet, nous dûmes, non sans inquiétude, prendre congé de notre militaire, parti rejoindre son commandement, et ne pûmes compter que sur le rare courrier ou, par le truchement de nos gens, sur les informations qui parvenaient aux relais de poste : toutes ces sources appelaient à ne point tenter de rejoindre Paris, où l'émeute grondait derechef et qui venait de s'ériger en *commune* — vocable anglomane du pire aloi.

Songeant à nos proches, nous vécûmes dès lors dans l'angoisse. Le vieil intendant Jean Mondétour tenta d'abord de nous rassurer, expliquant qu'à l'instar jadis de la guerre des farines, la tempête se calmerait après les nouvelles récoltes, mais ce fut lui qui, d'une voix lugubre, annonça quelques jours plus tard le nouveau renvoi de Monsieur Necker, accusé de trop grande indulgence à l'égard du Tiers-État.

— C'est déclarer la guerre à l'opinion publique ! prophétisa-t-il.

Il ne se trompait pas : un coursier envoyé depuis Sainte-Assise par Madame de Montesson nous apprit, peu après, que l'insurrection s'était étendue, que les gardes-françaises s'y étaient ralliées et que des mutins appelaient au trône le duc d'Orléans, avec Necker comme principal ministre ; des voyageurs arrivant de Paris avaient en outre juré que la Bastille était prise !

Joseph, le 20 juillet, revint enfin à Trémainville en compagnie d'Alexandre. Enthousiastes et diserts, une incongrue cocarde tricolore au chapeau, ils racontèrent comment le marquis de La Fayette, pourtant député de la noblesse, s'était laissé élire au commandement d'une milice bourgeoise intitulée *garde nationale,* forte de près de cent mille hommes, dont cette cocarde, aux couleurs de Paris et du royaume, était l'emblème. Ils confirmèrent la chute de la Bastille et le massacre du gouverneur de Launay. Assassiné également, le prévôt des marchands qui dirigeait la *commune* avait été remplacé par un exalté nommé Bailly, soi-disant *président de l'assemblée nationale,* qui s'était pour l'occasion drapé du titre gothique de *maire*! Sa Majesté, inclinée par La Fayette à entériner cette tragique ignominie — qui ne semblait pas l'être pour nos interlocuteurs —, s'était rendue à Paris, aux cris de « Vive la Nation! », après avoir *in extremis* rappelé Monsieur Necker.

Surpris par l'effroi qu'ils lisaient en nos regards, Joseph et Alexandre alléguèrent que nous n'avions rien à redouter d'une réconciliation, si violente fût-elle dans son expression, du Roi avec son peuple, et que cette garde nationale à laquelle ils venaient d'adhérer garantirait le retour à l'ordre.

— Monsieur de La Fayette m'a fait capitaine de celle de Lille, précisa Joseph, et notre Alexandre embarquera bientôt pour Saint-Domingue y porter la révolution...

Ce dernier terme me choqua moins que l'idée de perdre un amant dont j'étais profondément épris; un flot de larmes naquit aussitôt à mes paupières. Marion et quelques-uns de nos gens m'imitèrent par réflexe.

Je me précipitai dans mes appartements; Alexandre m'y suivit, qui avait compris mon chagrin. Il s'allongea sur moi. Son corps sentait la poudre à canon: je le lui dis entre deux sanglots.

— Ce parfum-là est celui de la liberté, sourit-il en caressant mon visage. Il faut que chacun s'en imprègne... Je ne partirai pas avant que tu n'y sois préparé.

Puis il m'aima avec une tendresse inédite qui mêla nos soupirs à mes pleurs.

Joseph vint ensuite gratter à notre porte. Assis sur le bord du lit, il tenta longuement de me rassurer, prenant à témoin son compère et promettant plus qu'il ne pouvait tenir. Il quitta d'ailleurs peu après Trémainville pour la Flandre, avec une Marion tourmentée à l'extrême par la tournure que prenaient les événements.

Vers la fin du mois, le contenu de nombreuses missives augmenta notre trouble : Son Altesse Royale le comte d'Artois, les princes de Condé et de Conti ainsi que d'autres grands seigneurs — mais pas le comte de Provence — venaient de s'exiler en dehors de nos frontières ; on faisait par ailleurs état d'une insurrection généralisée en province, où les nouvelles de Paris avaient généré une espèce de frénésie anti-aristocratique alimentée par les plus folles rumeurs. Les oracles de Jean Mondétour s'avéraient terriblement exacts.

Le Ciel protégea Trémainville, où nous nous enfermâmes, mais s'acharna sur le royaume durant tout le mois d'août ; des brigands s'en prirent notamment aux biens de notre famille administrés par les Laspasses au nom de mon frère, dont les châteaux de Mondétour et de Morienval. Nous en fûmes avertis par des amis du vieil intendant réfugiés en nos murs. Leurs récits nous épouvantèrent : venus détruire les livres terriers[41] au prétexte de délivrer nos paysans de la *tyrannie,* ces criminels avaient agressé quiconque leur résistait, blessant de nombreuses personnes — notre maudit marquis et les siens y avaient échappé, barricadés en leur hôtel parisien —, pillant et brûlant tout sur leur passage, dont les toitures de Morienval et une partie du mobilier de Mondétour.

Et la prétendue *assemblée nationale constituante* légitimait ces crimes, décrétant même l'abolition des privilèges avec la complicité de certains députés de la noblesse ! Nous ne pouvions demeurer sans rien faire : sourds aux supplications des nôtres, Alexandre et moi-même cinglâmes vers Paris.

---

41. Registres seigneuriaux contenant les lois, usages, droits et obligations des personnes qui leur sont soumis.

XII

Nous arrivâmes dans la capitale par la porte de Saint-Antoine, où régnait un désordre inextricable de voitures, gens de pied, militaires et chariots transportant les pierres arrachées à la Bastille, dont l'imposante silhouette dominait encore, couverte d'ouvriers affairés à son démantèlement. On nous offrit d'en acheter des fragments, ce que je fis en souvenir des longs mois que j'y avais passés. Entre ce chantier et ceux qui, depuis plus d'un an, détruisaient les maisons installées sur ses ponts, Paris semblait avoir subi un bombardement.

Nous traversâmes le fleuve pour accéder rue des Marais-Saint-Germain où, à mon grand soulagement, ma maison n'avait subi aucun dommage. Puis nous nous rendîmes chaussée d'Antin, chez Madame de Gouges : sa demeure semblait le point de ralliement de nombreux séditieux.

Notre hôtesse, saisie d'une exaltation quasi-mystique pour la Révolution, nous présenta un prêtre lorrain nommé Henri Grégoire, député du clergé aux États généraux, qui présidait depuis quelque temps la Société des Amis des Noirs. Il nous exhorta, l'air pénétré, à nous convertir à *l'amour de l'Homme* — ce qui faillit me faire pouffer — avant de déclamer des extraits d'une *Déclaration des droits et devoirs du citoyen* à la rédaction de laquelle il travaillait, proclamant notamment l'égalité de chacun indépendamment de la naissance — et donc de la volonté divine, ce que je trouvai blasphématoire dans la bouche d'un curé.

Parmi le public, je remarquai un homme élégamment vêtu, à peine plus âgé que moi, qui jetait des œillades à la dérobée sur Alexandre. S'étant aperçu de ce que je l'avais découvert, l'inconnu se présenta dès après le sermon : avocat à Chartres, député du Tiers-État et récent adhérent à notre Société, il s'appelait Jérôme Pétion. Il ne fit point mystère de la fascination qu'exerçaient sur lui les peaux métissées et, apprenant que mon brun compagnon s'apprêtait à regagner son île natale avec un mandat de Monsieur de La Fayette, voulut serrer dans ses bras *le futur de la Nation.*

Le sourire narquois d'Alexandre me tranquillisa mais je ne pus empêcher notre nouveau camarade de nous imposer sa présence et sa faconde jusqu'au soir. N'osant lui refuser ma porte — ce que je me reprochai maintes fois ensuite — je dus l'inviter à passer la nuit chez moi : le félon se hâta d'accepter.

Je partis seul pour Versailles dès l'aube du lendemain, laissant mes hôtes en grande conversation dans une antichambre du rez-de-chaussée. L'atmosphère qui régnait au château était à l'opposé du printemps précédent : en majeure partie déserté par la Cour, l'endroit bruissait de rumeurs, médisances et querelles autour de complots supposés, faisant de chacun un ministre putatif accusant l'autre de trahison ou d'inconscience et jetant du *monarchien* à quiconque émettait un jugement opposé. L'exil volontaire du comte d'Artois et de nombreux grands du royaume avait semé le trouble, sinon le désespoir, dans la plupart des esprits.

L'ami Damas, rencontré dans les appartements du comte de Provence, tenta vainement de dissimuler son pessimisme : un pli d'amertume inédit à la commissure des lèvres, il jura sans grande conviction croire en une issue favorable au terrible conflit qui venait d'éclater entre Français, et en la sagesse des *usurpateurs des Menus Plaisirs* — ainsi les nommait-il, avec un ricanement si triste que je n'eus pas le cœur de l'imiter.

Le visage plus marqué encore, notre auguste maître tempêta contre la *faction d'Orléans,* parvenue selon lui à diviser la famille royale et exciter le ressentiment de l'opinion publique.

— On voudrait perdre la monarchie que l'on ne s'y prendrait autrement ! fulmina-t-il. Et je ne dirai rien de ceux, ambassadeur d'Autriche en tête, qui parlent de faire évader Sa Majesté de gré ou de force par la Champagne ou par Metz ! *Évader,* vous rendez-vous compte ? J'ose à peine en envisager les conséquences si cela se répandait...

Je retrouvai mon épouse chez la princesse ma mère. Leurs inquiétudes ne différaient guère de celles du comte de Provence mais l'entretien porta davantage sur les déprédations dont les domaines de notre famille avaient été la cible.

— Monsieur votre père en a accueilli l'annonce avec la désinvolture que nous lui connaissons, gémit ma mère ; quant à votre frère, toujours terré en son hôtel, il s'est contenté de mander sur place nos intendants. C'est d'ailleurs par la plume de ceux-ci que j'ai appris l'étendue des ravages. Mondétour a été pillé, Morienval partiellement incendié et nombre de nos gens molestés ; tout cela pour quelques terriers jetés en pâture aux flammes ! Nos belles-familles ont, pour certaines, subi l'attentat mais le Ciel a bien voulu les épargner. Avez-vous des nouvelles de province ?

Les derniers courriers de nos parents de Roccaze et d'Ystirac-Sombrun remontant à plusieurs semaines, sans mention d'autre événement que les États généraux, je dus répondre par la négative, promettant aussitôt de rédiger des missives à destination du Béarn.

De retour à Paris, je constatai avec dépit qu'Alexandre et notre encombrant invité ne m'avaient pas attendu. La rancœur me fit incontinent atteler pour les Petites Tuileries, que je découvris presque aussi vides que ma maison. Le vieux Moïse narra d'une voix sombre comment ses nobles clients avaient brutalement déserté la place après les émeutes de l'été, lesquelles étaient toutefois passées loin du domaine grâce probablement à son isolement et à sa modeste importance.

Je n'en profitai pas moins de la vacance de chalands pour mieux jouir de la marchandise : désœuvrée telles les courtisanes d'un trop vaste harem, la partie mâle de notre prostibule m'ouvrit cuisses, bouches et bras dans le décor même de mes amours avec Alexandre. L'orgie, *présidée,* pour ainsi dire, par un Blaise-Abel Durelais plus divin que jamais, s'étira jusqu'au petit matin.

Rentré le jour même rue des Marais-Saint-Germain et troublé par l'absence persistante d'Alexandre, je retournai chez Madame de Gouges. Je n'y trouvai point mon amant mais un marquis de Villette exalté qui parlait de brûler publiquement ses lettres de noblesse et déposséder la monarchie de ses oripeaux : on eut dit qu'il était ivre. Lassé par ces démonstrations extravagantes et craignant de me consumer seul dans l'attente de mon amant, je fis route vers Trémainville, le cœur blessé par un sentiment d'abandon que l'absence de Joseph ne fit que renfoncer.

Je reçus, fin septembre, de bonnes nouvelles de Béarn — où la Révolution avait épargné les Roccaze comme les Ystirac-Sombrun — mais également, hélas, la missive que je redoutais entre toutes : suborné par *son* Jérôme, Alexandre m'y faisait connaître sa décision de ne point me revoir, laquelle aiderait, affirmait-il, à nous détacher l'un de l'autre afin qu'il pût *s'envoler* librement pour son île.

« Quelque difficile à prendre puisse être cette résolution, osait-il écrire, je sais que nous y ferons face avec le temps. Le destin qui nous a fait nous rencontrer, et qui exige désormais que nos voies se séparent, ne saurait nous refuser un jour le bonheur des retrouvailles. »

Il avait simplement signé de son prénom, sans autre formule propre à panser l'intense douleur qui m'étreignit alors.

Assommé par l'épreuve, je réussis d'autant moins à la dépasser, malgré les soins de mes proches, que nous parvint ensuite, sous la plume de mon épouse précipitamment réfugiée au palais du Luxembourg chez le comte de Provence, l'affreuse nouvelle du départ forcé de nos souverains : une foule de harengères, manipulée par la faction d'Orléans et appuyée par la prétendue Assemblée constituante, avait profané Versailles avant de contraindre la famille royale et les quelques courtisans qui lui étaient restés fidèles — dont mes nobles parents — à gagner Paris. Avec la complicité de La Fayette, l'infamant cortège, précédé par les têtes tranchées de gardes du corps portées à bout de piques, avait achevé sa *via dolorosa* au palais des Tuileries, où rien n'était prêt pour accueillir les *otages*, sommairement installés.

« Comment en effet, ajoutait Armande-Louise, qualifier autrement nos souverains ? Quant à l'attitude du duc d'Orléans et de Monsieur de La Fayette, les seuls mots qui me viennent ne sauraient être retranscrits. Veuille le Ciel que tant d'impiété soit punie, ainsi que l'outrage inouï que nous venons de subir. »

La princesse ma mère m'ayant dissuadé, par un billet, de me présenter aux Tuileries, je fis atteler pour le palais du Luxembourg. Les gardes nationaux qui en contrôlaient l'accès ne me permirent d'y pénétrer qu'à pied, après avoir longuement étudié les lettres patentes dont, par prudence, je m'étais muni et qui attestaient notamment de ma qualité de gentilhomme d'honneur de Son Altesse Royale. Laquelle, plus sombre s'il se pouvait que la dernière fois où je l'avais rencontrée, ne cessait de fulminer contre le duc d'Orléans, à qui Monsieur de La Fayette — sans doute pour se racheter aux yeux de ceux-là mêmes qu'il avait trahis — venait d'enjoindre de quitter le royaume.

— S'il était encore une justice en cet infortuné pays, s'écria-t-il, le félon répondrait plutôt de ses crimes, sous la hache !

L'ami Damas, croyant détendre le climat en rapportant que l'Assemblée, désormais installée aux Tuileries, s'était fait exposer par un certain docteur Guillotin le modèle d'un instrument idoine dont on pourrait faire l'essai sur le duc, se vit rageusement imposer le silence.

M'installant au Luxembourg aux côtés de mon épouse, je pus, quelques jours plus tard, suivre Leurs Altesses Royales aux Tuileries et revoir enfin mes parents. Ils n'étaient certes pas prisonniers, mais on leur avait affecté, au second étage, une modeste suite d'appartement à laquelle les plafonds bas, les ternes lambris et le rare mobilier conféraient une impression d'enfermement que renforçaient la situation et mon abattement.

— Où pouvions-nous aller ? souffla ma mère.

— Chez moi, répondis-je.

— Vous savez bien que notre place est ici, sourit-elle doucement.

Du regard, elle désigna son époux : sourd aux événements, indifférent à l'inconfort et au désespoir, le duc-prince, affalé dans un fauteuil près de la fenêtre, sirotait un breuvage dont mon interlocutrice précisa qu'il ne contenait plus d'élixir.

— Je crains que Monsieur votre père ne nous ait quittés, soupira-t-elle. Je pense qu'il est heureux ainsi, raison pour laquelle je n'ai point voulu que l'on nous séparât : il ne fait, après tout, de tort à personne…

Ravalant mes larmes, je pris congé l'âme en déroute. Bien qu'il m'en coûtât d'imposer à mon rejeton un aussi désolant spectacle, je décidai dès le lendemain de l'aller chercher à Trémainville afin que sa grâce enfantine réchauffât le cœur de ses grands-parents — et aussi le mien.

L'hiver, particulièrement rigoureux, nous saisit rue des Marais-Saint-Germain. L'Assemblée avait, entre-temps, parachevé son œuvre destructrice contre la royauté en déclarant propriété de la Nation, non seulement les biens du clergé, mais également ceux du domaine royal fors une *liste civile* encore à établir ; des billets à ordre appelés *assignats* seraient gagés sur ce pillage.

Retenus dans Lille par la Révolution et par le froid, Joseph et Marion ne furent pas des nôtres, fin janvier 1790, pour l'anniversaire d'Henry-Saül, que nous célébrâmes aux Tuileries. Distinction impensable en d'autres circonstances, Leurs Majestés nous firent l'immense honneur de nous recevoir en leurs appartements.

Un mois plus tard, la nouvelle du décès de l'empereur Joseph II, frère aîné de Marie-Antoinette, et de l'avènement de son cadet Léopold II, plongea nos souverains dans une affliction mêlée d'espoir : si le défunt s'était contenté de dispenser de lointains conseils, on escomptait que son successeur répondrait enfin concrètement aux appels à l'aide. Les Cours européennes demeuraient en effet étrangement silencieuses depuis le déclenchement de la Révolution ; même notre cher Gustave III, trop occupé à guerroyer contre les Russes, résumait son soutien à de belles paroles.

Louis XVI joua donc seul la partie que ses usurpateurs lui avaient octroyée, défendant obstinément ses principes, tant face à l'Assemblée que devant les fanatiques du clan adverse, ce qui lui valut l'inimitié des deux. Mais il ne put empêcher l'abolition de nombreux droits immémoriaux, dont celui d'aînesse : cela ouvrait aux filles, cadets et bâtards légitimés la possibilité de réclamer leur part d'héritage. Henry-Saül, bien qu'opportunément protégé par les papiers que Nicolas Bergasse et ma mère avaient fait signer au duc-prince, risquait fort d'avoir un jour à en soutenir la matière devant les tribunaux.

Peu intéressé par ces sujets dont il ne pouvait comprendre l'importance, mon rejeton manifesta surtout de l'impatience à reprendre l'équitation, activité qui primait les autres, en particulier l'étude, au grand dam de son précepteur. Ce fut néanmoins ce dernier qui me conseilla le manège de la rue Saint-Honoré : l'Assemblée avait en effet investi celui des Tuileries et il n'était plus question pour Henry-Saül de partager les loisirs du comte de Beaujolais, retranché avec sa famille aux Palais-Royal en attendant le retour du duc d'Orléans.

Quant à moi, peu enclin à me mêler aux affidés de Mesdames de Gouges et de Montesson, je reconstituai un atelier de mécanique dans une chambre de ma maison, en attendant que l'hiver relâchât sa morsure.

Il faisait encore bien froid lorsque, vers le milieu du mois de mars, je reçus une lettre préoccupante de l'intendant Jean Mondétour : le vieil homme, la santé déclinante, nous exhortait, mon épouse, mon fils et moi-même, à présider au choix de son successeur — qu'il ne nommait pas — ainsi qu'à *diverses cérémonies propres à nous concilier durablement les faveurs de nos gens.* Ce dernier point ajouta à mon inquiétude mais je n'en montrai rien lorsqu'il fallut convaincre Armande-Louise et Henry-Saül de prendre la route à mes côtés.

Ce fut Antoine Descolas, gardien de Trémainville, qui nous y accueillit et, le visage grave, nous accompagna chez l'intendant : celui-ci, emmitouflé dans des couvertures au coin de l'âtre, était veillé par son épouse. Une soupière de vin chaud fumait sur la table ; notre hôtesse en emplit silencieusement des tasses qu'elle nous tendit.

— Ne vous fiez point à ce que vous voyez, insista le vieillard ; l'alerte est passée. Mais j'ai cru sage de ne pas attendre que la camarde s'avance de nouveau. Je suis fatigué, il est grand temps de laisser la main…

Il évoqua longuement le domaine, ainsi que ses années à Mondétour au service de ma famille. Quand je suggérai que l'un de ses enfants ou petits-enfants lui succédât, il eut un étrange sourire.

— Je ne le souhaite point, confia-t-il. Soit dit sans vouloir offenser quiconque, les miens servent désormais de grandes maisons d'où il serait cruel de les soustraire ; j'aimerais d'ailleurs finir mes jours à Sainte-Assise… Sauf le respect éternel que je dois à vos ancêtres, notre nom, d'ores et déjà difficile à porter si près du vôtre, finira tôt ou tard par embarrasser votre héritier et ses descendants.

Mon cœur saigna mais je n'insistai pas et, devinant que l'on attendait que je désignasse Antoine Descolas, proposai celui-ci en remplacement. Le vieil homme hocha la tête.

— Voilà qui est sensé, sourit-il. Nous le présenterons officiellement à nos gens. Lesquels seront en outre heureux de connaître enfin le visage de leurs maîtres…

Armande-Louise et Henry Saül se plièrent de bonne grâce à l'exercice inédit consistant à visiter chacune de nos fermes afin d'y recevoir l'hommage et les doléances de métayers et paysans qu'il ne me serait, autrement, guère venu à l'idée de remercier pour n'avoir point incendié notre château. La présence à nos côtés de l'ancien et du nouvel intendant donna à ces humbles cérémonies un aspect officiel dont nous ne saisîmes la portée que plusieurs jours plus tard, lorsque, sur les conseils de Jean Mondétour, nous nous rendîmes en délégation remettre les terriers de Trémainville au maire de la commune limitrophe.

Ce vigoureux trentenaire qui me rappelait Aymery-Henry d'Ystirac-Sombrun procéda à leur destruction publique sous des vivats incluant le nom de notre famille. Après quoi l'édile convia tout le monde au banquet que j'avais, toujours sur recommandation de l'intendant, fait servir dans une grange voisine. La bonhomie des convives, émus parfois jusqu'aux larmes de nous voir parmi eux, me fit douter que d'autres eussent pu, à quelques dizaines de lieues seulement, mettre à sac des domaines et molester leurs habitants.

— Le peuple est versatile, malléable et corruptible, prévint discrètement Jean Mondétour : gardez cela en l'esprit lorsque vous aurez affaire à lui ou, plus encore, à ses représentants.

Formellement investi, Antoine Descolas prit ses fonctions au printemps, après notre retour à Paris. Avec mon rejeton, j'accompagnai moi-même à Sainte-Assise Jean Mondétour et son épouse. Madame de Montesson les accueillit comme des parents, regrettant à voix haute qu'ils préférassent s'installer dans les communs, où vivaient déjà les autres Mondétour, plutôt que dans la suite d'appartement qu'elle leur avait réservée au château. Henry-Saül ayant exprimé le souhait d'y demeurer pour la belle saison, je le laissai à Sainte-Assise avec Nándor.

Une lettre d'Alexandre m'attendait rue des Marais-Saint-Germain : la première depuis celle consacrant notre séparation. Remis la veille au soir, expliqua mon majordome, par un mulâtre en uniforme qui ne s'était pas présenté, le pli, daté du mois de février, semblait avoir beaucoup voyagé. Je l'ouvris le cœur battant. Mon ancien amant, désormais milicien à Saint-Domingue, y retraçait l'élection à l'assemblée coloniale de députés exclusivement issus des colons blancs.

« La Déclaration des droits de l'Homme et du citoyen ne s'appliquerait-elle point aux gens de couleur ? s'interrogeait-il. Les suppôts de Monsieur de Massiac sont majoritaires à ce simulacre d'assemblée : semblable ignominie ne saurait perdurer. »

Il revenait sur son enrôlement par le colonel de Mauduit du Plessis, fervent défenseur de la Révolution mais qui avait trouvé en la personne du gouverneur de Blanchelande un opposant, sinon un ennemi.

« Cette ordure refuse de publier les décrets qu'envoie l'Assemblée de Paris ! s'indignait Alexandre. Son vœu le plus cher serait de dissoudre la garde nationale pour la remplacer par des mercenaires à sa solde : qu'il les crée donc, ses *pompons blancs,* les esclavagistes leurs *pompons rouges,* nous leur opposerons nos têtes nues ! »

Et il me demandait de lui faire parvenir des fonds. Aucune parole tendre, mais un réconfortant *ton Alexandre* en signature. Je mandai aussitôt un placet à Nicolas Bergasse afin qu'il étudiât comment, avec l'aide éventuelle de Mesdames de Montesson et de Gouges, nous pourrions répondre aux besoins financiers de mon correspondant.

Quelque temps plus tard, revenant des Tuileries, je trouvai chez moi une espèce de poussah en brocart qu'accompagnaient deux laquais bâtis comme des atlantes. Lesquels l'aidèrent à s'extraire du canapé au fond duquel il venait, confia-t-il, de patienter trois heures en se gavant de biscuits trempés dans du vin. Prévenu par mon maître d'hôtel, je savais qu'il s'agissait du marquis Donatien de Sade mais, ne m'attendant nullement à un semblable personnage — que je m'étais jadis, dans ma cellule de Vincennes, représenté à sa seule voix, délicat de corps comme de visage —, je ne pus réprimer un mouvement de surprise.

— Je comprends votre répugnance, ricana mon visiteur. Faute d'exercice et par l'effet d'une trop grande inclination pour la bonne chère, les années de captivité ont fait de moi la pagode que vous voyez. Mais je dois louer l'Assemblée qui, en supprimant les lettres de cachet, a permis que je recouvrasse la liberté : vous l'ignorez sans doute mais je fus transféré de Vincennes à la Bastille, puis à l'hospice de Charenton[42], par la grâce de feu le gouverneur de Launay, juste avant que nos chers Parisiens ne prissent d'assaut la forteresse et détruisissent au passage les documents inestimables que l'on ne m'avait pas permis d'emporter… Enfin, me voilà libre… d'écrire, en tout cas. Peut-être pourrai-je incessamment m'honorer de vous offrir mes *Malheurs de la vertu,* qu'un ami libraire s'est engagé à imprimer… Vive la Révolution, mon ami ; bientôt la République !

Son énorme rire força le mien. Comme je m'étonnais de ce qu'il se fût déplacé aux seules fins de me convertir, le marquis ricana derechef.

— Pour ne vous rien masquer, avoua-t-il, je suis moins venu visiter l'aristocrate que le taulier. On m'a parlé d'un bordel intitulé *Petites Tuileries*…

— Les portes en sont dorénavant ouvertes à tous, coupai-je : *vive la Révolution* !

42. Actuel Hôpital Esquirol, à Saint-Maurice (Val-de-Marne).

— Je l'ignorais. Vous m'obligeriez néanmoins en acceptant de m'y accompagner. Et puis — Il désigna ses laquais — je dispose d'*assignats* qui ne sauraient déplaire…

Échauffé malgré moi à la perspective de dépenser cette monnaie-là, je proposai incontinent au marquis de monter dans mon carrosse.

Nous parvînmes sur place avec la nuit. Le vieux Moïse nous reçut dans un château étonnamment sombre, froid et silencieux : congédiés avec la plupart du personnel, musiciens et acteurs s'en étaient allés. Les rares occupants se cantonnaient à leurs cellules et à un salon transformé en salle à manger, où l'on veillait mornement en espérant de meilleurs soirs. Plus de théâtre, plus de bains, plus de festins, plus de bals.

— Si c'est cela, la Révolution, grinça Moïse…

Sade le tira par la manche.

— Ce sera *in fine* bien mieux qu'avant, esclave stupide ! asséna-t-il. En attendant, fais du feu, donne à manger et prépare des chambres !

Ayant laissé Moïse mander ses ordres, le marquis indiqua souhaiter ouïr ce que les habitants du bordel pouvaient rapporter de son époque faste, de sorte que leurs récits constituassent la matière d'un roman. Nous soupâmes devant une belle flambée, devisant art et gastronomie sous le regard incrédule de nos hôtes.

Vers minuit, le marquis se retira avec ses valets dans la chambre de parade du rez-de-chaussée — apprêtée pour éviter que son occupant n'eut à gravir l'escalier —, où il convoqua deux catins afin qu'elles le divertissent. Quant à moi, je gagnai à l'étage les quartiers plus modestes que l'on m'avait réservés. Ne retrouvant pas Blaise-Abel Durelais et n'osant sonner ce dieu comme un vulgaire domestique, je me satisfis de Bruno et m'assoupis.

Un songe luxurieux m'éveilla en pleine nuit : encore troublé par les vapeurs de ce rêve où figuraient en bonne place les atlantes du marquis de Sade, je crus d'abord que les échos persistant à mes oreilles en étaient les fantômes. Mais leur réalité finit par s'imposer : à peu de distance au-delà des murs, l'on soupirait entre mâles indéniablement occupés à se donner du plaisir. Mon compagnon de lit dormait profondément. Je me levai délicatement et, en simple chemise, sortis dans le couloir.

Un discret trait de lumière sous une porte indiquait le chemin. L'oreille collée au bois, je compris, à leurs râles étouffés, que les marauds avaient investi une alcôve située derrière l'antichambre. La serrure n'étant pas verrouillée, j'entrai doucement, traversai la pièce et me postai à l'angle de la porte suivante : éclairés par la lueur ondoyante d'un candélabre, Apollon et ses titans célébraient avec fièvre leur propre splendeur, chairs offertes, pilosités luisantes, membres dressés, se livrant à l'adoration mutuelle de leurs lèvres et glands étoilés de mucus. Puissamment ponctuée de boucles brunes, la peau très pâle des géants leur conférait l'apparence de marbres antiques que les mains puissantes de leur partenaire pétrissaient tel un Pygmalion aux muscles d'or.

La vapeur enivrante répandue par ces corybantes annonçait l'apothéose : yeux hagards, bouche éperdue entre verge et anus, épieu dégorgeant de miel, ils s'offrirent enfin à savourer la jouissance, sans gâcher aucun jet de semence, exprimant à pleine poitrine une fruition à laquelle j'ajoutai subrepticement la mienne avant de regagner ma chambre en tapinois.

Lorsque, le lendemain matin, mon noble invité annonça vouloir demeurer aussi longtemps que nécessaire à entendre les familiers de la maison et retranscrire leurs récits, je m'empressai d'approuver, mais sans mentionner l'obscène célébration de la nuit précédente, ni combien je brûlais d'y participer.

Blaise-Abel et Léonce ayant été affectés à la remise en service des bains, le marquis demanda à ses hercules de contribuer au débitage et au transport du bois de chauffe. Obsédé par le souvenir de la veille, je les rejoignis dans la grange. L'un d'entre eux, bras chargés jusqu'au menton, s'apprêtait à livrer son fardeau cependant que l'autre donnait de la cognée. Ma survenue éclaira leurs visages d'un sourire narquois.

— Le maître a dit qu'on devait aider, commenta le premier.

— A-t-il laissé d'autres consignes ? m'enquis-je en soutenant son regard.

Les deux acolytes se consultèrent d'un bref coup d'œil :

— Pas besoin, lança le second ; Baptiste et moi on sait quoi faire…

Et il reprit ses coups de hache.

Un peu décontenancé, je m'assis sur un rondin afin de jouir du spectacle, humant l'arôme subtil de sève et de sueur que dégageait le travail de ces brutes et comparant mentalement leurs ahans avec ceux surpris quelques heures plus tôt.

Après deux ou trois voyages, l'atlante prénommé Baptiste reprit son souffle sur une bûche voisine. Les toisons emmêlées de copeaux, il avait délacé le col et retroussé les manches de sa camisole. D'un geste que je voulus naturel, je brossai de la main l'avant-bras du colosse. Souriant à demi, il se tourna vers moi et écarta les pans de son vêtement. La gorge nouée, je prolongeai mon œuvre, recueillant, avec la sciure, les poils moites qui s'étaient détachés de sa poitrine et plaquant au passage ceux, abondants, qui demeuraient en place. À peine effleurés, les tétins du géant durcirent ; il ferma les paupières, une bosse explicite entre les cuisses. Je m'apprêtais à y risquer les doigts lorsque l'hercule se releva.

— Faut que je termine, objecta-t-il. D'abord le bois ; ensuite… — Il désigna du menton son compère qui poursuivait imperturbablement son labeur : Ensuite le bain, murmura-t-il en me décochant une œillade complice.

Jouissant par avance du festin annoncé, je demeurai seul avec le second géant, à qui je demandai son prénom.

— Nicaise, répondit-il en posant sa cognée. Le maître fait souvent des chansons là-dessus, si vous voyez ce que je veux dire…

Afin, sans doute, que je visse davantage, et comme pour rivaliser avec son *alter ego,* la brute dénuda son torse avant de reprendre sa besogne : le jeu splendide de ses muscles et, surtout, le fumet projeté à chaque mouvement par ses profondes aisselles ennuagées de noir étourdirent mon âme et desséchèrent ma bouche. Le pénis douloureusement bandé dans ma culotte, je me repus du spectacle en attendant que sonnât l'heure de la délivrance ; laquelle fut annoncée par un Baptiste aussi visiblement excité que son comparse et moi-même.

Trop heureux de déguster des saveurs que l'eau tiède et le parfum eussent irrémédiablement altérées, j'ordonnai aux marauds de refermer sur nous les portes de la grange. Là, agenouillé dans une pénombre favorable à toutes les ivresses, j'écorçai enfin les fruits si longtemps attendus. Ils sortirent bien mûrs de leur gangue, enchantant mes sens plus sûrement qu'un agrume. Gorgés de suc à l'instar de tièdes perdrigons, les balanes tracèrent un chemin sirupeux sur mon visage avant de rejoindre ma bouche où je les laissai librement pénétrer, accompagnant de la paume le balancement que mes commensaux, attentifs aux agapes, imprimaient à leurs lourds testicules. Ivre de luxure, je dus m'interdire de porter la main à ma braguette par crainte d'une trop prompte fruition.

Le banquet de ces verges emplissant mon palais de plus en plus profondément, généra à mes lèvres un flot d'écume auquel mes partenaires, en longs filets, mêlèrent leur propre salive. Remontant à la source, je me dressai afin de partager avec eux un triple baiser au cours duquel je me laissai soulever puis dépouiller de mes vêtements. Nos membres tendus jouèrent les uns contre les autres, produisant des heurts mouillés qui m'eussent très vite fait jouir si je ne m'étais derechef précipité à genoux. L'un des titans pivota alors pour offrir à ma concupiscence un fondement ouvert à deux mains telle une grenade pubescente. Le second l'imita, de sorte que je butinai l'un et l'autre.

Baptiste se coucha ensuite sur les copeaux : d'un vigoureux mouvement, il me saisit par la taille et m'allongea sur son épieu ; jusqu'à la garde. La surprise m'empêcha de décharger ; ce que voyant, Nicaise satisfit aux chansons de son maître en engouffrant par l'anus mon métronome de chair. Je ne pus longtemps retenir ma semence, dont il me sembla qu'elle n'en finissait pas de nourrir le ventre de mon empalé. Lequel jouit de mon poing cependant que son acolyte fécondait mes entrailles. Nos râles se succédèrent et nous demeurâmes de longs instants amoncelés. Après quoi, glissant chacun de son côté, nous convînmes de ce qu'un bain serait le bienvenu.

Le marquis de Sade, qui s'ébattait dans le bassin en compagnie de ses catins, nous accueillit avec un sourire entendu, mais sans question ni commentaire. Ainsi en fut-il également le lendemain, après que Blaise-Abel et Léonce eurent rejoint les géants dans mon lit.

Mon invité, moi-même et nos valets rentrâmes à Paris une semaine plus tard. Sade, que j'avais par avance autorisé à fréquenter gratuitement les Petites Tuileries, me demanda, en complément, de le présenter à Mesdames de Gouges et de Montesson, ce à quoi j'étais réticent eu égard à la sulfureuse réputation du marquis et à ses opinions pour le moins excessives.

La chance voulut, le jour où nous nous fîmes annoncer chaussée d'Antin, que la première de ces dames eût définitivement déménagé à Auteuil — sans prendre la peine de m'en avertir, ce qui me blessa — et que la seconde se trouvât alors à Sainte-Assise. Je m'engageai donc, sans réelle intention de tenir ma promesse, à inviter mon solliciteur lors d'un prochain déplacement en dehors de la capitale.

Reprenant ma place auprès du comte de Provence et visitant souvent mes parents chez Leurs Majestés, j'assistai avec eux à la disparition de nos ultimes privilèges ancestraux, notamment celui, pour un chef de famille noble, de transmettre à sa descendance ses titres et armoiries : l'Assemblée avait tout simplement aboli notre état ! S'il m'importait peu de devenir le *citoyen* Mondétour-Trémainville, l'avenir des miens, particulièrement celui d'Henry-Saül, m'inquiétait davantage.

Je passai l'été à Sainte-Assise, où la *ci-devant* princesse ma mère vint séjourner à quelques reprises avec son époux — désormais aussi étranger à ce monde que ma bienheureuse Pauline. La *citoyenne* Montesson, malgré le philosophique détachement qu'elle se plaisait à afficher face aux infamies de nos persécuteurs, ne put empêcher que ses hôtes en dissertassent *ad nauseam,* ni masquer sa propre anxiété.

Ma description de Monsieur de Sade amusa tant la compagnie, désespérément avide de nouveauté, que notre hôtesse prit la plume pour l'inviter. Ainsi le *citoyen* Sade et ses hercules prirent-ils leurs quartiers au château. Une jeune femme rousse au visage fin et au port modeste accompagnait les nouveaux venus.

— Marie-Constance a bien voulu de moi, lança théâtralement notre visiteur. Abandonnée par son mari comme je le fus par ma femme et mes enfants, elle élevait seule son fils lorsque je l'ai rencontrée. Nous sommes tels deux naufragés dont l'un servirait de radeau à l'autre…

Madame Quesnet — ainsi s'appelait cette créature à l'étonnant dévouement — exerçait jadis le métier d'actrice : ses talents, bien que limités, furent d'un précieux recours pour animer les veillées. Lesquelles prirent même un tour festif lorsque nos bien-aimés Joseph et Marion firent halte au domaine. Le *capitaine* Bologne, plus séduisant que jamais dans son uniforme de garde national, s'apprêtait en effet à participer à une fête païenne, dite *de la Fédération,* organisée sur le Champ-de-Mars par le séditieux La Fayette afin de commémorer, en présence de Leurs Majestés, le premier anniversaire de l'assaut contre la Bastille.

Il revint de Paris le 15 juillet, les yeux éblouis et la bouche pleine de *Patrie,* de *Nation,* ainsi que d'un couplet benoîtement optimiste forgé sur l'air du *Carillon national* de Monsieur Bécourt dont le titre reprenait les *Ça ira !* du regretté Benjamin Franklin. Le Roi avait, pour sa part, enduré la mystification, prêtant tous les serments que l'on voulait. Qu'il entérinât la constitution civile du clergé[43] et l'abolition des vœux monastiques devait s'avérer lourd de conséquences pour nos religieuses de Fontevraud mais, submergés par les *ukases* de l'Assemblée et trop préoccupés par nos propres infortunes, nous n'y prêtâmes point garde. Les bonnes récoltes et la paix revenue dans les campagnes inclinaient par ailleurs à l'optimisme. La chanson ne disait-elle pas : « Ah, ça ira, ça ira, ça ira ; réjouissons-nous, le bon temps viendra » ? De fait, cette saison à Sainte-Assise fut, de l'avis commun, parmi les plus heureuses que nous eussions connues, même du vivant du feu duc d'Orléans.

---

43. Loi calquée sur l'administration civile et transformant les prêtres en *fonctionnaires publics ecclésiastiques.*

Joseph, qui n'avait pas complètement abandonné la musique, travaillait à un opéra intitulé *Les Amis de Village*; il nous en donna maints extraits avec l'aide de Madame Quesnet. Contre toute attente, le *citoyen* Sade, ayant visiblement appris la retenue, s'entendit bien avec tout le monde, y compris mes infortunés parents, parvenant même à tirer de mon père d'énormes éclats de rire. Quant à mon rejeton, point ne fut nécessaire qu'il me suppliât pour que j'accédasse à son vœu de demeurer auprès de cette vaste tribu qu'il avait fait sienne.

Au début du mois de septembre, alors qu'approchait mon trentième anniversaire, Joseph repartit pour Paris, où Monsieur Necker, abandonné par l'opinion publique, venait de démissionner et où l'Assemblée s'apprêtait à voter la formation d'un corps de troupe composé de gens libres de couleur.

Mon bien-aimé compositeur ne repassa par Sainte-Assise que pour enjoindre son épouse de le suivre à Lille: fait colonel de cette future *Légion franche de cavalerie des Américains* et très fier, à juste titre, de ce commandement, sa place, expliqua-t-il, n'était plus parmi nous. Meurtri par leur défection, je songeai un instant à suivre les Bologne mais y renonçai sur les conseils du vieil intendant Mondétour.

La célébration de mon trentenaire en fut irréparablement ternie, en dépit des efforts de chacun à me faire oublier, et l'âge et la solitude affective.

Parmi les nombreuses missives que je reçus, celle de Gustave III fut la seule qui me réconforta: écrite comme à un ami, elle s'achevait incongrûment sur la célèbre devise de François Ier, *Nutrisco et extinguo*[44], à qui la salamandre, animal réputé indifférent aux flammes, servait d'emblème. Croyant que Gustave entendait que je détruisisse le document, j'approchai celui-ci

44. « *Je m'en nourris et je l'éteins.* »

d'une chandelle. Me revint alors en mémoire certain procédé dont le comte de Provence avait naguère fait mention au sujet de sa correspondance secrète, consistant à rédiger, à l'aide de suc de fruit, des messages entre les lignes, qu'une forte chaleur révélait ; la famille royale utilisait couramment cette méthode. Le coin droit du message brûlait presque mes doigts lorsque apparurent les mots suivants :

« Il n'y a plus guère que les Anglais pour se réjouir de votre Révolution. Ainsi que je l'ai fait savoir à Louis XVI, la Czarine et moi-même avons convenu d'œuvrer à persuader nos cousins du continent de constituer une coalition sacrée contre l'hydre qui s'est emparée de la France, afin de rendre ton pays à la concorde et à son roi. Sache, quoi qu'il advienne, que j'accueillerai volontiers ta famille. »

Bien que l'idée de l'exil ne m'eût jamais traversé l'esprit, j'en fis part à mon épouse et à mes parents : il ne se passait pas de jour, en effet, sans que l'on apprît l'émigration de tel ou tel autre *ci-devant.* Ma mère s'en offusqua mais Armande-Louise avoua réfléchir à la chose avec son auguste maîtresse.

— Son Altesse Royale n'est plus aussi inébranlable que naguère sur la question, ajouta-t-elle. Tout dépendra, je présume, de l'attitude de nos oppresseurs…

Ils nous laissèrent en paix jusqu'à la fin de l'année, tourmentant davantage le clergé — sommé de désobéir au Pape en jurant fidélité à la Constitution civile — que ce qu'il restait de la noblesse. Madame de Montesson ayant décidé de passer l'hiver à Sainte-Assise, j'y fis de nombreux voyages depuis Paris, souvent en compagnie du *citoyen* Sade, de sa Marie-Constance et de ses hercules.

Ce fut par la bouche de cet invité remarquablement informé que j'appris, vers le milieu du mois de décembre, la publication d'un pamphlet anonyme intitulé *Les enfants de Sodome à l'Assemblée Nationale* et dédié au *ci-derrière* marquis de Villette : on y défendait, sur le ton de l'obscénité, le droit pour les bardaches à l'égalité. Ayant lu le document, je n'en trouvai guère le style amusant et me sentis soulagé de constater que mon nom ne figurait pas dans la liste des *anti-physiques, anti-conistes* et autres *culistes* censés présenter leurs doléances. Et je me fis, dès le lendemain, annoncer chez Villette.

Son enthousiasme révolutionnaire n'était pas retombé — il avait réellement détruit ses lettres de noblesse et rebaptisé du nom de Voltaire l'angle du quai des Théatins où se trouvait sa maison — mais il ne fit point mystère des tourments dans lesquels le fameux pamphlet l'avait plongé. Puis il revint sur les peines de cœur du trop présomptueux Jean-Thomas de Sérizy, que son Camille Desmoulins avait finalement renié après avoir très officiellement épousé une Mademoiselle Duplessis méprisant les bardaches — surtout ceux de la faction d'Orléans — et entendant que son époux n'en côtoyât aucun.

Comme j'évoquais en réponse mes récents déboires sentimentaux, Villette me conseilla de fréquenter plus assidûment les clubs et salons qui fleurissaient dans la capitale, non point tant pour adhérer aux idées en vogue qu'y lier connaissance. À cette fin, il m'offrit de rencontrer un certain Joseph Fiévée, éditeur de son état, dont l'excellente connaissance des cénacles révolutionnaires, ajoutée à une franche communauté de goût avec les nôtres, feraient, selon mon interlocuteur, un guide idéal.

— Vous ne risquerez point d'y croiser votre frère, ajouta-t-il avec une œillade qui ne me fit point sourire.

Je laissai passer le début de l'année 1791 et l'anniversaire d'Henry-Saül avant de donner suite à la proposition. J'appris entre-temps le décès du duc de Richelieu mon beau-père, terrassé par les frimas à seulement cinquante-cinq ans, et celui, à soixante-dix, de Marcelline Durelais. Le bel Aymery-Henry d'Ystirac-Sombrun, à qui je dus cette dernière nouvelle, ajoutait dans sa lettre que, faute de s'entendre sur le nom d'un nouveau chef, la tribu Durelais s'était dispersée en autant de clans qu'elle comptait de familles, ce qui augurait d'un long conflit.

« Celui qui nous opposait à la branche aînée des Ystirac est en revanche définitivement clos, ajoutait-il. Nos si fiers Parisiens ont en effet demandé à mon père de bien vouloir les accueillir : l'air de la capitale est, paraît-il, devenu irrespirable. Nous avons accepté, bien sûr, et je ne doute pas que ta parentèle de province fasse de même le cas échéant. Rappelle-toi que le château de Sombrun t'est largement ouvert et sache, quelle que soit ta décision, que la grande migration des Ystirac aura lieu au printemps. »

Celle de Mesdames — Victoire et Adélaïde, ultimes survivantes de l'antique Cour de Louis XV — fit, vers la fin du mois de février, l'objet de débats passionnés à l'Assemblée. Les vieilles princesses ne durent leur salut qu'à l'intervention de Mirabeau, ce qui étonna de la part d'un si fervent soutien de la Révolution. Mesdames exilées en Savoie, la personnalité de leur défenseur ne quitta pas les bouches, à telle enseigne que cela constitua la matière de la première conversation que j'eus avec Joseph Fiévée ; lequel me fut présenté, en mes murs, par Villette.

C'était un robuste jeune homme d'une vingtaine d'années, au front haut et à la voix mâle, que ses proximités d'âge avec *mon* Alexandre, et de prénom avec *mon* Joseph me rendirent immédiatement attirant en dépit de la peau claire et des cheveux clairsemés. Il avait ouï parler de moi chez Madame de

Gouges, et Villette avait complété un tableau apparemment flatteur. Partisan d'une monarchie constitutionnelle, mais antireligieux, il défendit ses idées avec un bel éclat dans les pupilles, souriant volontiers à nos objections et appuyant ses phrases d'élégants mouvements de sa paume ouverte. La pudeur avec laquelle il évoqua ensuite la mort en couches de son épouse, survenu quelques semaines auparavant — l'enfant avait survécu — me toucha d'autant que, pressé par Villette de condamner le mariage, il défendit au contraire la mémoire de sa femme avec un regard éperdu qui acheva de me séduire.

Nous ayant fait servir une collation, je fis comprendre à Villette combien il me plairait qu'à l'instar d'un autre Joseph — Bologne de Saint-Georges — rencontré jadis grâce à son entremise, il nous laissât achever seuls. Un soupir faussement désabusé accueillit la requête, mais je fus contenté : prétextant un rendez-vous, le marquis se retira.

Fiévée, sans doute un peu gêné par ce soudain tête-à-tête, demeura silencieux à mes côtés. Surprenant ses coups d'œil sur les portraits qui ornaient les murs, je narrai l'histoire de ma famille sans rien masquer des mœurs de mon bisaïeul, de l'égarement de mon père ni des vilenies de mon aîné.

— Le fils d'aubergiste que je suis, commenta-t-il à mi-voix, se réjouit malgré lui de constater que les princes sont aussi faillibles que la piétaille. Dommage que le peuple ne le sache pas, qui voit des dieux partout, bons ou méchants…

Je lui demandai alors s'il pensait, à l'exemple du vieil intendant Mondétour, que le peuple fût versatile, malléable et corruptible. Il saisit vivement mes poignets.

— Le peuple a faim de pain et de liberté ! s'emporta-t-il. On lui doit le respect ! Aimez-le si vous voulez que je vous aime !

Il avait rapproché son visage du mien, au point que je pouvais percevoir sa respiration. Nous demeurâmes quelques secondes dans une étrange incertitude que mes phalanges sur sa nuque transformèrent en baiser. Je sentis néanmoins qu'il bridait son désir, pourtant manifeste, et, craignant trop de le perdre en voulant le forcer, me contentai de caresser son visage. Ses doigts suivirent, et firent de même quand j'osai dénouer sa cravate. Sa gorge épaisse laissait percevoir de fins duvets noirs. Je plaquai ma paume aux reliefs musculeux de ses omoplates ; il ne m'imita pas.

— Je veux que ça dure, soupira-t-il ; si nous faisons *ça* maintenant, que nous restera-t-il ? Je veux vous… Je veux d'abord *te* rêver…

Il s'était redressé. Le col ouvert de sa chemise encadrait un torse ombré de boucles, au secret duquel était enfoui un médaillon. Avec l'assentiment muet de son propriétaire, je me saisis de l'objet et l'ouvris : il était vide.

— Mon cœur est à prendre, commenta Joseph, et c'est un cœur fidèle.

Je n'eus pas la force d'avouer que le mien, débordant d'amour pour un autre Joseph et un lointain Alexandre, crevait d'adorer de nouveau mais que mon corps ne pourrait jamais se priver d'exulter.

Nous convînmes de nous revoir sous les lambris moins compromettants de la *Société des amis de la Constitution*, qui tenait ses colloques au couvent des Jacobins, rue Saint-Honoré ; l'assistance en était rigoureusement sélectionnée mais Joseph assura que nos amis communs nous permettraient d'en être.

De fait, Mirabeau en personne m'y accueillit le premier soir — les réunions se déroulaient, après les séances de l'Assemblée, jusqu'à une heure avancée de la nuit — et le brillant Maximilien de Robespierre daigna se souvenir de moi, contrairement à Camille Desmoulins qui obéissait probablement ainsi aux injonctions de son épouse.

Mon complice et moi-même prîmes place dans la petite tribune réservée au public. Joseph me désigna l'un des orateurs : Marie-Jean Hérault de Seychelles, avocat précieux en ses manières, descendant d'un fameux lieutenant de police[45] et notoirement *anti-physique.* Son visage ne m'était pas inconnu — sans doute l'avais-je jadis croisé à la Cour — mais ses afféteries m'agacèrent : portant perruque, dentelles et brocarts quand je ne les réservais plus qu'à mes visites aux Tuileries ou au Luxembourg, il professait en outre, à l'encontre de la monarchie, des opinions qui me semblèrent particulièrement déplacées venant d'un tel personnage.

Ma réaction amusa Joseph, qui pointa alors du doigt une espèce de monstre de foire au visage difforme et à l'air renfrogné dont les interventions se limitaient à des grognements approbateurs ou critiques.

— Celui-ci s'appelle Danton, chuchota-t-il ; serait-il davantage à ton goût ?

Comme s'il avait entendu, le monstre, à cet instant, leva les yeux sur nous ; un frisson désagréable parcourut mon échine.

45. René Hérault (1691-1740).

XIII

Quand, le 2 avril, l'auguste Mirabeau quitta ce monde, l'émotion fut immense, tant parmi les membres de Société des amis de la Constitution que dans le peuple. On rebaptisa de son nom la Chaussée d'Antin où il avait rendu l'âme, et l'Assemblée décida de transformer pour lui — et les *grands hommes* ses successeurs — l'église de Sainte Geneviève en nécropole.

Je travaillais à retracer, pour mes correspondants de province, la pompeuse cérémonie nocturne à laquelle j'avais assisté, lorsque je reçus une nouvelle missive d'Alexandre : il m'y remerciait, ainsi que Mesdames de Gouges et de Montesson, pour les fonds que nous lui avions fait parvenir, mais expliquait comment les planteurs arborant *un pompon rouge du sang des esclaves* avaient assassiné le colonel Mauduit-Duplessis après que celui-ci eut dispersé leur simulacre d'assemblée coloniale. Quelques semaines auparavant, un mulâtre nommé Ogé avait été roué vif avec ses partisans par les *pompons blancs* du gouverneur de Blanchelande, pour avoir organisé la rébellion des gens libres de couleur.

« Notre combat, désormais, est auprès des esclaves, constatait Alexandre. Si la Révolution ne nous donne pas l'égalité qu'elle prône dans sa Déclaration des droits de l'Homme, nous devrons nous en emparer afin de prouver à nous-mêmes et à l'Univers que nous en sommes dignes ! »

Je fis lire cette lettre à Joseph Fiévée qui accepta d'en publier des extraits. L'occasion me permit par ailleurs de lui ouvrir mon âme sur les sentiments que j'éprouvais pour Alexandre et ceux qui, toujours, me liaient à mon bien-aimé *colonel-compositeur.* N'ayant point encore consenti à conduire nos amours au-delà des baisers et des chastes enlacements, Joseph avoua un peu amèrement son incapacité à multiplier comme moi les passions, mais le dépit que je perçus dans sa voix me redonna confiance.

Ayant obtenu de mon *presqu'amant* qu'il me suivît à Sainte-Assise, où je comptais le présenter aux miens avant de lui faire découvrir Trémainville, je m'apprêtais à boucler mes malles lorsqu'un billet terrifiant de ma mère me précipita aux Tuileries.

« Adieu mes chers enfants, nous sommes perdus ! » avait-elle griffonné.

La servante qui me remit le pli expliqua, entre deux sanglots, que Leurs Majestés et ce qu'il restait de la Cour avaient été empêchés, par une foule hostile à laquelle s'étaient joints les gardes nationaux, de rejoindre Saint-Cloud pour la Semaine Sainte.

Mon carrosse parvint difficilement jusqu'aux grilles du palais, où je constatai qu'il était en effet impossible d'entrer ni sortir, sauf aux domestiques. Les occupants d'autres voitures arrivées en même temps furent, comme moi, couverts d'insultes et de crachats. Nous ne dûmes notre salut qu'à la venue du comte de Provence, à qui les émeutiers, harangués par Monsieur Bailly leur soi-disant *maire,* ne purent refuser le passage. Nous nous engouffrâmes à sa suite et formâmes, avec Son Altesse Royale, un cortège qui s'en fut à la salle du trône où se tenait la Cour prisonnière.

De nombreuses dames, exceptionnellement autorisées à s'asseoir devant les souverains, pleuraient encore, étouffant tant bien que mal leurs gémissements. Nos monarques en revanche, dignes de leur naissance, souriaient en dispensant à chacun des mots rassurants. Nous nous agenouillâmes à leurs pieds et entonnâmes spontanément le *Domine Salvum Fac Regem*[46]. Louis XVI, très ému, empoigna les deux mains de son auguste frère pour l'aider à se relever. Les courtisans se ressaisirent, poussèrent des vivats, puis Monseigneur de Montmorency-Laval invita la Cour à rejoindre la chapelle pour une action de grâce.

Je retrouvai mes nobles parents en leurs appartements après la cérémonie. Mon père, contrairement à sa compagne, semblait profondément troublé par les événements : agité de tics, marmottant de confuses paroles, il passait d'une fenêtre à l'autre en épiant la foule qui se dispersait lentement.

— Qui pourrait croire, murmura ma mère, qu'à peine deux ans se sont écoulés depuis l'ouverture des États généraux ? Mais à quoi bon se lamenter sur la tragique erreur de les avoir convoqués : vous devriez songer, une fois n'est pas coutume, à imiter Monsieur votre frère, lequel a daigné nous informer de ce qu'il s'exilait à Boynes[47] dans la famille de son épouse ; un billet très bref et purement protocolaire... Mesdames vos sœurs sont en sécurité en province, et tous les Ystirac se trouvent désormais en Béarn. Je suis bien aise de savoir notre Henry-Saül à Sainte-Assise et le serais plus encore si vous me promettiez d'éviter Paris.

46. *Dieu sauve le Roi.* Motet dont l'adaptation par Lully serait à l'origine du célèbre *God Save The King*.
47. Dans le département du Loiret.

J'indiquai vouloir passer la saison chez Madame de Montesson puis en mon domaine de *Seine-et-Marne*. Cet emploi, fût-ce sur un ton badin, du nom révolutionnaire de l'ancien Gâtinais, tira un soupir exaspéré de mon interlocutrice.

Ayant réussi à quitter les Tuileries à la faveur de la nuit, je poursuivis, dès le lendemain, mes projets de voyage en compagnie de Joseph. Celui-ci, affairé à relater auprès de ses lecteurs les incidents de la veille, tergiversa plusieurs jours avant de m'accompagner. Ainsi nous retrouvâmes-nous à Sainte-Assise après Pâques.

Le *citoyen* Sade nous avait précédés. Il me remit discrètement, mais avec une œillade appuyée pour mon invité, les deux volumes de *Justine ou les Malheurs de la vertu* que son éditeur venait d'imprimer anonymement.

Le chaste Joseph ne put guère résister longtemps aux charmes de l'endroit, de ses habitants, ainsi qu'à ceux, éminemment plus troublants, des œuvres de Sade. La roseur qui embrasa ses joues ce soir-là dans mon antichambre — nous ne partagions toujours pas le même lit —, m'inclina à lui rapporter certains épisodes de ma propre jeunesse que je n'avais encore osé lui dévoiler; ceux, notamment, vécus jadis avec Pierrot à l'ermitage et dans les communs du château de Mondétour. Le feu gagna ses pupilles et, de nouveau, une bosse dont je ne connaissais que les contours se forma entre ses cuisses. Cette fois, en revanche, au lieu de repousser ma main, mon tendre complice l'y posa.

Mes doigts poursuivirent donc leur œuvre cependant que nos lèvres se rejoignaient. Ne souhaitant rien hâter, j'attendis que Joseph ouvrît lui-même sa braguette: un épais cylindre de chair tiède emplit mon poing, mollement ancré dans des bourses que je devinai grosses. Notre infini baiser retarda l'instant où je pus enfin contempler l'objet, en tout point conforme à ce que j'anticipais : environné de poils drus, à peine plus carné que la peau alentour, surmonté d'un large gland que recouvrait un prépuce marbré, et prolongé par des génitoires de belles proportions. Sa pulsation, lorsque je m'en saisis, fit naître un arc irisé entre son méat et son nombril. De ma main restée libre je dégageai la poitrine de mon compagnon afin que le chemin de notre étreinte fût entièrement ouvert.

Il imita mon geste, ponctuant ses découvertes de baisers, et plaqua nos reins l'un contre l'autre. Nos seins, nos ventres, nos balanes s'enamourèrent jusqu'à la fruition, qui vint rapidement et dont la violence nous terrassa. Nous demeurâmes accolés, souffle court, buvant à la source de nos langues toujours forniquant, cependant que nos épieux reprenaient progressivement forme.

— J'ai envie de toi, chuchota Joseph...

Je lui donnai incontinent satisfaction. L'expression étonnée de son regard quand je m'empalais sans encombre sur son mandrin me fut une volupté supplémentaire. Mon amant imprima d'abord un mouvement discret à ses hanches avant que la fureur de notre embrassement ne s'y communiquât. Voulant sentir battre les bourses charnues de Joseph contre mon périnée, je m'allongeai progressivement sans interrompre le coït. De brûlantes perles de sueur ornèrent bientôt le front de mon cavalier, plaquant ses cheveux et suintant le long de son nez pour goutter sur mes lèvres en récompense saline à notre accouplement. Lequel changea maintes fois de rythme et de posture, le pénis insatiable de Joseph toujours en place dans mon fondement.

La proximité de la jouissance ralentit la cadence : immobiles, emmêlés, abouchés, nous attendîmes la délivrance comme le tonnerre succède à l'éclair. Puis mon amant submergea concomitamment ma gorge de sa respiration et mon ventre de semence. Nos yeux étaient embrumés de larmes lorsque, après s'être endormis l'un dans l'autre, nos corps enfin se séparèrent.

Joseph, à dater de ce jour, coucha avec moi aussi souvent qu'il le put et que le permettait son travail, soit trop peu à mon goût. Aussi décidai-je, après un mois à ce régime, de regagner la rue des Marais-Saint-Germain où j'obtins qu'il installât ses quartiers. Bien qu'il s'en défendît, je compris, au fil des semaines, qu'il n'aimait guère s'afficher en ma compagnie, préférant celle des *vrais* révolutionnaires que nous croisions à la Société des amis de la Constitution.

J'en fus mortifié et il s'en rendit compte. Sans aborder la question mais probablement pour se faire pardonner, il participa plus assidûment à mes visites chez Villette ou Madame de Gouges — aussi discrètement active à Auteuil que son amie de Sainte-Assise — et m'invita fréquemment au spectacle.

Ainsi, au début du mois de juin, allâmes-nous ensemble au Théâtre de Monsieur[48], assister à *La mort de Mirabeau,* intermède grandiloquent mis en musique par Monsieur Cherubini. Le hasard voulut qu'un majordome de mon épouse s'y trouvât également. M'ayant reconnu, il insista pour que je me présentasse dès le lendemain au Luxembourg.

Armande-Louise avait l'air préoccupé lorsque, au matin suivant, je pénétrai dans ses appartements.

— Vous rappelez-vous notre conversation au sujet de l'émigration ? chuchota-t-elle après s'être assurée de ce que nous étions seuls. Eh bien, il y a du nouveau : les événements

48. Devenu Théâtre Feydeau, dans la rue éponyme de l'actuel 2e arrondissement. Disparu au XIXe siècle.

de Pâques ont achevé de convaincre Leurs Altesses Royales et même, dit-on, Leurs Majestés. M'entendez-vous bien ?

Je hochai positivement la tête.

— Quand cela doit-il avoir lieu ? m'enquis-je, les mains soudain très moites.

— Le plus tôt possible pour éviter que le secret en soit éventé.

— En quoi puis-je...

— En m'autorisant à suivre Leurs Altesses Royales. Seule. C'est l'unique condition qu'elles ont posée.

Un affreux silence glaça la pièce. L'Assemblée venant de fixer leur liste civile — qui comprenait notamment Versailles, Fontainebleau, Compiègne, le Louvre, les Tuileries ainsi que de nombreux autres domaines générant pour plus d'un million de livres —, je ne pouvais envisager que nos souverains eussent le réel dessein de fuir le royaume. Je pensai à mes nobles parents : étaient-ils informés ?

— La famille royale ne fait le redoutable honneur de partager ce projet qu'avec ceux qu'il concerne au premier chef, murmura Armande-Louise en réponse à mes pensées. C'est pourquoi on m'a permis de vous en faire part.

Ma gorge se noua et, de nouveau, le silence s'imposa. Armande-Louise posa une main sur ma joue.

— Vous me manquerez, souffla-t-elle ; et Henry-Saül, et les vôtres. J'aimais cette connivence qui s'était établie. Mais je sais où est ma place. Faites-moi la grâce de bien vouloir le comprendre et d'en avertir Leurs Altesses Royales. Je vous promets de revenir.

Trop bouleversé pour répondre, je baisai ses doigts et me retirai.

Le comte de Provence me reçut dans sa ruelle. À ses côtés se tenait un Charles de Damas aussi ébranlé que moi.

— Pars-tu également ? lui lançai-je.

— Oui, grommela-t-il, mais pas pour la même destination.

— Parlons plutôt de ma chère épouse, intervint le comte de Provence. Pourra-t-elle compter…

— Oui, grognai-je.

— Je regrette de ne pouvoir t'inviter, reprit mon auguste interlocuteur.

— J'aurais refusé, coupai-je. J'ai une famille et des gens.

— Moi aussi, protesta Charles, j'ai une famille et des gens !

— Il suffit ! s'agaça le comte de Provence. Chacun, en ces temps tragiques, doit pouvoir librement choisir. Aucune place n'est enviable. Avec l'aide de Dieu, nous reviendrons plus forts que nous ne serons partis. Prions surtout pour Leurs Majestés.

Je priai, mais bien davantage pour mes infortunés parents, à qui je rendis visite le soir même. Ne pouvant me risquer à dévoiler le terrible secret, je tentai d'extirper de ma mère quelque parole trahissant une éventuelle implication. Mais je n'obtins rien, sinon le tendre reproche d'habiter toujours Paris. À la fin, n'y tenant plus, je posai ouvertement la question de savoir si elle et son époux suivraient éventuellement Leurs Majestés en émigration.

— Nos souverains sont prisonniers ici, répliqua-t-elle ; comment voudriez-vous qu'ils s'évadassent ? Et quand bien ils y parviendraient, croyez-vous qu'ils s'encombreraient de fardeaux tels que nous ? Ce serait folie !

Sur ce dernier point, elle avait entièrement raison : le jour de l'été, nous apprîmes concomitamment la fuite de Leurs Majestés et de Leurs Altesses Royales. L'Assemblée eut beau proclamer que le Roi avait été enlevé, personne n'y ajouta foi. Si le peuple voulut ignorer le succès du comte de Provence —

parvenu sans encombre à Coblence, ainsi que devait plus tard me l'écrire Armande-Louise —, son ressentiment à l'encontre de nos souverains s'exprima avec une rage d'autant plus vive que leur destination finale, proche d'une frontière ennemie, laissait entrevoir de funestes intentions.

Condamnée *a priori* par l'opinion publique, la famille royale revint aux Tuileries deux soirs après une piteuse odyssée à laquelle Charles de Damas et Axel de Fersen avaient participé, au prix de la prison pour le premier, de la fuite pour le second. Comble d'adversité, l'insupportable Jérôme Pétion aussi, était du voyage, mandaté par l'Assemblée pour ramener les fuyards !

Je me trouvais, quant à moi, auprès de mes parents lorsque l'horrible cortège se présenta aux portes. La foule, plus compacte que lors du funeste départ de Versailles à l'automne 1789, conservait un silence de mort, contenue par des gardes nationaux portant crosse en l'air comme pour des funérailles. À leur tête, La Fayette…

Ma mère éclata en sanglots et je dus me faire violence pour ne pas l'imiter. Mon père, hagard, s'était réfugié dans les bras d'un domestique. Tout, ensuite, alla très vite : à peine les grilles ouvertes, une gigantesque clameur s'éleva dans la nuit. Nous comprîmes avec effroi que la vie de nos souverains était en danger et, ne pouvant qu'en appeler au Ciel, vîmes s'égrener les secondes comme autant de siècles avant que l'intervention de quelques braves n'empêchât l'irréparable. Puis des gardes refermèrent les issues cependant que d'autres investissaient le palais, transformé en prison.

Mes parents refusant obstinément de quitter l'endroit, je dus les y abandonner mais n'en préparai pas moins, sitôt rentré chez moi, leur déménagement rue des Marais-Saint-

Germain. Mon agitation alarma Joseph, qui usa de toute sa tendresse pour me persuader de rejoindre au plus vite Sainte-Assise, où l'approche de la seconde Fête de la Fédération devait en outre faire revenir mon *autre* Joseph et son épouse.

Ils étaient accompagnés d'un métis herculéen qui se faisait appeler Thomas Dumas — du nom de sa mère, née esclave à Saint-Domingue ; son père étant marquis Davy de la Pailleterie — et de sa fille Isabeau-Aimée, âgée de six ans. L'épouse, très jeune, de ce chef d'escadron de la Légion franche de cavalerie des Américains, était morte en couche. Mon cher colonel-compositeur révéla que la peau sombre de l'enfant résultait de ce que son infortunée génitrice était elle-même mulâtre, fruit adultérin des amours entre Françoise-Augustine Thilorier — devenue entre-temps Madame Duval d'Éprémesnil, salonnière intrigante — et d'un serviteur noir ramené de l'Île Bourbon[49] avant d'être chassé une fois le forfait constaté.

— La citoyenne Éprémesnil n'a jamais voulu dévoiler le nom de ce maraud, ajouta mon interlocuteur, ni que le fruit du crime portât celui de son premier mari. La petite avait à peine seize ans lorsque Thomas l'a engrossée ; une faute qu'il ne s'est jamais pardonnée.

Songeant à Marion et à Pauline, je me pris aussitôt d'affection pour les nouveaux venus.

Joseph et Thomas partirent seuls pour Paris le 11 juillet afin d'assister au transfert au *Panthéon français* — ci-devant église de Sainte Geneviève — des cendres de Voltaire. Lorsqu'ils en revinrent, le 18, nous comprîmes à leur air lugubre qu'un nouveau drame venait de se jouer : au lieu de célébrer la Révolution, indiquèrent-ils, le Champ-de-Mars avait été le théâtre d'une fusillade sanglante. Mandatés par l'Assemblée,

49. Actuelle île de la Réunion.

Messieurs Bailly et La Fayette avaient fait tirer sur le peuple rassemblé pour exiger la fin de la monarchie. La charge de cavalerie à laquelle nos deux militaires avaient participé, dispersant une foule de gens ordinaires, femmes, enfants et vieillards confondus, leur laissait un souvenir si amer qu'ils refusèrent de l'évoquer plus avant. Que l'attroupement eût été fomenté par la *Société des amis des droits de l'Homme et du citoyen* — sise au couvent des Cordeliers[50] et rivale violente de celle des amis de la Constitution — et que la réputation de Bailly et de La Fayette en fût irrémédiablement entachée ne changeait rien à la tragédie: mon *second* Joseph, arrivé à Sainte-Assise quelques jours plus tard, ajouta que cette véritable déflagration avait également eu pour conséquence de scinder le *club des Jacobins* en entités opposées se prétendant chacune *amie de la constitution*.

— Les dissidents, soi-disant modérés, se sont installés au couvent des Feuillants[51], précisa-t-il. Mais il en gêne plus d'un, parmi lesquels je compte, d'y retrouver ces mêmes Bailly et La Fayette qui, au nom du respect de l'ordre, ont assassiné le peuple. Pour beaucoup, ce ne sont que des *monarchiens*, dont le duc d'Orléans lui-même s'est publiquement défié: sans doute Son Altesse Sérénissime craignait-elle de perdre en popularité…

Faire se rencontrer mes deux Joseph s'avéra bien plus profitable que je ne le supputais: loin de rivaliser, ces hommes raisonnables qui n'ignoraient rien l'un de l'autre cimentèrent leur entente sur les sentiments que je leur portais. *Joseph-éditeur*

---

50. À l'emplacement de l'actuelle faculté de médecine de Paris-Descartes, dans le 6e arrondissement.
51. Situé près des Tuileries, à l'emplacement actuel de la rue de Castiglione, dans le 1er arrondissement.

songea même à partager notre couche avec *Joseph-militaire* — qui refusa, mais sans altérer la concorde — et nous regrettâmes ensemble qu'Alexandre ne fût point parmi nous.

Commencé dans la tourmente, l'été se poursuivit sans autre nouvelle fâcheuse, au point que Joseph-éditeur, délaissant temporairement son journal, consentit à prendre la route de Trémainville, où nous passâmes bourgeoisement la majeure partie du mois d'août.

La curiosité, sur le chemin de retour à Sainte-Assise, nous inclina à faire escale au château de Choisy-Mondétour, folie architecturale que mon frère maudit avait commandée à l'architecte Le Dreux de La Châtre pour abriter ses amours adultères. Dévoilant à mon compagnon l'existence d'un fils à qui mon aîné prétendait léguer son apanage et me félicitant à voix haute de ce que Nicolas Bergasse eût garanti mon propre rejeton contre toute tentative en ce sens, je m'entendis reprocher d'avoir le cœur sec.

— Comment peux-tu accepter qu'un innocent pâtisse un jour de votre guerre ? s'indigna Joseph. Iras-tu jusqu'à réclamer les biens que son géniteur aurait acquis pour lui ?

Enferré dans mes réponses, je dus convenir du bien-fondé de l'objection et promettre à mon contradicteur d'avertir Henry-Saül de la présence d'un cousin dont nous ignorions tout mais à qui il serait injuste de faire payer les turpitudes de son père.

Indifférent à ces sujets, mon fils repoussa énergiquement l'idée de regagner Paris : ainsi que le révéla une Madame de Montesson toute attendrie, il s'était épris de la petite Isabeau-Aimée au point de n'en pas souffrir l'éloignement. Il fallut pourtant qu'il acceptât d'en être séparé, nos militaires devant regagner Lille avant l'automne.

Il y eut, de part et d'autre, de nombreuses larmes et autant de serments. Après quoi, comme je voulais profiter du calme relatif qui semblait régner encore dans la capitale pour visiter mes malheureux parents en compagnie d'Henry-Saül, je mis son précepteur à contribution. Notre action, conjuguée à celle de Nándor et du clan Mondétour, finit par porter fruit : mon rejeton capitula et nous nous entassâmes dans la même voiture à destination de la rue des Marais-Saint-Germain, où Joseph-éditeur nous avait précédés.

Ce fut lui qui nous fit part d'une déclaration envoyée à l'Assemblée depuis le château saxon de Pillnitz par l'empereur Léopold II et le roi Frédéric-Guillaume II de Prusse, où ces monarques menaçaient la France d'intervenir militairement, avec ceux d'Europe, afin de mettre Louis XVI *en état d'affermir, dans la plus parfaite liberté, les bases d'un gouvernement monarchique également convenable aux droits des souverains et au bien-être des Français.* Les signataires ajoutaient qu'ils donneraient à leurs troupes *les ordres convenables pour qu'elles soient à portée de se mettre en activité.* Arrivée concomitamment à la proclamation de la nouvelle Constitution, cette déclaration ne pouvait guère être plus mal reçue, même aux Tuileries.

Le palais était en état de siège — des gardes nationaux s'étaient mêlés aux gardes suisses, les portes des appartements royaux devaient demeurer ouvertes, partout régnait la suspicion. Le baron Bachmann, major des gardes suisses, à qui je posai la question, assura que seules Leurs Majestés étaient pour l'heure assignées à résidence et que mes parents pouvaient aller et venir à leur guise. À peine rassuré par ces propos, j'obtins néanmoins de ma mère le serment qu'elle et son époux quitteraient les lieux s'il advenait que leur vie fût menacée. Et je laissai Henry-Saül retourner à Sainte-Assise avec son précepteur.

Quelques jours plus tard, le majordome affolé nous montra un pli glissé sous notre porte par une main anonyme qui avait griffonné, à l'encre rouge et en lettres capitales, la sentence : « On se venge bien mieux aujourd'hui qu'hier. » Joseph-éditeur eut beau arguer du fait qu'il comptait davantage d'ennemis que moi, j'y vis la marque de mon frère maudit et perdis le sommeil.

L'Assemblée constituante dissoute, celle dite *législative* prit bientôt le relais. Les téméraires qui s'étaient rendus à la séance de clôture rapportèrent que le peuple, galvanisé par la déclaration de Pillnitz, avait ovationné Robespierre et Pétion en entonnant une version particulièrement menaçante du paisible *Ça ira !* de l'année précédente, dans laquelle on appelait à tuer les aristocrates. Je me pris à rêver que mon persécuteur, à qui j'avais écrit maintes fois sans recevoir de réponse, finît enfin *à la lanterne* et je veillai à ce qu'Henry-Saül ne quittât point son refuge.

Au début du mois d'octobre, une nouvelle missive d'Alexandre, largement reprise par Joseph dans son journal, annonça le soulèvement général des esclaves et gens libres de couleur de Saint-Domingue. Cette première vague s'était soldée par un sanglant échec ; le meneur, un esclave nommé Boukman, avait péri mais ses lieutenants poursuivaient le combat, à la fois contre les colons et contre l'Assemblée, accusés de perpétuer l'esclavage. Ces désordres, regrettait mon correspondant, semblaient intéresser au plus haut point les autorités de la partie espagnole de l'île et il se murmurait que les Anglais, toujours prompts à saisir une occasion d'affaiblir la France, se tenaient en embuscade. Je trouvai tragique, quant à moi, que la Société des amis des Noirs fût à ce point incapable de persuader nos députés du bien-fondé de l'abolition, et que les amis de Monsieur de Massiac s'avérassent plus efficaces à défendre leurs funestes intérêts.

La ratification par Sa Majesté de la nouvelle Constitution, tout esclavagiste qu'elle fût, eut au moins l'heur de hâter la libération de Charles de Damas, à qui je n'avais pu rendre visite — il était détenu au secret et mon entourage craignait qu'un soutien trop manifeste me valût d'être suspecté.

Charles se présenta chez moi la veille de son départ en émigration, pour annoncer qu'il rejoignait le comte de Provence. Le visage marqué par les épreuves, il railla cruellement les chimères, tant politiques que sentimentales, auxquelles je me raccrochais. La conversation prenant un tour désagréable, je tentai vainement de la dévier sur des sujets moins polémiques : force me fut de constater que nos routes divergeaient assez pour que nos adieux fussent durables.

L'Assemblée, peu de temps après, répliqua à sa manière aux affidés de Charles en décrétant que l'émigration était un crime assimilé à de la conspiration, passible de la peine de mort et de la confiscation des biens ; les émigrés étaient sommés de rentrer avant le 1er janvier 1792 et les comtes de Provence et d'Artois menacés de perdre leurs droits à la succession au trône. La mesure, pour violente dans sa commination, me parut néanmoins empreinte de justice, opinion que je me gardai de partager avec mon entourage.

Chacun s'indigna en revanche du traitement réservé aux prétendus *papistes* d'Avignon et de la relation qu'un enragé nommé Marat en avait faite dans *Le Publiciste parisien,* suppôt du club des Cordeliers : soupçonnés d'avoir participé à l'assassinat d'un édile, soixante suspects choisis au hasard, sans égard pour l'âge ou le sexe, parmi les adversaires de la réunion à la France des états pontificaux, avaient été massacrés dans une tour du palais des papes par de soi-disant *patriotes* après un simulacre de jugement. Dans sa prose haineuse, Marat stigmatisait les victimes pour mieux exalter leurs bourreaux; une monstruosité selon Joseph-éditeur, qui espérait qu'une enquête diligentée par l'Assemblée permettrait de punir les coupables. J'y vis, quant à moi, les prémices d'une violence publique dont nous ignorions encore à quels excès elle pourrait conduire.

De nouveaux messages anonymes glissés sous notre porte par des malfaisants — que je pensais stipendiés de mon frère et où Joseph persistait à ne voir que ses propres ennemis — accentuèrent mon appréhension devant tant de férocité.

Autre férocité, la fusillade du Champ-de-Mars solda finalement ses conséquences par le départ de l'exalté Bailly, au comble de l'impopularité, mais on s'empressa d'élire Jérôme Pétion à sa place, ce qui me détourna durablement des affaires électorales.

L'année s'acheva en une espèce de *crescendo* menaçant, le Roi opposant de plus en plus systématiquement son veto aux décisions de l'Assemblée, notamment sur la constitution civile du clergé. La rupture de nos relations diplomatiques avec l'Autriche couronna, pour ainsi dire, cette course à l'abîme mais en détournant temporairement l'attention — et nos alarmes — vers les frontières, où l'on manda, à la tête de l'armée du Nord, un La Fayette opportunément exhumé de sa retraite.

N'ayant point réussi à persuader mes parents de quitter leur étrange prison pour me suivre à Sainte-Assise, en janvier 1792, à l'occasion des treize hivers d'Henry-Saül, je m'y présentai en la seule compagnie de Joseph-éditeur.

Madame de Montesson nous enjoignit aussitôt de rendre visite au vieil intendant Jean Mondétour, dont la santé s'était détériorée au point que l'on craignait désormais pour sa vie. Entouré de sa famille, le septuagénaire très affaibli conservait le lit, apparemment indifférent aux regards inquiets et aux larmes. Confondant les générations, il crut reconnaître en nous mon bisaïeul et sa suite : je n'osai le détromper et laissai ce soin cruel à son épouse, forme accablée de douleur dans un fauteuil placé à côté du grabat.

— Il s'en remettra, assura Pierrot sans conviction.

De fait, le vieillard attendit que notre Henry-Saül eût célébré son anniversaire, puis il ferma définitivement les yeux au cours de la nuit suivante. J'aurais aimé qu'il reposât à Mondétour mais sa veuve rappela le souhait du défunt de demeurer à jamais parmi les siens ; nous l'enterrâmes donc à Seine-Port, non loin du château de Sainte-Assise dont on apercevait les toits depuis le cimetière.

Marinette Mondétour ne survécut qu'un mois et demi à son mari. Cela nous étonna moins, en dépit de l'apparente bonne santé de la disparue, que le décès subit, à seulement quarante-cinq ans, de l'empereur Léopold II d'Autriche. L'aîné de ses nombreux enfants devait lui succéder sous le nom de François II ; point n'était nécessaire d'être devin pour anticiper les conflits à venir avec notre royaume, le nouveau monarque n'ayant guère à cet égard, du fait notamment de son jeune âge, les préventions de son auguste géniteur.

À cette liste de trépas déjà trop longue s'ajouta hélas, pour mon désespoir, le nom de Gustave III de Suède, souverain bien-aimé qu'une conjuration fomentée par des membres de sa propre noblesse assassina lors d'un bal masqué. La nouvelle du régicide glaça toute l'Europe, où les Cours prirent le deuil ; ce qu'il restait de la nôtre ne fit point exception, et je l'imitai, assommé d'affliction, priant pour que le Ciel cessât enfin de nous tourmenter.

Seul rayon d'espérance, l'Assemblée, contre l'avis des séides de Monsieur de Massiac, accorda enfin la pleine citoyenneté aux gens libres de couleur. Même si la flambée des prix sur les denrées exotiques consécutive à la révolte de Saint-Domingue avait sans doute plus lourdement pesé sur cette décision que les timides démarches de la Société des amis des Noirs, je me repris à croire que même les cauchemars avaient une fin.

J'étais en train de rédiger une longue lettre sur ce sujet à destination d'Alexandre lorsqu'une missive de lui parvint rue des Marais-Saint-Germain. Datée du mois de décembre de l'année précédente, elle confirmait l'embrasement de l'île et la destruction partielle du Port-au-Prince, sa capitale. Un fragile traité de paix avait été signé entre factions belligérantes, presque aussitôt rompu. Mon correspondant, désormais officier supérieur au service d'un général mulâtre nommé Rigaud, assurait que le conflit ne prendrait fin que grâce à l'appui de l'Assemblée, faute de quoi les massacres recommenceraient, avec la complicité des Espagnols et des Anglais, les premiers soutenant la révolte, les seconds les planteurs blancs.

Le vote récent de nos députés colora ma réponse d'un optimisme dont je regrettai la naïveté quelques jours seulement après avoir cacheté le pli, quand l'Assemblée vota à l'unanimité la déclaration de guerre à l'Autriche : le cauchemar continuait.

À la fin du mois d'avril, nos armées durent se replier, dans les provinces belges, face aux troupes ennemies. Bien peu, à la Cour, osèrent s'en réjouir, et Paris vécut dans l'angoisse d'une offensive ennemie qui ne vint pas : ainsi que me l'écrivit secrètement Armande-Louise depuis son exil volontaire, les dissensions entre coalisés retardaient les opérations, au grand dam du duc de Brunswick placé à leur tête. Songeant que Charles de Damas combattait probablement sous ses ordres, fût-ce au seul service d'un comte de Provence désormais déchu de ses droits, je me sentis soulagé de me trouver, malgré les menaces, du côté français de la frontière. Quant au séditieux duc d'Orléans —

dont ma mère révéla qu'il avait osé se présenter aux Tuileries afin d'offrir son soutien au Roi, qui s'en était défié —, il se crut obligé d'afficher sa fidélité à la Révolution en se rendant très officiellement à Valenciennes avec le comte de Beaujolais, auprès de l'armée du Nord où servaient d'ores et déjà ses autres fils, les ducs de Chartres et de Montpensier.

N'ayant, depuis longtemps, revu mon bien-aimé colonel-compositeur et son épouse, je profitai de ce que les Autrichiens eussent temporairement rappelé leurs troupes, pour inviter mon rejeton à me suivre en Flandres. Heureux de son séjour à Sainte-Assise, Henry-Saül manifesta d'abord quelque réticence mais les prévenances réitérées de Madame de Montesson sur *ces lieux où il est insensé de conduire un enfant* piquèrent la fierté de mon presque adolescent et le décidèrent à s'embarquer.

Nous ne rencontrâmes aucune difficulté en chemin et les gardes qui vérifièrent nos passeports nous témoignèrent d'autant moins d'animosité que l'honorable réputation de nos logeurs nous avait précédée. Ce fut néanmoins une Marion esseulée qui nous reçut dans Lille, son bouillant époux ayant temporairement établi à Laon les quartiers de sa légion de cavalerie afin d'en parachever le recrutement.

Isabeau-Aimée, la fille du chef d'escadron Dumas, avait été confiée par ce dernier aux bons soins de mon ancienne belle-mère : Henry-Saül, campé sur ses bottes aussi haut qu'il le pouvait, eut beau affirmer de sa voix encore enfantine *qu'elle n'était qu'une poupée,* ses discrètes sollicitudes nous firent maintes fois sourire.

La présence à Valenciennes de Son Altesse Sérénissime eut l'utilité d'y attirer notre bien-aimé compositeur, lequel daigna ensuite pousser ses chevaux jusqu'à nous ; Dumas l'accompagnait. Le mâle enthousiasme de ces officiers me confondit au point que j'éprouvai une réelle fierté à ce que Joseph m'honorât de nouveau de son étreinte, et que je m'interdis d'évoquer mes insomnies et ces petites misères qui ne souffraient guère la comparaison.

Le duc d'Orléans parada en Flandres jusqu'au début de l'été et je m'accommodai des quelques passages à Lille que nous accorda un Joseph toujours aussi peu disert sur l'auguste séditieux et la teneur exacte des services qu'il lui rendait.

Ce fut pourtant par l'entremise de celui-ci que nous apprîmes le nouvel outrage infligé au Roi : une foule vindicative, préalablement échauffée par quelques factieux dont le maire Pétion, avait forcé l'entrée des Tuileries avec l'assentiment passif de la garde nationale afin d'exiger notamment de Sa Majesté qu'elle levât son *veto* sur un certain nombre de décrets, au premier rang desquels ceux destituant les prêtres réfractaires à la constitution civile du clergé. Acculé dans une embrasure de fenêtre, affublé d'un grotesque bonnet phrygien et forcé de boire à la santé de la Nation, Louis XVI avait tenu bon mais on s'accordait désormais à reconnaître que les occupants du palais n'étaient plus en sûreté.

Très anxieux du sort qui attendait mes parents, je précipitai notre retour à Paris, faisant une courte halte par Sainte-Assise afin d'y déposer Henry-Saül — sans expliquer, pour n'inquiéter personne, le motif réel de ce séjour prolongé. Madame de Montesson, aussi soucieuse que moi, suggéra que je demandasse à nos souverains de libérer le duc-prince et son épouse de leurs engagements.

Les gardes nationaux, lorsque je me présentai aux grilles des Tuileries, me refusèrent d'abord l'accès. Avisant un Suisse, je l'exhortai d'avertir le major Bachmann et attendis, les mains moites, que l'on intercédât en ma faveur.

— On entre plus facilement ici que l'on en sort ! prévint, goguenard, l'un des geôliers en m'ouvrant finalement le passage.

Sachant trop combien je perdrais mon temps à tenter de convaincre mes chers prisonniers, je priai le major de m'introduire incontinent chez le Roi. À ma grande surprise, Nicolas Bergasse y faisait antichambre. Il parut gêné de m'apercevoir et me supplia de n'en parler à personne. Mon avocat ressortit sans un mot de son audience, près d'une heure plus tard, et je fus à mon tour admis dans le bureau de Louis XVI.

— Je sais ce qui vous amène, annonça paisiblement le souverain en triant ses documents. Croyez que nous avons maintes fois, la Reine et moi-même, prévenu nos amis — car ceux-là sont bien plus que des courtisans — des dangers qui les menaçaient à demeurer céans. Aucun n'est parti et je confesse volontiers que ce ne fut point le moindre des réconforts. Je vous promets nonobstant, eu égard à la détresse de vos nobles père et mère, de leur réitérer mes représentations. Vous comprendrez que je ne veuille ni ne puisse les chasser de ce palais à l'instar de vulgaires laquais !

Je fis la révérence et me retirai sans argumenter. Retrouvant à leur porte le majordome de mes parents, je compris à demi-mot qu'il partageait mes craintes : nous convînmes donc de ce qu'il préparerait à leur insu le départ de ses maîtres, confiant une partie de leur garde-robe à des servantes libres d'aller et venir à pied des Tuileries à la rue des Marais-Saint-Germain, et faisant réaliser des habits bourgeois afin que, le jour venu, les fuyards ne trahissent point leur condition.

La princesse ma mère fit semblant d'ignorer nos conciliabules pour mieux disserter sur la duplicité du duc d'Orléans et du général de La Fayette avant de tympaniser les basses manœuvres de Jérôme Pétion, responsable selon elle d'un véritable crime de lèse-majesté.

De fait, l'assemblée départementale sembla l'avoir entendue, qui suspendit le fâcheux durant quelques jours, mais la ferveur populaire, attisée par la grandiloquente proclamation de *la patrie en danger* par l'assemblée législative, réclama bientôt son retour. Et comme pour mieux marquer au Roi le mépris dans lequel on le tenait, la fête de la Fédération célébra bruyamment, et la reprise de sa mairie par Pétion, et l'enrôlement — illégal car Louis XVI y avait mis son *veto* — de volontaires venus de tout le royaume.

Lesquels demeurèrent dans Paris après la cérémonie, bandes importunes arborant cocardes et drapeaux tricolores au son d'un chant de guerre intitulé *Marseillaise* à côté duquel les paroles du *Ça Ira* semblaient une barcarolle.

Une atmosphère délétère plana de plus en plus lourdement sur la capitale mais, contre toute attente, les billets anonymes ne reparurent point sous notre porte.

L'étincelle vint de Coblence, d'où le duc de Brunswick manda une proclamation menaçant les Parisiens de représailles en cas d'outrage à la famille royale. Repris dans les gazettes, ce manifeste produisit assez logiquement un effet inverse à celui escompté. Massivement soutenues par l'opinion publique, les sections révolutionnaires chargèrent alors Pétion, leur héros, de porter à l'Assemblée une demande de déchéance du Roi et de révocation de ses ministres. Les députés, plus réfléchis que leurs électeurs, voulurent prendre le temps d'examiner la pétition.

Trop, sans doute, pour ces enragés que l'on appelait *sans-culottes* : au matin du 10 août, mon concierge ouvrit précipitamment l'antichambre à mes parents et à leur suite. Bien qu'ayant depuis longtemps anticipé cette éventualité, mon cœur se serra devant cette ambassade du désespoir : cheveux au vent, mal vêtus, cocarde réglementaire à la boutonnière, le duc-prince et son épouse, grâce à leurs domestiques, avaient miraculeusement réussi, non seulement à quitter des Tuileries investies par une multitude armée, mais à emporter la plupart de leurs joyaux ; mon père, totalement hagard, serrait même contre son sein la boîte contenant sa couronne ducale !

Le majordome expliqua que la brutalité de l'assaut et la rapidité de la fuite avaient empêché de savoir ce qu'il était advenu de Leurs Majestés. Mon bien-aimé Joseph-éditeur s'en fut donc aux nouvelles cependant que j'aidais les naufragés à s'installer.

Lorsqu'il revint, quelques heures plus tard, nous comprîmes à sa mine lugubre la gravité des événements : d'abord réfugiée au manège, parmi les députés, la famille royale avait été conduite par les sans-culottes jusqu'au couvent des Feuillants, dans l'attente d'un probable transfert à la maison du Temple[52]. Les Tuileries avaient été pillées, la garde suisse massacrée et une commune insurrectionnelle dirigée par Pétion et Danton — avec, murmurait-on, l'assentiment de Marat, Desmoulins et des frères Robespierre, étrange alliance — venait de prendre le pouvoir, exigeant la déposition du Roi et l'institution d'une *Convention nationale* ouvertement républicaine. La Fayette, pour sa part, destitué de la garde nationale, s'était enfui dans les Ardennes.

Nous décidâmes de laisser s'écouler une semaine avant de nous réfugier en dehors de Paris, Joseph maintenant ses activités rue des Marais-Saint-Germain pour endormir d'éventuels soupçons. Nous attelâmes ensuite pour Trémainville, destination plus sûre que Mondétour.

Notre carrosse de louage — un conseil de Joseph — chevaucha un jour et une nuit sans relayer, suivi à quelques lieues

52. Détruite au XIXe siècle et transformée en square, dans l'actuel 3e arrondissement.

par les voitures de nos domestiques. Nous avions dissimulé les effets les plus précieux sous les sièges et veillé à arborer des habits bourgeois mais ces précautions s'avérèrent superflues car l'attention était ailleurs : ainsi que nous l'enseignèrent nos gens de Trémainville, l'armée prussienne marchait sur Verdun.

Notre emménagement, dès lors, se fit sous les plus sombres auspices, mon malheureux père incarnant à lui seul, par ses longues errances dans le château, la détresse qui s'était abattue sur le pays et dans nos âmes.

Joseph, notre unique contact avec Paris, écrivit aussi souvent que le permettait le service de poste. Ainsi sûmes-nous que la capitale se préparait à la guerre. Mais une nouvelle plus sinistre encore parvint au début du mois de septembre, concomitante à celle de la prise de Verdun par les Prussiens.

« J'ai reçu avant-hier, écrivait Joseph, une visite inattendue : un valet du ci-devant marquis de Morienval est venu s'enquérir de ce qu'il était advenu des parents de son maître ; lequel avait fait le voyage depuis Boynes après avoir lu ce que rapportaient les gazettes au sujet de la prise des Tuileries. Eu égard à ce que nous savons de ce personnage, j'ai exigé de lui parler. Le valet est reparti prendre ses ordres puis, le lendemain matin, m'a accompagné quai des Balcons — récemment rebaptisé *quai de la Liberté* — où se trouve l'hôtel de Buridan. Quand nous y sommes parvenus, le concierge affolé a expliqué que des exempts du Comité de Sûreté Générale venaient, à la suite probable d'une dénonciation, d'enlever le maître des lieux. Nous avons passé la journée au guichet de presque toutes les geôles de Paris avant de retrouver sa trace près d'ici, à la prison de l'Abbaye[53]. Je vais tout entreprendre pour l'en

53. Détruite au XIXe siècle pour le percement du boulevard Saint-Germain, dans le 6e arrondissement.

tirer — c'est bien ce que nous voulons, n'est-ce pas ? — mais il est à craindre que cela demande du temps et de l'argent... »

Mes ressentiments à l'encontre de mon frère étaient inextinguibles mais je n'en fis pas moins aussitôt atteler pour Paris. Lorsque j'y parvins, au soir du 8 septembre, les rumeurs entendues çà et là sur la route prirent soudain corps : des rues vides, des sans-culottes en maraude, quelque chose d'atroce venait de se produire, des meurtres, un nouveau massacre... Je cinglai rue des Marais-Saint-Germain et, après avoir tambouriné à la porte pour que l'on m'ouvrît, tombai entre les bras de Joseph.

— Tu n'aurais jamais dû venir ! gémit-il. N'as-tu point reçu ma dernière lettre ?

Il était si bouleversé que je dus attendre de longues minutes avant que l'enchaînement désordonné de ses phrases dévoilât peu à peu l'irrémissible abomination dont les insurgés venaient de se rendre coupables : à l'instar de ce qu'il était advenu quelques mois plus tôt dans Avignon, mais à bien plus vaste échelle et durant plusieurs jours, des assassins avaient investi les prisons afin d'y exterminer les détenus en toutes impunité et barbarie ; on évoquait des centaines de victimes.

Ma première pensée fut pour la famille royale, dont je m'enquis. Joseph me dévisagea avec effarement.

— Le destin de ton aîné, commença-t-il...

— Je le devine, coupai-je posément. S'il avait survécu, tu l'aurais dit d'emblée.

Un étrange silence s'établit : calme pour moi — celui, primitif, de la délivrance —, hagard pour mon interlocuteur. La maison entière semblait comme prise par les glaces.

— La famille royale est mieux protégée au Temple qu'aux Tuileries, marmotta enfin Joseph, et je ne crois pas avoir lu le nom de tes belles-familles dans les listes de prisonniers...

Quant à ton frère… C'est paraît-il dans une fosse commune du couvent de Saint-Augustin[54] que les barbares ont jeté sa dépouille, avec celle de ses infortunés compagnons…

Assailli de pensées contradictoires mais serein au point d'être en mesure de consoler notre messager de la mort — qui finit par éclater en sanglots à ma place —, je songeai à l'épouse, aux filles et au bâtard du défunt, à la manière dont mes parents accueilleraient la nouvelle, aux mesures qu'il conviendrait de prendre avec les intendants, aux augures du maréchal de Richelieu, à mon fils…

Combien de fois, et avec quelle ferveur, avais-je souhaité la disparition d'Henry-François ? Son trépas accompli avait le goût d'un vin ardent. Peu importait, désormais, que le soleil se couchât sur les Bourbons : une aube de sang, pour moi, venait de se lever.

---

54. Actuel cimetière de Picpus, dans la rue éponyme du 12e arrondissement.

Achevé d'imprimer en octobre 2010
par l'imprimerie Norhaven A/S
pour le compte de H&O éditions
CS 00001 - 34270 Le Triadou
Tél. 04 67 58 14 73 - Fax 04 67 58 23 46
Courriel : heto1@wanadoo.fr
Internet : www.ho-editions.com

Dépôt légal : novembre 2010
Imprimé au Danemark.